하이데거와 로고스

-하이데거의 언어사상에 대한 해명-

하이데거와 로고스

－하이데거의 언어사상에 대한 해명－

배 상 식 著

KSI 한국학술정보[주]

이 책의 출판은 아주 우연한 기회로 이루어지게 되었지만, 그 전에 한 번의 아픈 추억을 간직하고 있다. 정확히 기억이 나지는 않지만, 2001년 겨울 무렵 경북대학교 인문대학 앞에서 국어국문학과 모 교수님을 만났는데, 대뜸 '하이데거의 언어사상'에 관해 알고 있는지를 물으셨다. 박사학위논문 주제가 바로 하이데거의 언어사상이라고 말씀드렸더니, 논문 한 권을 부탁하였다. 그 후, 다시 그 분을 만났는데, 문학 전공자에게도 도움이 되는 내용이니 출판을 해 보라고 권유하시면서, 문학관련 출판사 한 곳을 소개해 주셨다. 그런데 어찌된 일인지, 출판사로부터 아무런 회신을 받지 못했다. 출판사의 의도에 맞지 않다든가, 아니면 내용이 어렵다든가 등의 회신이라도 받았더라면 마음이 덜 상했을 것이다. 아, 비난보다 더한 것이 무관심이라고 했던가! 그런 좋지 못한 추억을 간직한 채, 몇 년을 보내다가 아주 우연히 본 출판사로부터 출판제의를 받게 된 것이다.

이 책은 부제가 말해주듯이, 하이데거의 언어사상에 대해 소개하고 해명한 글이다. 그 동안 몇 권의 저서를 단독으로 혹은 공동으로 출판하였지만, 사실 이 책이 나에게는 첫 번째 저서인 셈이다. 책의 내용은 근본적으로 박사학위논문을 수정하고 보완하여 구성하였지만, 5년이 넘는 동안의 연구내용을 부분적으로 보충·보완하고 그 동안의 철학적 사색이 가미되었다는 점에서 학위논문에 비해 훨씬 나아졌다고 자부한다. 그리고 이 책의 제목을 '하이데거의 언어사상'이라고 하지 않고, 굳이 『하이데거와 로고스』라고 붙인 이유는 이미 이러한 제목으로 출판된 책이 있었기 때문이다. 책의 내용은 좀 변변치 못하더라고 그 이름만은 좀 멋지게 붙여주고 싶은 심정에서 고민하다가, 문득 하이데거에 있어서 언어, 곧 존재의 언어는 본질적으로 그리스적 의미의 '로고스(logos)'와 결코 다르지 않다는 점을 떠올리게 되었다. 하이데거가 『철학-그것은 무엇인가?』에서, "그리스 언어는 우리에게 알려진 유럽의 언어들과 같은 한갓된 언어가 아니다. 그리스 언어, 그것만이 로고스이다"고 강조한 바 있듯이, 그리스어에 담겨있는 언어의 본래적, 본질적 의미를 지시하기 위해 '로고스'라는 제목을 붙인 것이다. 물론 이 '로고스'라는 말은 우리들의 사고 가운데서 우리들 개개인을 초월한 어떤 분명한 힘이 움직이는 것을 상징하기도 하지만 말이다.

이 책은 전체 5장으로 구성되어 있는데, 서론인 제 1장과 결론인 제 5장을 제외한다면, 본론은 크게 세 장(2장-4장)으로 구성되어 있다. 먼저 제 2장은 하이데거 존재사유의 전체적인 道程을 '전회(Kehre)'를 중심으로 해명하고 있는데, 이것은 그의 전기 사유와 후기 사유의 근본적인 차이성을 이해하는데 도움이 될 뿐만 아니라 하이데거 사유에서 전회의 본질적인 의미를 파악하는데도 도움이 된다. 그리고 제 3장은 하이데거의 전기사유에서 언어의 문제를 주로 『존재와 시간』을 중심으로 하여 다루고 있으며, 특히 현존재(Dasein), 말(Rede), 언어(Sprache) 등과 같은 개념의 상관성을 통해 우리 인간이 근본적으로 '언어-내-존재(In-der-Sprache-sein)'임을 명확히 밝히고 있다. 마지막으로 제 4장은 하이데거의 저서 『언어로의 도상에서』, 『횔더린 시에 대한 해명』, 『휴머니즘에 관한 서한』등을 중심으로 하여 그의 후기사유에서 나타나는 '언어의 본질'에 관한 문제를 아주 폭넓게 다루고 있는데, 여기서 우리는 그의 존재사유가 언어의 지평 속에서 완성되고 있음을 확인할 수 있게 된다.

　끝으로 이 책이 출판될 수 있도록 도와주신 분들께 감사의 마음을 전하고 싶다. 먼저 작년 여름, 너무나 부족한 사람을 학과의 구성원으로 받아주시고 늘 가족처럼 배려해주시는 대구교대 윤리교육과 길병휘 교수님, 성장환 교수님을 비롯한 학과 교수님들께 진심으로 감사를 드리고 싶다. 그리고 기꺼이 박사후 연수과정(Post-Doc)의 지도교수를 맡아주시고 학문적인 가르침을 아끼지 않으시는 경상대 이성환 교수님, 부족한 후배에게 선뜻 전공강의를 맡겨주시고 늘 가까이서 도와주시는 신라대 류의근 교수님, 언제나 따뜻한 배려와 학문적 가르침을 잊지 않으시는 아시아대 김영필 교수님, 그리고 특히 오래 전부터 잃어버린 형(兄)의 빈자리를 채워주고 애정으로 돌보아주시는 장윤수 교수님, 성회경 교수님께 충심으로 감사의 마음을 전하고 싶다. 이와 더불어, 늘 가까이서 여러 가지 힘든 일을 도와주는 후배 김덕수 선생에게도 고맙다는 말을 전하고 싶고, 또한 어려운 출판 여건에도 불구하고 출판을 제의해주신 한국학술정보(주)의 채종준 사장님과 신재훈 선생님을 비롯한 편집부 여러분께도 감사의 말씀을 드리고 싶다.

2007년 2월
대구 대명동에서
저자.

목 차

약어표 (Abbreviations)

BH	:	"Brief über den Humanismus"
BP	:	Beiträge zur Philosophie
ED	:	Aus der Erfahrung des Denkens
EM	:	Einführung in die Metaphysik
FS	:	Frühe Schriften
G	:	Gelassenheit
GP	:	Die Grundprobleme der Phänomenologie
HD	:	Erläuterungen zu Hölderlins Dichtung
HT	:	Heidegger, Through Phenomenology to Thought
HW	:	Holzwege
ID	:	Identität und Differenz
KM	:	Kant und das Problem der Metaphysik
N	:	Nietzsche
OH	:	Ontologie: Hermeneutik der Faktizität
PT	:	"Phänomenologie und Theologie"
PZ	:	Prolegomena zur Geschichte des Zeitbegriffs
SZ	:	Sein und Zeit
US	:	Unterwegs zur Sprache
VA	:	Vorträge und Aufsätze
VS	:	Vier Seminare
WD	:	Was heisst Denken?
WG	:	"Vom Wesen des Grundes"
WM	:	"Was ist Metaphysik?"
WP	:	Was ist das-die Philosophie?
WW	:	"Vom Wesen der Wahrheit"

I. 서 론: 언어란 무엇인가?

I. 서 론: 언어란 무엇인가?

　　우리 인간은 끊임없이 말을 하면서 살아간다. 혼자서 독백을 하거나 아니면 침묵할 때조차도 엄밀하게 따지자면 말을 하고 있는 셈이다. 그것이 비록 언어라는 기본형식으로 표현되지 않을지라도 말이다. 이처럼 우리의 사고활동이 말과 함께 수행된다고 한다면, 인간에게 있어서 말은 단순히 의사소통의 수단이나 도구로 이용된다기보다는 우리 자신과 불가분적인 어떤 것을 의미하게 된다. 따라서 이런 의미로 본다면, '인간은 이성적 동물이다'라는 명제와 함께, '인간은 언어(logos)를 가진 동물이다'라는 명제가 성립하게 되며, 또한 이제 말이나 언어는 인간과 동물을 구별 짓는 가장 대표적인 특징 중의 하나로 인식할 수 있게 된다. 말하자면 인간이 인간으로서 살아가는 한, 우리는 말이나 언어와 결코 어떤 식으로든지 무관할 수 없는 그러한 존재이다. 그렇다면 인간에게 있어서 이러한 언어는 어떻게 발생하였을까? 사실 언어의 기원에 대한 문제는 아직도 수수께끼로 남아 있으며, 다만 인류의 역사와 함께 언어의 역사도 시작되었으리라고 짐작할 뿐이다. 더욱이 여기서 우리의 논의는, 소위 언어학에서 연구하는 언어의 기원, 변천사, 문법적 형태 등을 다루어 보고자 하는 것이 아니다. 여기서는 하이데거의 철학에 있어서 '존재'와 함께 가장 중요한 개념으로 부각되고 있는 '언어'에 관해서 그 본질을 탐구하고 해명해 보는 것이 우리의 목적이다.

현대철학에 있어서 가장 특기할 만한 사항 중의 하나는 바로 언어에 대한 지대한 관심이다.[1] 특히 현대 분석철학에서 언어는 가장 중요한 주제로 등장한다. 메를로-퐁티에 따르면 언어에 대한 분석철학의 입장은 크게 두 가지로 구분된다. 하나는 언어란 외부 자극에 수동적으로 반응하는 뇌와 신경조직 활동의 영향을 받아서 발성기관으로부터 뜻을 가진 단어들이 산출되는 것이라는 입장이고, 다른 하나는 전달 수단이나 장치로부터의 아무런 영향 없이 한 사람의 생각을 다른 사람에게 전달하기 위해 사용되는 기호와 상징들의 체계, 즉 기계적이고 물리적인 전달체계로서의 언어라는 입장이다.[2] 그러나 하이데거를 비롯한 현상학적·해석학적 입장에서는 대부분 이러한 분석철학의 언어이해에 동의하지 않는다. 특히 하이데거는 많은 언어철학자들이 언어를 단지 의사전달을 위한 일종의 상징체계나 혹은 도구로 간주하고 있을 뿐이지, 언어 자체의 본질에 대해서는 물음을 제기하고 있지 않다고 비판하면서 기존 언어철학에 대한 불만을 이렇게 토로하고 있다. 즉 "결국 철

---

1) 사실 '언어'문제는 오늘날 철학의 다양한 분야에서 다루어지고 있으며, 거의 대부분의 현대철학의 관심은 언어의 문제로 전향된 듯이 보인다. 이에 로티 (R. Rorty)는 그가 편집한 書名에서도 보여주듯이, 현대철학의 이러한 추세를 일컬어 철학의 '언어적 전회(linguistic Turn)'라고 표현한 바 있다. Richard Rorty(ed.), *The Linguistic Turn: Recent Essays in Philosophical Method*(Chicago and London: The University of Chicago Press, 1967).
2) Maurice Merleau-Ponty, *Phenomenology of Perception*, Trans. Colin Smith(New York: Humanities, 1962), pp.175-181참조.

학적 탐구는, 언어 일반에는 도대체 어떤 존재양식이 속하는가를 한 번은 물어볼 결의(entschließen)를 해야만 한다. 언어는 세계 내부적으로 존재하는 도구인가, 아니면 언어는 현존재의 존재양식을 갖는 것인가, 혹은 이 양자 중 어떤 것도 아닌가? (……) 우리는 언어학이라는 것을 가지고는 있으나, 그 언어학이 주제로 삼고 있는 언어라고 하는 존재자의 존재는 분명하지가 않다. 심지어 언어라는 주제를 탐구하려는 물음을 위한 지평마저도 은폐되어 있다."3) 이와 같이 기존 언어관에 대해 부정적이었던 하이데거의 사유는 새로운 언어개념을 형성하게 된다.

하이데거 철학의 근본목표가 존재의 의미를 밝히는 일이지만, 존재의 의미를 분석·해명하려는 그의 시도에서 결코 간과해서는 안 될 것 중의 하나가 바로 이 '언어'개념에 관한 것이다. 주지하다시피 그는 기존 형이상학에서 사용하지 않았던 낯선 용어, 즉 신조어를 만들기도 하고, 또 이미 사용 중인 형이상학적 용어를 새롭게 변형시키기도 한다.4) 이것은 그의 철학이 전체적으로 의도하는 바가 그만큼 난해하다는 것을 보여주는 반면에, 바꾸어 생각해 보면, 언어의 문제가 그의 철학에서 차지하는 비중이 그만큼 중요하다는 사실을 보여준다고 할 수 있다. 또한 그가 분명히 밝히고 있듯이, 바로 이 언어라는 것은 존재와의 관계에 그 기반을

---

3) M. Heidegger, *Sein und Zeit*, Bd. 2(Frankfurt a. M.: Vittorio Klostermann, 1977), S.221. 이하에서 이 책은 'SZ'로 약칭하고 본문 안에 곧바로 면수를 표기함.

4) 이를테면 존재를 'Sein'이라는 독어 대신에 'Seyn'이라는 새 문자로 표기하기도 하고, 'Sein'이라는 단어에 부정을 상징하는 기호 ×를 그어서 표현하기도 한다. 또한 그의 철학을 더욱 난해하게 만드는 것은 다음과 같은 동어반복적인 말들이다: 'Das Sein ist', 'Die Zeit zeitigt', 'Die Welt weltet', 'Das Nichts nichtet', 'Die Sprache spricht'. 이러한 어법은 모두 다 존재의 의미를 표현하는, 이른바 '있다'고 표상되는 것이 아니라 스스로 있게 하는 것, 있는 것이 있는 대로 나타나게 하는 것으로서의 '존재'를 지칭하는 표현들이다.

두고 있는 것이기 때문에, 그의 핵심 주제인 존재에 관한 문제는 가장 깊은 곳에서부터 언어의 문제와 뒤얽혀 있게 마련이다.[5)]

하이데거에 있어서 언어가 존재와 공속성을 갖고 있음을 보여주는 표현을 찾기란 그리 어렵지 않다. 이를테면 "언어는 존재의 집"이라든가, "언어는 밝히면서-감추며(lichtend-verbergend) 오는 존재의 도래"라는 말이 이러한 사실을 여실히 보여준다. 이와 같이 '언어'에 대한 하이데거의 각별한 관심은 주로 『언어로의 도상에서』, 『횔더린 시에 대한 해명』, 「휴머니즘에 관한 서한」 등을 비롯한 후기 저작에서 대부분 드러나는데, 이에 대한 그의 실존론적·존재론적 해석은 언어를 존재자로서가 아니라 그것에 의해 모든 것이 존재하게 되는 하나의 지평으로 규정하고 있다. 그렇다면 하이데거가 하나의 지평으로서 간주하는 '언어'란 과연 무엇인가? 우리는 그것의 본질을 어떻게 이해해야 하는가?

본 연구는 바로 이러한 하이데거의 '언어'개념을 그의 전체적인 사유도정 속에서 해명해 보는 데 그 목적이 있다. 우리의 이러한 작업은 다음과 같은 방식으로 진행될 것이다. 우선 하이데거의 언어개념을 주요 연구대상으로 다루되, 그 이전에 제Ⅱ장에서는 예비적 고찰로써, 존재의 의미와 하이데거 사유의 전체적인 도정에 관해 간략하게 살펴보고자 한다. 이것은 하이데거 사상을 전체적으로 조망하고 이해해 보려는 의도일 뿐만 아니라, 그의 존재사유 속에서 드러나는 언어문제의 중요성을 부각시키려는 의도이기도 하다. 특히 '전회(Kehre)'의 본질적 의미에 대한 검토를 통해, 우리는 하이데거의 언어개념을 해명함에 있어서 그의 사유를 전기와 후기로 나누어 해명하려는 까닭을 밝히게 될

---

5) M. Heidegger, *Einführung in die Metaphysik*, Bd. 40(Frankfurt a. M.: Vittorio Klostermann, 1983), S.55참조. 이하에서 이 책은 'EM'으로 약칭하고 본문 안에 곧바로 면수를 표기함.

것이다. 나중에 언급되겠지만, 하이데거는 존재와 존재자의 존재론적
차이를 망각해 온 전통 형이상학을 비판하면서 존재를 시간의 지평에
서 해명해 보고자 한다. 그리하여 시간적 존재인 현존재 분석을 통해
존재의 의미를 밝혀보고자 한다. 그러나 이러한 탐구방식에는, 말하는
자가 인간 현존재일 경우, 그의 존재사유는 존재의 말을 듣는 것이 아
니라 존재에 대해 물음을 제기하는 것이 되며, 존재에 대해 물음을 제
기하는 이와 같은 과정에서는 결국 인간 현존재는 존재물음의 주체가
되고 존재는 이 물음의 객체(대상)가 되는 이른바 '주관주의적 형이상
학'으로 전락할 위험이 내포되어 있다. 바로 이러한 과정을 벗어나고자
하는 것이 하이데거 사유에서 나타나는 '전회'의 본질적 의미이다.

이상과 같은 예비적 이해를 토대로 하여, 우리는 하이데거의 언어개
념을 전기사유와 후기사유로 나누어 살펴볼 것이다. 먼저 제Ⅲ장에서는
전기사유에서의 언어개념을 다루게 된다. 여기서의 언어에 대한 탐구는
주로 현존재의 기초 존재론적 분석에서 수행되고 있다. 특히 『존재와
시간』 제34절을 중심으로 하여 현존재의 실존범주들인 '처해 있음
(Befindlichkeit)'과 '이해(Verstehen)', 그리고 '말(Rede)'이 검토되고
있는데, 이중에서도 '말(Rede)'은 근본 실존범주로서, "언어(Sprache)
의 실존론적-존재론적 기초(SZ, 213)"이며, 언어는 바로 "이러한 말이
밖으로 말해진 것(SZ, 214)"을 의미한다. 물론 이러한 '말과 언어'에 대
한 하이데거의 사유는 기초 존재론이나 후기사유에서 비로소 제기된
문제는 아니다. 언어에 대한 그의 관심은 이미 '박사학위논문'과 '교수임
용자격논문'6)에서 시작된 것이다. 하지만 이러한 하이데거의 초기 저

---

6) 하이데거의 박사학위논문 제목은 「심리학주의에 있어서 판단이론(Die
Lehre vom Urteil im Psychologismus)」이며, 교수임용자격논문 제목은
「둔스 스코투스의 범주론과 의미론(Die Kategorien-und Bedeutungslehre
des Duns Scotus)」이다. 이것은 M. Heidegger, *Frühe Schriften*, Bd.

작이나 기초 존재론에서 제시된, 이른바 전기사유에서의 ‘언어’개념은
우리에게 언어에 대한 새로운 이해를 제시하고는 있으나, 거기에는
단지 언어개념에 대한 탐구가 인간 현존재의 실존론적－존재론적 차원
에서 수행되고 있을 뿐이다.

그러나 제IV장에서 논의하게 될 후기사유에서는 언어개념에 대한 탐
구의 전환이 나타난다. 즉 하이데거는 이른바 존재 자체에로의 전회
(Kehre)를 단행하여, 존재에 대한 물음을 현존재가 아닌, 예술 특히 詩
作을 통해 언어의 본질을 해명해 보이고자 한다. 그는 휠더린(J. C.
Friedrich Hölderlin, 1770-1843), 게오르게(Stefan George, 1868-1933),
트라클(Georg Trakl, 1887-1914) 등의 詩를 통해, 詩야말로 언어를 통
해 ‘존재’를 드러내는 가장 탁월한 방식이라고 말한다. 따라서 여기서의
언어는 詩的으로 기능하며, 이를 바탕으로 진정한 존재사유가 이루어지
게 된다. 그러므로 이제는 인간이 말하는 것이 아니라 바로 언어가 말
하는 것이며, 현존재는 단지 언어가 말하는 장소(Da)에 지나지 않게
된다. 또한 언어는 ‘존재의 집’이자 ‘인간본질의 거처’가 된다. 이러한
맥락에서 볼 때, 언어의 본질은 결국 인간의 말함에서가 아니라 언어의
근원적인 말함, 곧 존재언어의 말함에서 탐구되어야 한다. 이것을 하이
데거는 단적으로 ‘언어의 본질은 곧 존재의 언어(Das Wesen der
Sprache: Die Sprache des Wesens)’라고 표현한다.

이처럼 하이데거는 후기사유에 이르러 존재가 그 자신을 드러내는
장소가 바로 ‘언어의 지평’이라는 점을 확신하고서, 존재의 지평으로서
‘언어’를 해명하고자 한다. 그리하여 이제 언어는 단순히 의사소통 수단

1(Frankfurt a. M.: Vittorio Klostermann, 1978)의 59-188쪽과 189-412쪽에
각각 게재되어 있다. 이하에서 이 책은 ‘FS’로 약칭하고 본문 안에 곧바로 면
수를 표기함.

이나 도구가 아니라 존재의 집이자 인간본질의 거처가 된다. 그의 후기 사유는 존재가 인간에게 말을 건넴으로써 하나의 출발점이 형성되는데, 이에 대해 인간의 말하기는 하나의 응답에 불과한 것이 된다. 요컨대, 하이데거의 언어개념에 있어서 언어의 본래적 차원은 결코 단순한 표현의 수단적 차원도, 일종의 전달도구로서 상호 이해를 위한 도구적 차원도 아니며, 또한 결코 대상화되어 탐구될 수 있는 성질의 것도 아니다. 하이데거의 표현에 따르면, 사실 우리가 언어에 대해서 논의한다는 것도 존재의 언어에 聽從(Gehören)함으로써 가능한 일이다. 그리고 그에 있어서 '존재한다'는 것은 언제나 '언어에로 오고 있는 도상(Unterwegs zur Sprache)에 있다'는 뜻이며, '존재의 드러남'은 언제나 '언어'라는 길(Weg)을 통해 하나의 세계로서 드러나는 것이다.

Ⅱ. 존재사유의 道程: 예비적 이해

Ⅱ. 존재사유의 道程: 예비적 이해

1. 근원으로서의 존재

아리스토텔레스에 따르면, 우리 인간은 천성적으로 앎을 추구한다. 경이감이나 호기심에 따른 물음과 이에 대해 해답을 구하고자 하는 일은 인간의 기본적인 욕구이다. 서양의 철학사도 이러한 사실에서 출발한다. 서양에서 철학함을 시작한 최초의 사람들은, 대부분 자기 주변 세계에서 끊임없이 생성 소멸하는 변화에 대해 최초로 이 변화의 근거·이유·설명원리를 찾으려고 하였다. 그들은 이것을 '아르케(arche)'라고 불렀는데, 이는 사물의 근원·시원·원리를 의미한다. 이와 같이 인간의 삶 속에는 '근원(Ursprung)'이나 '시원(Anfang)'에 대한 끊임없는 호기심과 정열이 내재해 있다. 물론 이러한 사실은 그리스신화에서도 잘 나타난다. 이를테면 〈다이달로스와 이카로스〉에 관한 이야기는 이러한 '근원'에 대한 인간의 정열을 잘 보여주는 신화이다. 아버지의 거듭된 경고에도 불구하고 신비로운 '근원(태양)'에 대한 정열을 억제할 수 없어서 이카로스는 밀랍을 이용해서 만든 그의 날개 짓을 멈추지 않아, 결국 그가 태양 가까이 이르게 되면서 그 뜨거운 열이 밀랍의 날개를 녹여버려 그만 지중해 바다로 떨어져 목숨을 잃게 되는 이 슬픈 이야기는 마치 불나방이 불속으로 날아들듯이, 근원으로 비상하려는 인간의 억제할 수 없는 정열을 잘 보여준다. 칸트 역시『순수이성비판』의 초판 머리말에서 우리 인간의 이성은 그 인식활동의 영역에 있어서 특수한 운명에 처해 있다고 하였다. 즉 이성은 본래 자신이 거부할 수 없는, 또 그렇다고 해서 대답할 수도 없는 '근원적인 물음'으로 인해 고뇌의 길을 걸을 수밖에 없는 운명이라고 하였다.7) 이와 같이 우리 인간에게는 타고난 운명과 같이 거부할 수도 피할 수도 없는 근원에 대한 '이카로스적 정열'이 내재해 있다.

하이데거의 사유 속에도 근본적으로 이러한 '근원'에 대한 정열이 내재해 있다.8) 그의 전체 사유는 이른바 근원인 '존재'의 의미를 해명하려는 데 초점이 모아져 있다. 그런 점에서 그는 언제나 근원 가까이에 거주하는 우리 인간은 운명적으로 이러한 자리를 떠나기가 결코 쉽지 않을 것9)이라고 하면서, 오히려 그러한 '근원으로 다가살 것'을 강조한다.10) 이러한 이유로 하이데거는 그의 저서에서 '근원

7) I. Kant(최재희 역),『순수이성비판』(서울: 박영사, 1983), 19쪽 참조.
8) 이러한 점에서 하이데거는 1932년 여름 학기에서 '철학의 시원(Anfang)'에 대해 강의하였고, 1935년에 강의하였던『형이상학 입문』에서도 파르메니데스나 헤라클레이토스의 사유 속에 담겨있는 서양 사유의 시원성과 근원성을 강조하고 있다.
9) M. Heidegger, *Erläuterungen zu Hölderlins Dichtung*, Bd. 4 (Frankfurt a. M.: Vittorio Klostermann, 1981), S.145참조(이하에서 이 책은 'HD'로 약칭함); *Holzwege*, Bd. 5,(Frankfurt a. M.: Vittorio Klostermann, 1977), S.66참조(이하에서 이 책은 'HW'로 약칭함).

(Ursprung)'이나 '근원적(ursprunglich)'이라는 표현을 유독 많이 사용
한다. 이를테면 "근원적 시간(SZ, 329)", "근원적 윤리학"11), "근원적
으로 사유함(BH, 334)" 등의 예에서 알 수 있듯이, 시간이 다른 시간성
들이 발현하는 '근원'을 이룬다는 의미에서 '근원적 시간'이라는 말을 사
용하며, 전래 형이상학적 윤리학과는 다른 종류의 새로운 윤리학, 즉 인
간과 인간 사이의 윤리문제가 아니라 현존재로서의 인간과 존재와의
연관성 속에서 문제를 제기한다는 점에서 '근원적 윤리학'이라는 말을
사용한다. 또한 통상적으로 사고하는 것이 아니라, 존재를 사유하고 이
해하는 존재사유의 관점을 '근원적으로 사유함'으로 표현하기도 한다.
이러한 예에서 드러나는 '근원(Ursprung)'이란 단적으로 말해 무엇을
根據에서 發源시키는 것, 즉 존재(진리)를 일컫는 말이다. 이처럼
'Ursprung'이라는 말은 'Ursache(源事態)', 'Urwort(源語)' 등에서와 같
이 'Ur(근원적인, 태초의)'라는 의미와 본질유래(Wesensherkunft)로부
터 세우는 'Sprung(뛰어오름, 도약)'이라는 의미의 결합으로 이루어진
단어이다. 그렇다면 하이데거는 왜 이러한 '근원'의 의미를 강조하는 것
일까? 이제 하이데거의 저서 속에서 나타나는 몇 가지 예를 통해서 그
의 '근원'개념에 대한 의미와 이해를 도모해 보기로 하자.

먼저, 하이데거는 니힐리즘을 극복하기 위한 방편으로 '형이상학적
윤리학'과 다른 종류의 새로운 윤리학을 주장하는데, 이는 그의 존재사
유와 관련하여 제기되었다는 점에서 '근원적 윤리학'이라고 지칭된다.

---

10) M. Heidegger, *Unterwegs zur Sprache*, Bd. 12(Frankfurt a. M.: Vittorio
Klostermann, 1985), S.96참조. 이하에서 이 책은 'US'로 약칭하고 본문 안
에 면수를 직접 표기함.

11) M. Heidegger, "Brief über den Humanismus" in *Wegmarken*, Bd.
9(Frankfurt a. M.: Vittorio Klostermann, 1976), S. 356.이하에서 이 논문은
'BH'로 약칭하고 본문 안에 면수를 직접 표기함.

여기서 그가 주장하는 '근원적 윤리학'은, 통상적으로 이해되는 바와 같이 단순히 인간과 인간 사이의 윤리문제를 다루는 것이 아니라 현존재로서의 인간과 존재 사이의 근원적인 관계에 주목하는 것이다. 즉 이 윤리학은 한 인간이 다른 인간과의 관계 속에서 어떻게 행동할 것인가에 관한 문제나, 혹은 인간이 마땅히 해야만 하는 당위적인 행위나 규범에 대한 문제를 다루는 것이 아니라, 인간 삶의 '근원'이자 '근거'인 존재를 확연히 드러내어 그 의미를 되새기고 그 속에서 어떻게 인간이 거주하는가의 문제에 관해 다루는 것이다. 다시 말해 하이데거는 윤리적 행위와 삶이라는 사태를 '에토스(ethos)'라는 그리스어를 실마리로 하여 사유하려고 한다. 그리하여 그는 먼저 헤라클레이토스의 「단편 (119)」, 즉 "인간은 인간으로 존재하는 한, 신의 가까이에 거주한다 (ethos)"라는 말의 해석에서 '에토스'라는 말의 근원적 의미를 드러내고자 한다. 여기서 에토스의 그리스적 의미는 '거주지(Wohnstätte)'이다. 흔히 우리 인간 행위의 사회적·도덕적·관습적 규범을 가리키는 말로 사용된 '윤리(Ethik)'는 그리스어 '에토스'에서 유래한 말로 '인간이 거주해야 하는 근원적인 장소'를 의미하는 것이다(BH, 354참조). 말하자면 "에토스라는 단어가 갖는 근본 의미에 비추어 볼 때, 에틱 (Ethik)이란 명칭은 인간의 거주를 사유하는 것에 해당한다. 탈존하는 자로서의 인간이 거주해야 할 시원적인 장소는 존재진리[의 場]이다. 따라서 존재의 진리를 생각하는 저 사유는 그 자체로 이미 근원적인 윤리학이다(BH, 356)." 이러한 말에서 알 수 있듯이, 하이데거에 있어서 근원적 윤리학은 근본적으로 그의 존재론과 연관된다. 따라서 그러한 윤리학은 그것을 조건지우고 가능하게 하는 '존재 자체'에 대한 사유에서 비롯된다. 하이데거는 이것을 근원적 의미의 '법' 혹은 '노모스 (nomos)'라고 부른다. 여기서 "노모스는 단지 [하나의] 법칙에 그치지

않고 한층 더 근원적으로는 존재의 증여 속에 간직되어 있는 할당
(Zuweisung)을 뜻한다(BH, 358)." 이와 같이 근원적 윤리학은 단적으
로 '존재에 거주하는 것'을 의미한다고 할 수 있다. 그리고 이때의 존재
란 특정한 실체나 지리적 의미의 장소가 아니라, 사유 속에서 드러나는
어떤 것을 말한다. 또한 '존재에 거주한다'는 것은 존재에의 마음씀 속
에서 만나게 되는 존재, 보다 구체적인 의미로는 '존재의 운명'이라고
불리는 존재의 영역에 속하는 것을 말한다. 그러므로 하이데거에 있어
서 근원적 윤리학은 '존재에 대한 상기' 혹은 '존재에 대한 사유'라고
할 수 있으며, 결국 그의 윤리학이 '근원적'이라 함은, 존재와의 연관성,
혹은 존재론적 의미를 나타내는 것이라고 할 수 있다.

또 다른 예로, 하이데거는 그의 「예술작품의 근원」이라는 논문에서,
"예술작품의 '근원'에 대해 묻는다는 것은, 곧 예술작품의 '본질유래'에 대
해 묻는 것(HW, 1)"이라고 하면서, '근원(Ursprung)'이라 함은 '본질유
래(Wesensherkunft)'를 의미한다고 주장한다. 하이데거도 언급했듯이,
우리는 일반적으로 작품이란 예술가의 작업에 의해 이루어진다고 생각하
기 때문에, 예술작품의 근원이 예술가라고 생각할 수 있다. 하지만 예술가
는 작품을 통해서만 예술가가 되기 때문에, 예술가가 작품의 '근원'이라면
작품은 또한 예술가의 '근원'이 된다. 그리고 예술가와 예술작품보다 더
우선적으로 문제가 되는 것은 바로 '예술'이다. 왜냐하면 이것을 통해서만
이, 예술가와 예술작품이 자신들의 앞에 '예술'이란 명칭을 붙일 수 있기
때문이다. 그래서 그는 "예술작품의 근원에 대한 물음은 예술의 본질에
대한 물음이 된다(HW, 2)"고 간주한다. 그런데 이러한 물음은 반드시 순
환논리에 빠지게 된다. 왜냐하면 예술이 무엇인가 하는 문제는 작품으로
부터 인식되어야 하는데, 작품이 무엇인가는 오직 예술의 본질로부터만
인식될 수 있기 때문이다. 그러므로 만일 우리가 예술이 무엇인가를 미리

인식하고 있지 못한다면, 그것이 예술작품이라고 어떻게 말할 수 있겠는 가?(HW, 2참조)

이와 같이 예술의 본질에 대한 물음은 현실적인 작품들로부터 귀납적으로 이끌어질 수도 없고, 근본원리로부터 연역하여 인식될 수도 없다. 그래서 하이데거는 이 순환논리가 그리는 고리들을 따라가고자 한다. 작품으로부터 예술로, 예술로부터 작품으로 순환하면서 접근해가는 가운데, 이 동심원을 완성시킬 수 있으리라고 기대한다. 결국 그는 '예술작품의 근원'에 대한 물음을 '예술의 본질'에 대한 물음으로 바꾸고, '예술의 본질에 대한 물음의 숙명적인 순환논리'를 제시한 다음, 작품 가운데 현실적으로 내재하고 있는 예술의 본질을 발견하기 위하여 실제로 반고흐(Van Gogh)의 '시골아낙네의 구두'라든가, 혹은 '희랍신전'이라는 잘 알려진 예술작품들을 근거로 하여 작품이란 무엇이며, 어떠한 것인가를 묻고자 한다. 그리하여 그는 예술의 본질을 "언어의 본질에서 生起하는 詩作(HW, 58)"으로 규정한다. 물론 이처럼 예술의 본질을 詩作이라고 규정하는 것은 詩作이 곧 源詩作(Urdichtung)이기 때문이 아니라 그것이 근원적인 본질을 간직하고 있는 [존재]언어 속에서 발생하는 것이기 때문이다(HW, 61참조). 즉 이러한 예술의 본질로서 간주되는 詩作은 '존재의 언어(Die Sprache des Seins)'라는 근원적 生起에서 비롯된 것이다.[12] 따라서 예술이란 작품 속에 존재의 진리가 깃들도록 하는, 이른바 진리의 한 생성(Werden)이요, 발생(Geschehen)이다(HW, 59참조). 하이데거는 마치 원천인 샘물에서 끊임없이 새로운 물이 샘솟아나는 것처럼, 예술을 통해 존재의 진리가 끊임없이 생성하고 또 발생한다

---

12) 이러한 의미에서 하이데거는 이렇게 단언한다: "예술이 무엇인지에 대한 숙고는, 전적으로 그리고 결정적으로 오로지 '존재'에 대한 물음에서부터 규정된다(HW, 73참조)."

고 보아, 예술을 하나의 '근원'[13])으로 간주하고 있는 것이다. 이것은 마치 주자의 철학시 〈觀書有感〉을 연상하게 한다. 즉

> 한 이랑도 안 되는 좁은 뜰에 거울 같은 연못이 하나 열려 있으니, 그 맑은 물엔 하늘 빛깔과 구름 그림자가 함께 떠도네. 내 저(연못)에게 묻기를, 어찌하여 맑기가 이와 같을 수 있는가 하였더니 근원(源頭, Quelle)에 생생한 물이 있어서 계속 흘러 들어오기 때문이라네.[14])

이러한 詩에서도 우리는 '源泉(Quelle)' 곧 '근원'에 대한 의미가 잘 묘사되어 있음을 알 수 있으며, 특히 한자어 '根源'이라는 말이 '源'의 본질적 의미를 통해 드러나고 있음을 알 수 있다. 그렇지만 '根源'이라는 말은 '根'을 통해서도 그 본래적 의미를 나타낼 수 있다. 그것은 根, 곧 '뿌리(Radikal)'를 나타내는 독일어 형용사인 'radikal'에서도 확인할 수 있는데, 이 형용사는 그 자체만으로도 '근원적', '근본적', '철저한', '기본적', '기초적' 등으로 번역될 수 있기 때문이다. 이러한 의미는 모두 그 라틴어 어원인 'radix'에서 유래하는 것으로 모두가 '뿌리'라는 고유의미를 공유하고 있다고 할 수 있다. 후설(E. Husserl)은 철학을 그 본질에 따라 참된 단초, 근원, 그리고 모든 것의 뿌리에 관한 학문이라고 규정하면서 이러한 학문을 "근원적인 것(뿌리 같은 것)에 관한 학문(Wissenschaft vom Radikalen)"으로 지칭한 바 있다.[15]) 여하튼 하

---

13) 잘 알려져 있듯이, 독일어 'Ursprung'의 의미에는 "흐르는 큰물의 출발점이 되는 최초의 근원지・발생지(Ausgangspunkt eines Gewässers)"라는 의미로서 〈원천(Quelle)〉이라는 뜻이 있다.

14) 朱熹, 『朱熹集』 2版 (四川: 四川教育出版社, 1997), p.90. "半畝方塘 一鑑開, 天光雲影 共徘徊, 問渠那得 淸如許, 爲有源頭 活水來", 그리고 『禮記』의 "爲 民祈祀 山川百源"이라는 말과 『荀子』의 "械數者 治之流也 非治之源也"라는 말 역시 '근원'의 의미를 강조하는 표현으로 이해될 수 있겠다.

이데거에 있어서의 '근원'개념에는 이러한 의미가 모두 포함되어 있다
고 할 수 있다. 이제 우리는 이러한 하이데거의 근원개념을 염두에 두
면서, 그의 존재에로의 길, 곧 존재사유의 궤적을 간략히 소묘해 보고
자 한다.

2. 존재에로의 길

하이데거는 『존재와 시간』의 맨 마지막 부분에서, 이 책의 탐구는
존재를 둘러싸고 일어나는 싸움을 준비하기 위한 '도상(Unterwegs)'에
있다고 주장하면서, 존재론적 기초물음을 밝혀내기 위한 하나의 길
(Weg)을 찾고, 그 길을 가는 것이 중요하다는 점을 강조하고 있다
(SZ, 576-577참조). 그리고 『존재와 시간』에서 논의된 자신의 사유를
이렇게 표현한다.

> 『존재와 시간』에서 시도된 사유는, 사유로 하여금 존재진리가
> 인간의 본질에 대하여 갖는 관련에 이를 수 있는 길을 마련하고,
> [또한] 사유로 하여금 존재 자체를 그 진리에 있어서 알맞게 사
> 유하도록 하나의 작은 길을 열어 주는, [그러한] 도상에 있다.16)

또한 그는 한 일본인과의 대담에서 "사유에 있어서 변하지 않고 지속
적인 것은 길(US, 12)"이라고 하면서, 자신의 사유는 존재에로 나아가는

---

15) E. Husserl, "Philosophie als strenge Wissenschaft", *Aufsätze und
   Vorträge*, Hua. Bd.ⅩⅩⅤ(Dordrecht: Martinus Nijhoff, 1987), S.6참조.
16) M. Heidegger, "Einleitung zu ≫Was ist Metaphysik?≪" in *Wegmarken*,
   Bd. 9(Frankfurt a. M.: Vittorio Klostermann, 1976), S. 372.

도상에 있음, 곧 "길-사유(Weg-Denken)"임을 거듭 밝히고 있다. 그렇다면 그에 있어서 '길-사유'란 어떠한 의미인가? 먼저 다음과 같은 그의 말을 들어보기로 하자.

> 사유의 본래적 모습은 우리가 도상에 머물러 있을 때에만 우리에게 스스로를 드러낼 것이다. 우리는 도상에 있다. 이것은 무슨 뜻인가? [그것은] 우리가 아직도 길을 가는 중에 있으며, 또 다양한 길들 사이에 있다는 말이다. 어떤 길이 우회할 수 없는, 그래서 아마도 유일한 길인지에 대해서는 아직 아무것도 결정되지 않았다. 그러므로 우리는 도상에 있다. 우리는 우리의 발길이 머물렀던 길 지점들에 대해 특히 세심하게 주의를 기울여야 할 것이다.17)

이러한 말에서 드러나듯이, 그의 사유는 다양한 길목과 체류지점을 경유하였다고 하더라도, 그 근본에 있어서는 언제나 동일한 길, 곧 **존재에로의 길 위**(途上)에 있다. 말하자면 60여 년에 걸친 그의 방대한 연구결과들도 하나의 완성된 체계18)로서 우리에게 알려져 있는 것이 아니라, 언제나 존재사유의 도상에서 수행되었던 것이다. 그가 존재의 미를 밝히고자 현존재 분석을 시도한 것이나, 존재역사를 통해서 그것의 해명을 시도한 것 모두가 존재의미를 묻는 물음 속에서, 곧 존재에로의 도상에서 이루어진 것이다. 하이데거는 이러한 점을 다음과 같이 표현한다. 즉 "만일 오르고 내림이 곧 '길(Weg)'이라 말할 수 있다면,

---

17) M. Heidegger, *Was heißt Denken?* Bd. 8(Tübingen: Max Niemeyer Verlag, 1971), S.61. 이하에서 이 책은 'WD'로 약칭함.
18) 여기서 '완성된 체계'라고 한 것은, 한 사람의 사상이 어떤 정해진 목표, 다시 말해 궁극적인 도달점을 목표로 하여 수행되고 또 완성된 것을 말한다. 하지만 하이데거의 사상은 정해진 목표가 없는 존재사유의 도정으로써 오히려 길 자체가 목표라고 할 수 있다.

이 도상에서는 언제나 '존재의 의미(Sinn des Seyns)'에 관한 동일한
물음만이, 그리고 오직 그 물음만이 물어진다. 그러나 바로 그러한 물
음 때문에, 물음의 체류지점들(die Standorte)이 계속해서 변화된다
."19) 이처럼 그의 사유과정은 오직 존재에의 동일한 물음이기에, 그리
고 바로 그 때문에 물음의 체류지점이 변한다고 하더라도, 근본적인 물
음 자체는 변할 수 없는 것이다.

그렇다면 그의 '길-사유'에서 '길(Weg)' 혹은 '道程性(Weghaftig-
keit)'은 어떠한 의미인가? 그는 왜 '길'의 의미를 그렇게 강조하는 것
인가? 이를테면 그는 자신의 논문모음집의 제목을 『숲길(Holzwege)』,
『언어의 도상(Unterwegs zur Sprache)』, 『이정표(Wegmarken)』 등으
로 표기하였고, 또한 「들길(Der Feldweg)」, 「의견표명에의 길(Wege
zur Aussprache)」, 「언어에로의 길(Der Weg zur Sprache)」 등과 같은 논
제에서도 드러나듯이, 하나같이 모두가 '길(Weg)'의 의미를 강조하고 있
다. 심지어 그는 자신의 삶을 마감하기 며칠 전에 그의 전집의 맨 앞에 자
필로 "작품들이 아니라 길들(Wege-nicht Werke)"20)이라는 하나의 지
침을 제시하였다. 이 말은 그가 자신의 사유과정을 어떻게 이해하고 있는
가를 단적으로 보여주는 표현이다. 그리고 그는 이 지침과 너불어 다음과
같이 강조한다.

[나의] 전집은, 여러 의미를 지닌 존재물음이 변화되어 갔던
물음의 지평에서, [그것들이] 하나의 도상이었음을 다양한 방식
으로 보여주어야 한다(FS, 437).

19) M. Heidegger, *Beiträge zur Philosophie*, Bd. 65(Frankfurt a. M.: Vittorio
Klostermann, 1989), S.84. 이하에서 이 책은 'BP'로 약칭함.
20) M. Heidegger, *Frühe Schriften*, Bd. 1(Frankfurt a. M.: Vittorio
Klostermann, 1978), S.437, 그리고 면수가 없는 첫 부분. 이하에서 이 책은
'FS'로 약칭함.

이러한 표현에서 알 수 있듯이, 하이데거 자신이 걸어간 존재에로의 길은, 예컨대 현존재 분석(Daseinsanalytik)의 길이든 존재역사(Seinsgeschichte)의 길이든, 아니면 존재언어(Die Sprache des Seins)의 길이든 간에, 그 이정표에 상관없이 언제나 길 위에 머무르는, 곧 존재에로의 도상에서 수행된 것이다.21) 다시 말해 그가 강조하는 '길'이란 어떠한 목표에 도달하게 하는 단순한 수단이나 방법의 의미가 아니라, 사유자를 통해 스스로를 나타내 보이는 사태 자체의 부름에 따라 길을 놓아가며(weg-bahnen), 또 길을 트는(be-wegen), '길-사유'를 의미하는 것이다.22) 통상적으로 '방법(methodos)'은 'meta'와 'hodos'의 합성어로서, 이 또한 '어떤 목적에 도달하기 위한 길이나 방도'를 뜻하기도 한다. 그렇지만 하이데거는, 통상적 의미의 '방법'에는 희랍어 hodos가 나타내는 '길'의 근원적 성격이 망각되어 있다고 간주한다. 하이데거에 있어서 '사유의 길'은 여타 학문의 방법과는 전혀 다른 특징을 가지고 있다. 말하자면 하이데거의 사유에 있어서는 길 자체가 목표이다. 그는 이러한 점을 강조하기 위해 '숲길(Holzwege)'이라

21) 비서(Richard Wisser)는 이와 같은 하이데거 사유가 모든 인간에게 동일하게 적용될 수 있음을 다음과 같이 표현한다: "많은 것을 의심할 수 있어도 의심할 수 없는 한 가지는, 우리 인간이 도상에 처해 있다는 사실이다. 우리 존재는 그렇게 있다. 뿐만 아니라 우리는 도상에 처해 있다는 의식을 가지고 있다. 따라서 우리에게는 '길'과 '길들'이 문제가 되고 있다." Richard Wisser(강학순·김재철 옮김), 『하이데거, 사유의 도상에서』(서울: 철학과현실사, 2000), 24쪽.
22) 하이데거는 「동일성의 명제」라는 강연의 첫머리에서도 이러한 점을 거듭 강조한다: "사유가 사태로부터 부름받은 채, 이 사태를 뒤따라갈 경우, 사유가 도상에서 스스로 변환하게 된다는 사실이 사유에게 일어난다. 그 때문에 앞으로는 '내용'에 주목하기보다는 오히려 '길(Weg)'에 주목하는 것이 좋을 것이다." M. Heidegger, *Vier Seminare* (Frankfurt am Main: Vittorio Klostermann, 1977), S.9.

는 용어를 이렇게 풀이한다.

　　숲에는 대개 풀에 가려 있어 갑자기 더 이상 나아갈 수 없는
곳에서 끝나는 길들이 있다. 하나하나는 각각의 고유한 길로 이
어지지만, 동일한 숲 속에 있다. 간혹 이 길과 저 길이 같아 보
일 수 있다. 그러나 단지 그렇게 보일 뿐이다. 나무꾼이나 산지
기는 그 길들을 잘 알고 있다. 그들은 숲길에 있다는 것이 무엇
을 의미하는지 알고 있다(HW, 383).

　우선 여기서는 통상적 의미에서 말하는 ‘숲길’이 아니다. 본래 독일
어 ‘Holzweg’는 ‘잘못된 길에 들어선다’는 것을 의미한다. 말하자면 숲
길은 어느 곳으로도 인도하지 않는 길이다. 숲 속에서 나무꾼이 나무를
베면서 만든 것은 우리를 한 지점에서 다른 지점으로 이끌지 않는다.
그것은 나무를 베고 나면 자연스럽게 드러나는 길일 뿐이다. 이런 의미
에서 보자면, ‘숲’이라는 말에는 길을 트는 방법(das Verfahren)의 의
미가 보존되어 있다. 즉 숲길의 철학적 의미는, 사유의 길이 이미 알려
지거나 결정된 목표에 도달하기 위한 수단이 아니라 길을 가는 과정
(道程)에서 그것이 비로소 생긴다는 것이다.[23]
　하이데거의 이러한 사유는 만물이 ‘운동 속에’ 있다고 주장하는 헤라
클레이토스 사상과 유사하다. 헤라클레이토스는 이 세계가 끊임없이 움
직이며 변화와 운동 속에 있음을 강조하면서, 이러한 자신의 견해를 저

---

23) Joan Stambaugh, "Heidegger, Taoism, and the Question of Metaphysics",
in *Heidegger and Asian Thought*, ed. Graham Parkes(Honolulu:
University of Hawaii Press, 1987), pp.80-81참조. 사실 하이데거의 길
(Weg)개념과 노자의 ‘道’개념은 깊은 관련성을 가진다. 하이데거철학과 동
양철학의 관련성에 대해서는 위의 책에 함께 게재되어 있는 Otto Pöggeler,
"West-East Dialogue: Heidegger and Lao-tzu"를 참조할 수 있다.

유명한 '강물의 흐름'에 비유하여 설명하고 있다. 먼저 다음과 같은 단편의 예를 보자.

> 동일한 강물 속에 두 번 들어갈 수 없으며, 어떤 가사적 실체도 두 번 붙잡을 수가 없다. 변화의 예민함과 속도 때문에 흩어졌다가 다시 모이면 가까워지고 멀어진다(단편 91).[24]

이 단편이 바로 헤라클레이토스에게 '만물 유전(panta rhei)'에 관한 생각을 갖게 한 것으로, 여기서는 어떤 사물, 혹은 그것과 동일한 어떤 것도 동시에 그 자신과 같지 않다는 사실을 말해 주고 있다. 즉 그것은 어떠한 존재도 비록 한순간일지라도 변화하지 않는 것은 아무 것도 없기 때문에, 그리고 우리가 그것을 인식할 때 개별적인 대상들은 이미 변화의 진행 속으로 휩쓸려 들어가고 있기 때문에, 자신과 동일한 사물은 결코 존재할 수 없음을 강조하는 것이다. 이러한 견해에서 보자면, 우리는 결코 동일한 사물을 두 번 볼 수 없을 뿐만 아니라, 더욱이 고정된 대상이란 있을 수 없으며, 존재하는 모든 것은 '운동(Bewëgung)' 속에, 곧 '途上'에 있다고 보아야 할 것이다.

하이데거의 사유도 역시 이 '도상에 있음(Unterwegsein)'을 강조한다. 그는 헤라클레이토스의 '운동(Bewëgung)'이라는 말에 이음표(Bindestrich)[25]를 넣어 'Be-wëgung'으로 표현하면서 〈사유의 길트기〉

---

24) 헤라클레이토스의 단편들에 관해서는 다음을 참조하였다. Hermann Diels, *Fragmente der Vorsokratiker*(Berlin-Neukölln: Weidmannsche Verlagsbuchhandlung, 1960); G. S. Kirk, *Heraclitus: The Cosmic Fragments*(Cambridge: Cambridge University Press, 1978); T. M. Robinson, *Heraclitus*(Toronto: University of Toronto Press, 1987).

25) 잘 알려져 있는 것처럼, 하이데거는 그의 저서에서 '세계-내-존재(In-der-Welt-sein)', '밖으로-이끌어-냄(Her-vor-bringen)', '몰아-세움

이나 〈사유의 길내기〉의 의미로 사용하고 있다. 말하자면 인적이 끊어진 숲길을 나선 '사상가'는 나아갈 길의 목표와 방향으로 스스로를 개방시키며, 끊임없는 물음으로 길-트기(Be-wëgung)를 수행하면서 도상에 머무는 것이다. 하이데거는 이러한 점을 다음과 같이 표현한다.

　길은, 충분히 사유하면, 우리로 하여금 [어딘가에] 도달하도록 만드는 것이다. 그것도 우리와 관계를 맺음으로써 우리에게 손을 뻗치는 것에 도달할 수 있도록 하는 것이다. (……) 방역(Gegend)[26]은 방역으로서 비로소 길들을 만들어낸다. 방역은 움직이는 것이다. 우리는 운동이라는 낱말을 '길들을 최초로 만들어내고 정립한다'는 의미로 이해한다. 그렇지 않으면 우리는 어떤 것이 장소를 옮기고 증대하거나 감소하도록, 다시 말해 변화하도록 작용한다는 의미로 운동을 이해하게 된다. 그러나 분명히 '움직인다(운동)는 것'은 방역에 '길을 트는 것'을 의미한다 (US, 186).

이와 같이 하이데거의 사유도정을 추적해 보면, 마치 횔더린이 그를

(Ge-stell)' 등과 같이 '이음표(Bindestrich)'를 통해 수많은 복합어를 만들어 자신의 존재사유에서 설명하고자 하는 본질적인 의미를 집약적으로 표현하고 있다. 이것은, 일상적인 용어로는 도저히 설명할 수 없는 존재의 의미를, 이음표를 사용한 복합어를 통해 의도적으로 드러내보고자 한 것이다. 이러한 하이데거의 표현어법에 대한 내용은 다음을 참조할 수 있다. 졸고, 「하이데거의 존재사유에서 나타나는 '표현어법'에 대한 고찰 - Es gibt, Und, Bindestrich를 중심으로」, 『철학연구』제 95집(대한철학회, 2005), 137-165쪽 참조.

26) 하이데거가 사용하는 이 개념은 전·후기사유 간에도 다소 차이가 있다. 먼저 전기에서는『존재와 시간』에서도 나타나듯이, 도구적 존재자가 귀속하여 장소를 정립하는 터전을 일컫는 말이며, 후기에서는 '四域(Geviert)'과 연관해서 이해되어야 할 개념이다. 이에 대한 자세한 내용은 〈제Ⅳ장 3)언어의 방역〉에서 다루어지게 될 것이다.

존재사유의 영역으로 안내하였듯이, 그도 우리를 존재사유의 영역으로
안내하려는 듯하다. 즉 그는 자신이 직접 길을 트면서 걸어갔던 존재사
유의 도정으로 우리를 인도하는 '이정표'이자 '길-안내자'의 역할을 수
행한다.27) 물론 그의 '길-사유', 곧 길트기에는 다양한 체류지점들이
나타난다. 심지어 '길이 아닌 길(Un-wege)'이나 '잘못된 길(Ab-weg)'
이 나타날 수도 있다. 단적인 예로 그는 자신의 사유도정을 회고하면
서, "『존재와 시간』의 근본적인 결함은, 아마도 내가 너무 일찍이 너무
멀리 나아가고자 감행했던 점인 것 같다(US, 89)"고 고백한 적이 있
다. 그렇다면『존재와 시간』의 근본적인 결함은 무엇인가? 이제 우리는
이러한 물음에 대한 해답을 그가 자신의 사유도정에서 불가피하게 단
행할 수밖에 없었던 '전회(Kehre)' 문제를 통해 제시해 보고자 한다.
즉 우리는 하이데거의 사유도정에서 나타나는 전회의 본질적 의미를
해명해 봄으로써, 그의 '길-사유'에 대한 진정한 의미를 이해할 수 있게
될 것이다.

3. 전회의 의미

일반적으로 하이데거의 사상은 '전회'를 기점으로 하여 전기사유와
후기사유로 나누어진다. 그렇다면 그의 사유도정에서 전기와 후기는 어

27) 성경의 유명한 구절인 "나는 길이요, 진리요, 생명이다(요한복음, 14장 6
절)"고 한 표현도, '길'의 의미가 동일한 맥락으로 이해될 수 있을 것이다.
그렇지만 하이데거는 그의 후기사유에 이르러 이러한 '길'을 철저히 '언어적'
으로 특징지어면서, 우리를 언어의 도상에 머물게 한다. 여기서는 존재, 곧
존재언어가 '길(Weg)'이 된다. 말하자면 그것이 스스로 길을 트면서 우리로
하여금 길을 가게 하는 것이다(US, 250참조).

떠한 근거에서 구분되며, 또한 그러한 구분이 가능하다면, 그것은 어떠
한 연유에서 그렇게 된 것인가? 과연 하이데거에 있어서 전기사유와
후기사유의 차이는 무엇이며, 그러한 사유가 '전회'를 거치게 된 원인은
무엇인가? 이러한 문제에 대한 검토는, 우리가 그의 사상을 전체적인
맥락 하에서 조망해 보기 위해 꼭 필요한 일이다. 그렇지만 하이데거의
'전회'에 대한 해석은 주석가들 사이에서도 다소 상이하고 다양한 견해
를 보이기 때문에, 한마디로 정의하기가 쉽지 않다. 우리는 이러한 점
을 염두에 두면서, 먼저 '전회'에 대해 기본적 의미를 개략적으로 살펴
본 다음, 그 본질적 의미를 중심적으로 검토해 보고자 한다. 특히 하이
데거 사유에 있어서 전회의 본질적 의미는 본 연구의 주제인 '하이데거
의 언어개념'을 검토하기에 앞서, 선행적으로 이해되어야 할 부분이다.

1) 전회의 기본적 의미: 현존재에서 존재 자체에로의 길

하이데거에 있어서 '전회(Kehre)'란 그의 초기 저술들을 비롯하여, 특
히 『존재와 시간(1927)』에서부터 『칸트와 형이상학의 문제(1929)』, 『근
거의 본질에 관하여(1929)』, 『형이상학이란 무엇인가?(1929)』 등에 이르
는 전기 저술들 속에서 나타나는 사유(전기사유)와, 『진리의 본질에 관
하여(1943)』로부터 시작되는 후기 저술들 속에서 나타나는 사유(후기사
유) 사이에서 확인되는, 이른바 하이데거 사유의 극적 변화를 지칭하는
개념이다. 전회의 발단은 '기초 존재론'에서 예고된 본격 존재론이 속간
되지 않았던 것에서 연유한다. 하이데거는 1927년에 발간된 『존재와 시
간』에서 그가 기획하는 존재탐구의 완결된 목차를 제시하고, 우선의 『존
재와 시간』은 다만 전체 기획의 일부임을 분명하게 밝히고 있다.[28]

28) 처음 『존재와 시간』의 계획상 분량은 현재 출간되어 있는 형태보다 세 배

그렇지만 기초 존재론에서 본격 존재론으로 들어서려는 지점에서 나타나는 모종의 변화에는 무엇인가 석연치 않은 점이 있으며, 그러한 변화의 의미를 어떻게 해석하느냐에 따라서 하이데거 사유에 대한 평가는 근본적으로 달라질 수도 있을 것이다. 그러면 '전회'에 대한 하이데거 자신의 해명을 직접 들어보기로 하자. 리차드슨이 다음과 같이 그에게 질문한 적이 있다. "당신의 존재사유에 있어서 '전회'를 인정한다면, 이 전회는 어떻게 해서 生起한 것인가?"[29] 이에 대한 하이데거의 대답은 이러하다.

당신의 질문은 전회의 의도가 무엇인가라는 것이 미리 밝혀질 때만이 답해질 수 있다. 보다 명확히 말하자면, 근거가 없는 주장을 계속해서 유포시키는 대신에, 이미 말하여진 것에 대응하면서 그것을 좇아 사유하려고 할 때만이 대답된다(HT, XⅦ).

그는 이렇게 답하면서 소위 '전회'라는 결정적인 사태가 1947년 이래 갑자기 일어난 일이 아니라, 그것이 사유를 통해서 밝혀지기까지는 많은 세월이 필요했으며, 그것에 대한 숙고가 거듭 계속되었음을 강조하면서, "전회의 이름하에 사유된 사태는 1947년보다는 10년 전에 이미 나의 사유를 움직이게 했다(HT, XⅦ)"고 주장하였다. 그리고 또다시 이렇게 말하였다.

정도 되었을 것이다. 잘 알려져 있듯이,『존재와 시간』의 원래 계획은 전 2부 6편으로 되어 있다. 그중 완성된 것은 1부의 제1, 2편이며, 간행되지 못한 것으로 제3편의 제목은 〈시간과 존재〉이며, 제2부는 〈존재 시간성의 문제점을 주제로 하는 존재론의 역사에 있어서 현상학적 파괴의 요강〉으로 구성될 예정이었다(SZ. 53. 제8절 논문의 構圖 참조).

29) William J. Richardson, *Heidegger, Through Phenomenology to Thought*(The Hague: Martinus Nijhoff, 1974), p. XⅦ. 이하에서 이 책은 'HT'로 약칭하고 본문 안에 곧바로 면수를 표기함.

분명히 전회는 나의 사유에 있어서 하나의 전환(Wendung)이
다. 그러나 이 전환은 『존재와 시간』의 입장 변경에 기초해서
결과된 것이 아니며, 더욱이 그 물음의 방기(放棄)에서 결과된
것도 아니다. 『존재와 시간』의 사유되어야 할 사태 아래, 나는
어디까지나 머물고 있다는 것, 즉 이미 『존재와 시간』에서 '시간
과 존재'의 표제 하에 암시된 주시(注視)에 따라서 묻고 있다는
것, 이 결과로서 전회라는 사태가 생긴 것이다(HT, XⅦ).

이와 같이 하이데거는 리차드슨에게 쓴 편지를 통해서 사적으로 자신
의 전회에 대한 의미를 밝혔으며, 1946년 파리의 장 보프레(Jean
Beaufret)에게 보낸 편지 「휴머니즘에 관한 서한」[30]을 통해서 비로소 공
개하게 되었다. 그는 여기서 그의 '전회'에 대한 의미를 이렇게 말한다.

주관성을 포기하는 사유의 충분한 고찰과 수행은 다음과 같은
사실, 즉 『존재와 시간』의 출간에 즈음하여 제1부 제3편 〈시간
과 존재〉의 장(章)이 보류되었다는 사실에 의해서, 더욱 어려워
진다. 여기서(〈시간과 존재〉라는 제3편에서) 모든 것이 전환한
다. 문제의 장(章)은 사유가 이런 '전회'를 충분히 언표하지 못
하고, 형이상학적 언어의 도움을 받아서도 그것을 수행할 수 없
었기 때문에 보류되었다(BH, 327-328).

우리는 이러한 하이데거의 주장에서 '전회'가 어떤 의미를 지니는지

---

30) 이 논문은 1946년 장 보프레에게 쓴 편지로써, 이듬해인 1947년에 『플라톤
의 진리론』의 부록으로 간행되었고 다시 1949년에 독립해서 출간되었다. 앞
에서도 언급했듯이, 우리가 현재 인용하고 있는 것은 폰 헤르만(F. W. von
Herrmann)이 편집한 전집 제9권(Wegmarken)에 함께 게재되어 있는 것으
로써, 인용면수는 제9권 전체 속의 면수임을 밝혀둔다. M. Heidegger, "Brief
über den Humanismus" in *Wegmarken*, Bd. 9(Frankfurt a. M.: Vittorio
Klostermann, 1977).

충분히 지적해 낼 수 있다. 즉 전회란 『존재와 시간』의 제1부 제3편을 통해 발표되어서야만 할 것으로, 그 의미는 '주관성을 포기하는 사유'라는 것이다. 이 주관성을 포기하는 사유란, 바로 하이데거의 후기 입장인 '존재진리에 있어서의 사유'라는 입장이다. 그는 이 주관성을 포기하는 사유 수행의 어려움 때문에, 『존재와 시간』에서 계획했던 〈시간과 존재〉는 보류하지 않을 수 없었던 것이다. 그리고 하이데거 자신은, 『존재와 시간』 이후의 존재사유는 『존재와 시간』의 입장 변경은 아니지만, "여기서 모든 것이 전환한다(HT, XIX)"[31]고 하여 자신의 사유가 전회의 시점에 들어섰음을 밝히고 있다. 뿐만 아니라 지금까지의 사유가 이 전회를 충분하게 언표하지 못하고, 형이상학적 언어[32]의 도움을 받아서도 그것을 수행할 수 없다고 말함으로써, 현존재 분석으로부터 존재사유에로의 길을 모색한 지금까지의 방법과 언어로는, 곧 '존재 속에서 현존재를 통하여 존재 開示'를 지향하는 입장(전기사유)으로는, 후기사유에 그대로 사용될 수 없음을 강조하고 있다. 이는 하이데거 사유의 전회가 불가피하였음을 시사하는 것이다.

또한 하이데거는 『진리의 본질에 관하여(1943)』라는 題下의 강연에서 『존재와 시간』으로부터 〈시간과 존재〉에로 이행하는 '전회의 사유'에 대한 모종의 암시를 보여주고 있다. 즉 "이 전회는 『존재와 시간』의 입장 변경이 아니라, 오히려 『존재와 시간』에서 처음으로 시도되었던 사유가 『존재와 시간』으로부터 경험되고, 더구나 존재망각이라는 근본경험으로부터 경험되는, 그러한 차원의 위치에로 비로소 도달하게 되는 것(BH, 328)"[33]이라고 말한다. 말하자면 존재망각이라는 근본경험에

---

31) 여기서 모든 것, 즉 전체란 '존재와 시간'이라는 사태관련과 '시간과 존재'라는 사태관련 모두를 함께 지시한다.
32) 여기서 '형이상학적 언어'라 함은 무엇보다도 '초월(Transzendenz)'과 '지평(Horizont)'이라는 두 개념을 지시한다.

들어서서 수행되는 사유는 존재망각의 테두리 안에서 이루어지는 사유와는 명확히 다르며, 이 '존재망각이라는 근본경험 속에 들어선 사유'는 존재망각을 극복하기 위해 한 걸음 나아간 사유로 간주하고 있다. 따라서 하이데거 사유에 있어서 '전회의 기본적 의미'를 요약해 보면, 그것은 그의 사유 안에서 전기로부터 후기에로의 이행을 의미하는 것으로써, 간행된 『존재와 시간』의 입장에서 미간행된 〈시간과 존재〉의 입장에로의 전회를 말한다. 이는 곧 '현존재 분석론의 길'에서 '존재 자체에로의 길'을 의미하는 것이다. 그렇지만 이러한 전회의 의미 속에는 보다 본질적인 의미가 저변에 깔려 있다. 이미 앞에서 언급하였듯이, 하이데거 사유에 있어서 전회의 본질적 의미에는 우리 논의의 주제인 '언어문제'가 깊게 관련되어 있다. 그러므로 이에 대한 해명은 하이데거 사유를 전체적으로 이해하는 데 필요한 작업일 뿐만 아니라, 특히 그의 언어개념을 이해하는 데 반드시 선행되어야 할 작업이다.

---

33) 현재 간행된 『존재와 시간』의 내용은 존재를 시간으로, 내지는 시간성으로 해석하는 〈존재와 시간〉이며 미간행된 〈시간과 존재〉편은 시간으로부터 존재를 해석한다. 즉 전자(前者)의 시간성은 본래 유한적인 죽음에의 존재, 종말에의 존재의 시간성이기 때문에 존재는 그러한 유한적 시간성으로 집약된다. 그러나 후자(後者)에서는 시간을 존재로 해석함으로써, 시간은 그 유한적 시간성도 포함해서 모두 존재 자신의 시성(時成)의 나타남이 되는 것이다. 따라서 간행된 『존재와 시간』이 시간성 중심, 즉 '현존재 중심'임에 반해서 미간행된 제1부 제3편의 〈시간과 존재〉는 '존재 중심'의 사유라고 할 수 있겠다. 이에 대한 자세한 내용은 다음을 참조할 수 있다. 졸고, 「하이데거 사유에서 '시간성(Zeitlichkeit)'의 의미」, 『동서철학연구』제 40집(한국동서철학회, 2006), 235-258쪽 참조.

2) 전회의 본질적 의미: 현존재의 언어에서 존재언어에로의 길

하이데거는 『칸트와 형이상학의 문제』에서 형이상학의 정초(Grundlegung) 문제에 대하여 이렇게 말한다.

　　형이상학의 정초문제는 인간 중의 현존재에 대한 물음에서, 즉 현존재의 가장 내재적인 근거에 대한 물음에서, [그리고] '본질적 으로 실존적인 유한성'으로서의 존재이해에 대한 물음에서, 그 뿌 리를 찾는다.[34]

이러한 의미에서 그는 『존재와 시간』에서 '현존재 분석론'을 수행하 였으며 "현존재의 존재 구조해명이 존재론이며, 이 존재론 안에서 형이 상학 가능성의 근거가 정초되어야 하는 한에서, 이 존재론은 '기초 존 재론'으로 불릴 수 있다(KM, 209)"고 주장한 것이었다. 그가 『존재와 시간』에서 현존재 분석을 시도한 것은, 현존재가 존재이해를 가진 유일 한 존재(자)이며, 인간 현존재가 바로 '존재이해'라는 열쇠를 가지고 있 기 때문이었다. 인간이 현존재로 파악되는 것도 존재가 스스로를 생기 (生起)하는 장소(Da)라는 의미에서이다. 즉 현존재의 의미는 자아나 주관의 개념과는 엄격히 구분되며, 오히려 이러한 자아나 주관의 개념 으로부터 구별하기 위해 '현존재'라는 말을 사용한 것이다.

　　그러나 비에타(E. Vietta)도 지적하듯이, 『존재와 시간』에서 하이데 거 사유는 아직 존재로부터 시작되지 않았다. 왜냐하면 거기서 우리들 이 사용하고 있는 철학적 언어는 모두가 주관주의의 산물에 불과하기

---

34) M. Heidegger, *Kant und das Problem der Metaphysik,* Bd. 3(Frankfurt a. M.: Vittorio Klostermann, 1973), S.207. 이하에서 인용할 때는 'KM'으로 약칭하고 본문 안에 곧바로 면수를 표기함.

때문이다. 그래서 그는 사유의 방향을 완전히 변화시킨다.[35] 하이데거는 『존재와 시간』 이후 인간학적 언어를 포기하고 새로운 사유에 알맞은 고유한 언어, 특히 '詩作적 언어'를 통해 존재의 의미를 드러내려고 시도한다. 이러한 사실을 비에타는 다음과 같이 지적한다.

주관을 확인하기 위해서가 아니라, 현존재를 통해서 존재를 확인하기 위한 것이며, 이 존재로부터 전체적인 분석이 보다 근원적으로 수행될 예정이었다. 이것이 『존재와 시간』 제2부의 목표였다. 그런데 그것은 결코 모습을 나타내지 못했다. 왜냐하면 우리들의 언어는 주관으로서의 언어에 의해 만들어졌고, 따라서 존재로부터 인간을 사유하기 위한 언어가 결여되었기 때문이다. 만일 그러한 것이 있다면 그것은 근원적인 시인들에 있어서 발견될 것이며, 여기서 알 수 있듯이, 시인은 훨씬 중요한 역할을 하고 있는 것이다.[36]

비에타의 이러한 지적은, 제Ⅳ장(1. 詩作과 언어)에서 살펴보겠지만, 하이데거의 후기사유에서 詩作과 시인의 역할이 강조되고 있음은 물론, 언어 곧 '존재의 로고스'가 중요시되고 있음을 주장하는 것이다. 말하자면 존재 일반의 의미에 대해 기초 존재론적으로 분석해 가는 전기사유는, 결국 하이데거의 사유과정에서 본질적인 변화를 겪게 된다. 기초 존재론에서는 언어를 인간 현존재에서 사유하여 그것을 인간의 실존범주로 간주함으로써, 그것의 본질을 제대로 사유하지 못하였다. 그러한 기초 존재론적 사유는, 원래 말하는 것은 '인간'이라는 지평에서 이루어진 것이다. 그러나 인간을 '로고스를 가진 동물'로 간주하면서 거기에서

---

35) E. Vietta, *Die Seinsfrage bei M. Heidegger*(Stuttgart: Reclam, 1950), S.58참조.
36) Ibid., S.60.

존재를 사유한 형이상학적 흔적은, 결국 전래의 형이상학과 같은 운명
으로 전락할 가능성이 있다. 이를 경계하면서, 하이데거는 다음과 같이
단언한다.

완성된 형이상학의 시대에서의 철학은 인간학이 된다. 우리가
'철학적' 인간학을 말하든 말하지 않든 간에 사정은 마찬가지이
다. 그러는 동안에 철학은 인간학이 되어 버렸고, 이러한 도상
에서 형이상학 계통의 노획물(die Beute)이, 말하자면 가장 넓
은 의미에서의 자연학(Physik) 곧 생물학과 심리학을 포함하는,
[이른바] '삶과 인간의 자연학'의 노획물이 되어 버렸다. 인간학
이 되었기에, 철학 자체는 형이상학에서 좌초하게 된다.[37]

따라서 이러한 형이상학의 가능성에서 벗어나려면 전면적인 사유의
전회가 요구된다. 그것은 존재사유의 방향전환, 곧 '인간'에서부터가 아
니라 '존재의 언어'에서부터 언어를 사유하는 것이다. 하이데거의 본질
적인 전회는 바로 이러한 사실을 인식하는 사유과정에서 나타난다. 그
래서 그는, 원래 말한다는 것은 인간이 아니라 언어 자체이며, 인간은
존재의 언어가 말하는 곳(Da)일 따름이며, 언어가 말하고 언어가 존재
를 증여하는 것이며 인간은 이에 대해 단지 응답할 뿐이라고 주장한다.
결국 하이데거의 존재사유는 기본적인 의미로 본다면, 인간 현존재라는
우회로를 따라서 존재 자체에로 나아가려고 하였으나 그것은 전래 형이
상학으로 전락할 가능성을 지니고 있었다. 이에 그러한 가능성에서 벗
어나기 위해 하이데거가 단행(斷行)한 것이 바로 '전회'이다. 따라서 전

---

37) M. Heidegger, *Vorträge und Aufsätze*, Bd. 7(Tübingen: Günther Neske,
1954), SS.82-83. 이하에서 이 책은 'VA'로 약칭하고 본문 안에 곧바로 면수
를 표기함.

회가 의미하는 것은, 현존재처럼 존재가 아닌 것을 통해서 존재를 사유
하려는 데서 곧바로 존재 그 자체를 사유하자는 것이다. 물론 이것을 전
체적인 의미에서 본다면, 하이데거의 존재사유에서 주도적인 위치를 차
지한 것이 전회 이전에는 '시간'이었으나, 후기로 접어들면서 점점 '언어'
로 바뀌게 된다. 사실 하이데거에 있어서 '현상학(Phänomenologie)'이란
말도 사태내용상으로 보면, 현상(Phänomen), 곧 존재에 관한 로고스
(logos)이다.38) 이는 바로 '존재의 언어(die Sprache des Seins)'에 다름
아니다.

이처럼 하이데거에 있어서 존재의 비밀(Geheimnis)은 '언어의 본질'
에 있으며, "언어의 본질은 곧 존재의 언어이다(US, 166, 170, 174,
189)." 따라서 전회는 존재를 언어의 본질, 즉 존재의 언어에 따라서 사
유하자는 것이다.39) 이러한 경우 존재사유는 존재를 묻는 데서 시작되
는 것이 아니라 존재의 말을 듣는 데서 시작된다. 만일 그렇지 않고 말
하는 자가 인간 현존재일 경우, 그의 존재사유는 존재의 말을 듣는 것
일 수 없고, 존재를 묻는 것이며, 존재를 묻는 과정에서 인간 현존재는
존재물음의 주체가 되고 존재는 물음의 객체가 되며, 그래서 존재물음
은 결코 객체일 수 없는 존재가 주체에 의해 객관화되는 특성을 띠는
주관주의적 형이상학으로 전락할 수도 있는 것이다.40) 이러한 과정에

---

38) 하이데거에 따르면, '존재론(Ontologie)'나 '신론(Theologie)'도 모두가
　　로고스를 해명하면서 본질적인 의미에서 로고스를 따르고 있기에 '로
　　고스의 이론 · 논리(Logik des Logos)'이다. M. Heidegger, "Die
　　Onto-Theo-Logische Verfassung der Metaphysik" in *Identität und*
　　Differenz, Bd. 11(Tübingen: Neske Pfullingen, 1978), S.50 참조. 이하에서
　　이 책은 'ID'로 약칭하고 본문 안에 곧바로 면수를 표기함.
39) 하이데거는 이러한 의미에서 "'언어의 본질'이라는 공식화는 그 강의의 진
　　행 속에서 '존재의 언어'라는 공식화로 바뀌고 있다. 그러나 그런 변형은 결
　　코 단순한 전회를 의미하는 것이 아니다(US, 200)"고 말한다.

서 벗어나기 위해 하이데거는 불가피하게 전회를 단행할 수밖에 없었다. 그리하여 하이데거 후기사유의 특징은 언어를 통해서 존재와 인간이 불가분적 관계를 이루고 있다는 데서 출발한다. 그러한 관계에서 출발하는 그의 존재사유는 그 관계를 자명한 것으로 전제하는 것이 아니라 그것이 어떻게 가능한지를 해명하고자 한다. 그 관계가 언어를 통해서 가능한 이상, 그 관계가 어떻게 가능한지도 언어사유를 통해서 해명될 수 있다. 그런 의미에서, 하이데거의 존재사유는 '언어사유'로 간주해도 무방하리라. 이제 우리는 이상의 예비적 고찰을 토대로 하여 하이데거 사유에서 나타나는 '언어개념'을 보다 구체적으로 해명해 보고자 한다. 그리고 이러한 우리의 작업은 전회를 기점으로 하여, 전기사유와 후기사유로 나누어 살펴봄으로써, 언어개념에 대한 하이데거 사유의 변화와 차이를 대비적으로 보여줄 수 있을 것이다.

---

40) 여종현, 「하이데거의 '전회'에서의 언어의 의의」, 『철학연구』 제 45집 (철학연구회, 1999), 275쪽 참조.

Ⅲ. 전기사유에서의 언어

Ⅲ. 전기사유에서의 언어

1. 기초 존재론 이전의 언어와 존재문제

잘 알려져 있듯이, 하이데거의 사상 전체를 주도하였던 문제는 바로 존재란 무엇인가 하는 이른바 '존재의 의미(der Sinn des Seins)'를 해명하는 것이다. 그런데 그의 사상 초기부터 이 존재의 문제와 함께 지속적인 관심을 기울였던 것 중의 하나는 바로 '언어의 문제'이다. 흔히 이러한 언어문제는 그의 후기사유에서 대두되는 것처럼 간주하기도 하는데, 사실 존재와 언어가 서로 어떠한 연관성을 가지는가 하는 문제는, 하이데거가 자신의 사상을 형성하던 초기부터 관심을 기울였던 문제이다. 즉 그는 박사학위논문을 완성하기 전에 이미 논리에 대한 새로운 저서들을 탐구하면서 존재자가 참인 어떤 것이 될 수 있기 위해서는 왜 언어와 논리가 필요한 것인지를 알고자 하였다(FS, 38참조).[41]

---

41) 그는 여기서 수학과의 관계를 통해 '말(Rede)'속에서 드러나는 문제들을 보

물론 그 자신이 언어에 대해 더욱 체계적으로 관심을 갖기 시작한 것
은 그의 '박사학위논문'과 '교수임용자격논문(Habilitationsschrift)'에서
이다.

처음에 신학을 공부하였던 하이데거가 철학으로 방향을 바꾸게 되면
서 가장 큰 영향을 받았던 인물은 그 당시 강단 철학을 지배하고 있던
신칸트주의 철학자 리케르트(H. Rickert)였다. 하이데거는 프라이부르
크대학에서 리케르트의 지도하에 「심리학주의에 있어서 판단에 대한
이론(1914)」으로 박사학위를 받았는데, 여기서 그는 로크와 흄 그리고
밀(J. S. Mill)의 영향을 받은 심리학주의를 비판하기 위하여 논리적 실
재성은 심리학적 실재성으로부터 근본적으로 분리될 수 있다는 사실을
입증하려고 하였다. 그에 따르면, 논리적 실재성이란 다름 아닌 타당한
의미(Sinn)이다. 즉 그는 "책표지는 노란색이다(Der Einband ist gelb)"
와 같은 판단내용은 다른 상황 그리고 다른 심리적인 과정을 포함하면
서 말해질 수 있다고 지적한다. 그리하여 "책표지는 노란색이다"라고
말하는 것에 대한 다른 흔적(Token)들은 비물리적이고 비심리적인 하
나의 유형에 대한 흔적들일 뿐이라고 주장한다(FS, 167-169참조). 이처
럼 그는 진술의 다른 흔적들 속에서도 여전히 동일하게 남아 있는 것을
"의미(Sinn)"라고 불렀다. 그래서 그는 의미의 실재형식을 '타당함
(Gelten)'이라고 하면서 이렇게 주장했다.

> 의미의 실재형식(Wirklichkeitsform)은 타당함이다. 반면에 의
> 미가 만나지는 판단과정의 실재형식은 시간적으로 규정되는 존
> 재이다(FS, 172).

완할 수 있을 것으로 여겼다.

48

이와 같이 논리학은 관념적으로 타당한 의미에 대한 연구, 즉 판단
행위 자체에 대한 연구라기보다는 오히려 판단행위의 관념적 내용에
대한 연구이다. 따라서 하이데거에 있어서 타당함은 의미의 실재형식일
뿐만 아니라, 계사(copula)의 본질도 역시 타당함으로 특징지어진다.[42]
그래서 그는 "책표지는 노랗다"라는 판단의 참된 의미는 '노랗다는 것
이 책표지에 대해 타당하다는 것'과 '하나의 의미내용이 또 다른 의미
내용에 타당하다는 것'이 판단의 본질이라고 생각한다. 계사는 바로 이
타당성의 요소를 표현하고 있다(FS, 175-178참조). 그러나 그에게 있
어서 논리적인 것의 실재는 타당한 의미에 있으나, 그것은 더 이상 도
출되어 나올 수 있는 것이 아니다. 하이데거는 실재와 판단의 관계, 즉
'존재자와 의미내용'의 관계는 다루지 않으면서, 아주 불명확한 암시만
을 던지고 있다.[43] 이와 같이 그는 존재자와 의미내용 문제를 명확하
게 해명하고 있지는 않지만, 그 문제에 대해 지속적인 관심을 기울이고
있음을 보여준다.

그렇지만 우리가 그의 박사학위논문에서 중요하게 생각할 문제는 심
리주의에 대한 비판보다는 판단에 대한 순수 논리적 이해가 무엇을 의
미하는가 하는 점이다. 여기서 그는 일단 '판단'을 '인식(Erkenntnis)'과
관련지어 설명한다. 즉

　　모든 판단은 그것이 참인 한에 있어서 하나의 인식을 뜻한다.
　　그리고 모든 인식은 항상 하나의 판단이다. 그러면 인식이란 무

---

42) 이것은 진리 대응설을 복원할 수 있는 중요한 개념이다. 즉 하이데거는 사
　　물을 대상으로, 그리고 지성을 의미내용으로 개념 파악할 경우, '사물과 지
　　성의 일치'라는 전통 진리개념을 순수 논리적인 것 안으로 끌어올 수 있다
　　고 생각한다(FS, 117참조).
43) 이기상, 『하이데거의 실존과 언어』(서울: 문예출판사, 1991), 41쪽 참조.

엇인가? 이 물음과 더불어 우리는 철학 일반의 가장 심오한 문
제들 중의 하나와 관계를 맺게 된다(FS, 174).

여기서 그는 분명히 '인식이란 무엇인가'라는 물음을 제기하고 있다.
다시 말해서 인식의 본질에 대해서 그는 묻고 있다. 하지만 그 당시 리
케르트의 사상 내에 머물렀던 하이데거는 이 물음을 심화시킬 수는 없
었다. 왜냐하면 과학의 본질에 대한 물음을 과학이 해결할 수 없듯이,
인식의 본질에 대한 물음도 역시 인식론적 차원에서는 해결하기 어려
운 문제이기 때문이다. 이 물음은 보다 근원적인 지평, 이를테면 존재의
지평에서 해결될 수 있는 것이었다. 하이데거는 판단의 문제를 단지 인
식의 문제와 연결시키는 데 머물렀지만, 그럼에도 불구하고 인식의 본
질에 관한 물음을 제기함으로써 존재론으로 나아갈 수 있을 길을 마련
했다는 점에서 그의 박사학위논문은 의미를 가진다고 할 수 있다.

결국 인식 문제와 관련된 하이데거의 사유는 그의 교수임용자격논문
인 「둔스 스코투스의 범주론과 의미론」에서 더욱 더 내용을 갖추게 된
다. 그리하여 이 논문은 그의 사상을 형성하는데 결정적인 기여를 하게
된다. 왜냐하면 논제에서 드러나듯이 범주론과 의미론은, 각각 존재문
제와 언어문제에 대한 초기의 천착인 동시에 존재와 언어의 밀접한 연
관성을 입증해 보이고 있기 때문이다(FS, 55참조).[44] 물론 이 연구에
서 범주론이란 존재자의 존재에 대한 해명을 지칭하는 통상적인 명칭
이고, 의미론이란 특수문법으로서 언어를 존재와의 연관 속에서 고찰하
는 형이상학적 통찰을 의미한다(US, 87참조). 즉 범주론의 문제에 대한
그의 관심은 존재의 문제로 이어졌고, 또한 중세 의미론에 대한 탐구를

---

44) 특히 이 논문 제 3장의 주제가 바로 '언어의 형태와 언어의 내용(Sprachgestalt
und Sprachgehalt)'이었다.

통해 그는 언어 문제를 제기할 수 있었던 것이다.[45] 존재물음과 언어
물음이 갖는 연관성이 여기에서 처음으로 드러나고 있으며, 이 연관성
이 그 후 하이데거 사유도정 전체를 규정하게 된 것이다. 특히 이 연구
에서 하이데거는 아프리오리한 사변적 문법을 전개하려는 의도를 가지
고 중세의 사변적인 문법을 역사 비판적으로 고찰한다. 그래서 그는 한
편으로 아프리오리한 사변적 문법을 후설(E. Husserl)[46]의 순수 논리
적 문법과 관련시키려 하고, 또 다른 편으로는 자연언어의 경험적 문법
과도 연관시키고자 한다. 그러나 의미의 형식에 대해 하이데거 자신은
여전히 후설의 순수 논리적 문법보다는 고전적인 스콜라적 문법에 더
가까운 입장을 취하고 있었다. 그 이유는 담화의 부분들에 따라 문법적
형식에 대한 전통적인 분류를 주장하고, 또한 이 분류의 타당성을 말들
의 중요한 구문론적 기능에 의해 정당화시키고자 하였기 때문이다. 하
지만 나중에 그는, 이런 접근이 여전히 타당하지 않은 형이상학적 가정
에서 출발하고 있다고 생각하여, 이러한 시도를 분명하게 거부한다. 그
럼에도 불구하고 중세 사변적 문법에 대한 그의 관심이, 후에 그가 『존
재와 시간』에서 다루게 될 몇몇 존재론적·범주론적인 문제들의 서막
(prelude)을 구성하고 있었다는 것은 받아들일 만한 사실이다.[47]

---

45) Joseph J. Kockelmans, *On the Truth of Being: Reflections on Heidegger's Later Philosophy*(Bloomington: Indiana University Press, 1984), p.142참조.

46) 후설의 언어탐구의 출발점은, 그의 『논리연구』에서도 나타나듯이, 논리적인 것(수학적·논리적 대상)에 대한 탐구였다. 후설은 당시의 논리학자 및 수리철학자들 사이의 논쟁에 가담하여, 논리적인 것들의 본질 및 본질법칙의 필연성과 그 근거를 해명하고자 하였다. 하이데거는 특히 이러한 후설의 『논리연구』의 영향을 많이 받았던 것으로 알려져 있다. E. Husserl, *Logische Untersuchungen*, Husserliana Bd. ⅩⅨ/2(The Hague: Martinus Nijhoff, 1984), 특히 제1장 표현과 의미(Ausdruck und Bedeutung) 참조.

47) Joseph J. Kockelmans, op. cit., p.143참조.

그리고 1921년에 발표된 강의록 「표현과 현상(Ausdruck und Erscheinung)」[48]에서 존재와 언어 사이의 관계에 대한 문제가 그 당시 이미 그의 사유의 중심 문제가 되어 있었고, 그 문제는 詩作과 예술의 본성에 대한 숙고와 연관하여 고찰해야 한다고 명확하게 밝히면서, 자신의 입장을 이렇게 주장한 바 있다. "언어와 존재에 대한 숙고는 초기부터 나의 사유 도정을 규정하였기 때문에, 그것에 대한 논구는 배후에 가장 큰 가능성으로 머물러 있는 것이다(US, 88)." 이와 같이 하이데거의 초기 저작들에 있어서는 존재와 언어의 관계문제가 명확하게 드러나지는 않지만 그 배후에 가장 큰 가능성으로서 남아 있었다. 또한 하이데거는 해석학[49]에 대한 그의 본래적인 관심에 대해 언급하면서 '언어와 존재'의 관계에 대해 다음과 같이 말하기도 한다.

> 그 당시 나는 특히 성서의 말씀(Wort)과 신학적-사변적 사유(Denken) 사이의 관계에 대한 문제에 골몰하여 헤매고 있었다. 당신이 [이러한 표현을] 원한다면, 이 관계는 언어와 존재 사이의 관계와 동일한 관계로서, 다만 가려져 있었고, 내가 접근할 수 없는 것이었다. 그래서 나는 많은 우회로와 갈림길 위에서 그 관계성을 이해할 수 있는 실마리를 헛되이 추구하였다(US, 91).[50]

---

48) 하이데거의 『언어로의 도상에서(Unterwegs zur Sprache)』을 편집한 폰 헤르만은 이 책의 각주를 통해 이 강의록의 정확한 논제가 원래 「직관과 표현의 현상학(Phänomenologie der Anschauung und des Ausdrucks)」이었음을 밝히고 있다(US, 86참조).
49) 이 '해석학'에 대한 상세한 논의는 〈제 2절의 4)해석학적 현상학과 언어의 본질〉에서 다루게 될 것이다.
50) 이러한 하이데거의 주장에 대해 페겔러(O. Pöggeler)는 다음과 같은 해석을 덧붙이고 있다. 즉 "사변적 사유가 성서의 말씀에 관계된다면, 그 사유는 그 자체 스스로 역사적인 그런 요구를 전개해야 한다. 여기서의 '역사학적'임은 물론 역사적으로 확정함을 의미하지 않는다. 말 건넴(Anspruch)은

이러한 말에서 파악할 수 있듯이, 하이데거는 성서의 말씀과 신학
적·사변적 사유 사이의 관계문제를 언어와 존재 사이의 관계문제와
동일한 것으로 이해하고 있다. 이러한 의미에서 보면 코켈만스(J. J.
Kockelmans)나 오트(Heinrich Ott)의 해석은 설득력을 지닌다. 왜냐하
면 코켈만스는 "『존재와 시간』의 기초를 이루고 있는 기본 통찰력 중
의 하나는 성서의 말씀에 대해 말해진 것이 존재 자체에 대해서도 타
당하다는 것을 깨닫는 일이다"[51]고 주장하고 있으며, 또한 오트도 하
이데거의 언어관을 신학에 있어서의 말씀과 연관하여 해석하고 있기
때문이다.[52] 여하튼 여기서 우리는 하이데거가 그의 사상의 초기 때부
터-그것이 신학적이거나 사변적이거나 간에-언어와 존재의 관계문제
에 많은 관심을 기울였음을 알 수 있다.

또한 페겔러도 지적하듯이, 하이데거는 그의 교수임용자격논문에서
'논리학이란 무엇인가'라는 물음을 '언어란 무엇인가'라는 물음으로 제

현전하는, 경직된 지속성 속에 서 있는 확정해야 할 '존재'가 아니라 결코
완결되지 않은 사건이며, 열려진 미래로 안내하는 길이다. 이러한 말 건넴
에서 진리는 자신을 삼가면서 자신을 내준다. 진리는 장차 나타날 계시를
계속해서 지시하는 그런 비밀로 여전히 남아 있다. (……) 말 건넴은 새로
운 존재를 역사적으로 적절한 시간(그리스도교적으로 사유해서 예수의 재
림에 이르기까지, 다른 완성에 이르기까지의 시간)에 선사한다. 사변적 사
유는 이 존재를 존재자의 존재로 전개하려고 한다. 그러나 이러한 시도에
서 傳受된 존재사유는 부서져버려야 하는데, 그 이유는 여기서 존재는 지
속적인 현전이 아니라, 자기 자신은 빠져나가면서 말을 건네는 그런 사건
이기 때문이다. 언어가 이러한 존재, 이러한 역사적 말 건넴에 관계된다면,
언어는 더 이상 '형이상학적으로' 지속적인 현전과 맞바꿔질 수 있는 참
(verum)에서부터 사유될 수 없다." Otto Pöggeler, *Der Denkweg Martin Heideggers* (Tübingen: Günther Neske Pfullingen, 1983), S.270.
51) Joseph J. Kockelmans, op. cit., p.144.
52) Heinrich Ott(김광식 옮김), 『존재와 사유: 마르틴 하이데거의 길과 신학의
길』(서울: 연세대 출판부, 1985), 212쪽 참조.

기하고 있다.[53] 그리고 그는 1934년도 여름 학기에 행해진 「논리학」이
라는 강의 이래로, 이 「논리학」이라는 명칭 뒤에 "언어의 본질에 대한
물음으로서 논리학의 변화"가 숨어 있다고 주장한다(WD, 100참조).
물론 논리학은 로고스, 곧 언어에 관한 이론이기에, 결국 그것은 언어
의 본질문제와 연관성을 가지지 않을 수 없는 것이다. 그런데 여기서
하이데거는 그 자신의 근본과제인 존재에 대한 물음을 해결하기 위해
서는, 이러한 전통 논리학이 충분하지 못하다는 점을 지적한다. 말하자
면 전통 논리학이 존재물음이라는 현상과 직면했을 때 실패했다는 사
실은, 이 논리학이 그 토대를 현전 존재론[54] 안에 가지고 있다는 것을
생각해 본다면, 그리 놀라운 일은 아니다. 그래서 그 논리학은 많은 수
정과 확대를 시도해도 원칙적으로 더 유연하게 만들어질 수 없는 것이
다. 논리학의 이러한 정신과학적으로 정향된 개혁은 단지 존재론적인
혼란만을 가중시킬 뿐이다(SZ, 129참조). 따라서 전통적인 논리학은
눈앞에 있는, 즉 지속적으로 현전하는 것만을 다룰 수 있을 뿐이지 지
속적인 현전이 아닌, 이를테면 시간적이고 역사적인 존재문제는 다룰

---

53) Otto Pöggeler, *Der Denkweg Martin Heideggers*(Tübingen: Günther
   Neske Pfullingen, 1983), S.269참조.
54) 전통 논리학은 존재론적 해석학에서 전수된 논리학으로서 '현전의 논리학'
   으로 나타난다. 즉 그러한 논리학은 논리적으로 사유해야 할 것으로써, 단지
   대상으로부터 지속적으로 눈앞에 있는 것으로써 언제나 거듭 사유 앞으로
   가지고 올 수 있는 그것만을 허락하고 따라서 시간과 역사는 존재 자체 안
   에 허용하지 않는다. 이에 반해 하이데거의 해석학적 현상학이 따르고 있는
   로고스는 한 존재자의 자기 이해를 해석한다. 해석학적 로고스는 실존론적
   -해석학적 '로서'를 간직하고 있다. 해석학적 '로서'는 실천 내에서, 그리고
   실천을 위하여 어떤 것을 어떤 것으로 받아들이게끔 한다. 해석학적 로고스
   는 이 해석학적 '로서'를 단순히 서술적인 '로서'로 평준화시키지 않는다. 그
   에 반해 하이데거가 해석학적 '로서'의 변형으로 부르는 서술적인 '로서'는
   어떤 것을 순수 이론적으로 그것에 있어서 눈앞에 있는 그것과 연관지어 표
   상하게끔 한다(SZ, 209참조). Otto Pöggeler, op. cit., S.271참조.

수 없는 것이다.[55])

결국 하이데거는 『존재와 시간』에서 논리학과 언어 전체 문제에 대해 새롭게 접근할 수 있는 단초를 발견하는데, 거기에서 그는 논리학과 언어를 '세계-내-존재'인 현존재의 '말(Rede)'에서부터 사유하고 있다. 그리고 말 자체는 처해 있으면서 이해하는, 그리고 궁극적으로는 시간적이며 역사적인 세계-내-존재의 분절화(Artikulation)로 이해된다. 그런 점에서 언어는 그때그때마다 새롭게 돌출하는 세계의 분절화가 되는 것이다. 하이데거의 『존재와 시간』에서는 새롭게 요구된 해석학적 논리학의 문제를 전개하지는 않았지만, 해석학적 의미의 언어(logos)개념은 충분히 다루어지고 있다.[56]) 그러므로 이제 우리는 하이데거의 『존재와 시간』에서, 이른바 기초 존재론을 중심으로 하여 그의 전기 사상에서 나타나는 언어개념에 대해 살펴보고자 한다.

2. 기초 존재론에서의 언어개념

폰 헤르만이 그의 저서 『주체와 현존재: 「존재와 시간」에 대한 해석』의 제 2판 서문[57])에서 밝히고 있듯이, 하이데거는 『존재와 시간』에서

---

55) 하이데거에 있어서 언어가 이러한 존재와 관련하여 직접 논의되는 것은 하이데거의 후기사유에 이르러서이다(이에 대한 상세한 논의는 제Ⅳ장의 〈3. 언어와 존재〉에서 다루어질 것이다). 하이데거는 『존재와 시간』에서 언어와 논리학의 문제에 새롭게 접근하고 있지만, 그 접근은 현존재의 토대에서 이루어지고 있다. 따라서 언어에서 존재의 사건을 본격적으로 다루는 본질적인 사유는 그의 후기에서 이루어지게 된다.

56) Otto Pöggeler, op. cit., S.271참조.

57) F. W. von Herrmann, *Subjekt und Dasein: Interpretation zu "Sein und Zeit"* (Frankfurt am Main: Vittorio Klostermann, 1985), S.5참조.

겨우 9쪽(SZ, 213-221)[58] 분량에 불과한 제 34절(현-존재와 말, 언어)
의 논의에 대해 스스로는 과연 어떤 의미를 부여하고 있을까? 우리는
이에 대한 대답을 그가 일본인과 나누었던 대화[59] 속에서 찾을 수 있
다. 그 일본인은 『존재와 시간』에서의 언어에 관한 논의는 너무나 간략
하고 압축적이어서, 이 절을 읽을 때마다 언제나 유감스럽게 생각하였
음을 하이데거에게 토로하였다. 그러자 하이데거는 너무나 간단명료하
게 이렇게 응답하였다.

> 우리의 대화가 끝난 후에, 당신은 『존재와 시간』의 제34절을
> 한 번 더 주의 깊게 읽어보시는 게 좋을 듯 합니다(US, 130).

이러한 하이데거의 말에서 드러나듯이, 이 절이 간결함에도 불구하
고 여기서 우리가 언어에 관해 얻을 수 있는 것은 기대 이상이 될 것
임을 그는 확신하고 있다. 따라서 이제 우리는 '한 번 더 주의 깊게' 읽
기를 요청하는 그의 말대로, 그의 『존재와 시간』을 엄밀히 검토해 볼
필요가 있다. 그것은 비록 짧은 분량의 내용이라고 할지라도, 그가 그
처럼 자신 있게 주장하듯이, 그 속에는 '언어(말)의 본질'에 관한 그의
사상이 고스란히 담겨져 있기 때문이다.

잘 알려져 있듯이, 하이데거는 『존재와 시간』에서 언어의 본질을 해
명하면서, 언어 자체를 분석대상으로 삼지는 않는다. 왜냐하면 그의 관
심은 언어를 독자적인 존재자가 아니라 존재와의 연관성 속에서 이해

---

58) 이것을 『존재와 시간』 "Max Niemeyer Verlag Tübingen(1979)" 판에서 보
면 7쪽(160-166) 분량이 된다.
59) 이 '대화(Aus einem Gespräch von der Sprache)'는 하이데거가 옛날의 일
본인 제자 구키(九鬼, Kuki)를 회상하면서, 구키의 제자인 독문학자 테주카
(手塚, Tezuka)와 만나 '언어'에 관해 나눈 것이다.

하려는 데 그 목적을 두었기 때문이다. 그에게 있어 '언어'는 '존재의 의미'로서 이해되며, 따라서 언어의 본질은 존재를 이해하는 존재자인 현존재를 통해 파악되어야 한다는 것이다. 그리하여 이른바 '실존범주'라는 용어를 통해서 인간의 존재, 즉 자신을 초출하여 존재의 부름에로 마중 나가면서 존재의 진리를 언어 속에 깃들게 하는 존재, 곧 현존재를 분석·해명해 보인 결과가 그의 주저 『존재와 시간』인 것이다.[60) 여기서의 언어(말)는 결코 인간이 의사소통을 위해 사용하는 수단적·도구적·대상적 의미로 파악되는 것이 아니라 "현존재의 개시성의 실존론적 구성 틀(SZ, 214)"로서, 현존재의 실존을 구성하는 것이다. 따라서 『존재와 시간』에서 그의 핵심과제는 항상 '말(Rede)'과 더불어 살아가는 인간 현존재의 말을 통해 언어의 본질을 이끌어내는 데 집중되어 있다.

그렇지만 우리가 하이데거의 '언어(Sprache, logos)'개념을 해명하기 위해서는 먼저 '현존재의 의미'를 명확하게 이해할 필요가 있다. 왜냐하면 기초 존재론에서 언어(말)는 인간 현존재의 실존범주로서 현존재 분석의 근본 틀 안에서 이루어지는 것이기 때문이다. 그러므로 다음에서 우리는 먼저 현존재의 의미를 '존재'와 '세계'의 연관성 속에서 간략하게 검토해 보고 나서, 하이데거의 언어개념을 살펴볼 것이다. 잘 알려져 있듯이, 현존재의 현(Da)을 존재론적으로 분석·해명하려는 그의 시도는 근본적인 실존범주를 '처해 있음(Befindlichkeit, 감을 잡고 있음)', '이해(Verstehen)', 그리고 '말(Rede)'로 구분하여 해명하고 있으며, 특히 여기서는 '말'이 중요하게 다루어지고 있다. 또한 그의 기초 존재론에서 '언어'에 관한 문제는 앞서 언급한 『존재와 시간』 제34절 (현존재와 말, 언어)을 비롯하여, 제 7절과 제 68절에서 대부분 드러나

---

60) 신오현, 『철학의 철학』(서울: 문학과 지성사, 1989), 205쪽 참조.

고 있기 때문에, 이 부분이 중점적으로 논의될 것이다.

1) 현존재[61]와 존재

우리 인간이 동물과 마찬가지로 하나의 생명체라는 점은 자명한 사실이지만, 언어를 사용하는 '언어적 존재(homo loquens)'라는 점에서는 동물과 확연히 구분된다. 물론 인간을 다른 동물과 구별하여 '이성적 동물(homo sapiens; animal rationale)'이라고 정의(定義)하기도 한다. 이 정의는 틀린 것은 아니지만, 현대에 와서는 많은 철학자들이 인간을 '이성적 동물'이라고 정의하는 대신에, 오히려 '언어 능력을 갖춘 존재'

---

61) 하이데거에 있어서 '현존재'라는 말은 인간을 지칭하는 말이긴 하지만, 그것과 동의어는 결코 아니다. 오히려 보다 근원적인 개념이다. 그럼에도 불구하고 현존재는 인간과 동일시되면서 하이데거 사유는 철학적 인간학으로 오해받기도 하였다. 『존재와 시간』이 출간되었을 무렵, 하이데거는 이 책을 존경과 우정으로 그의 스승인 후설에게 헌정하였지만, 후설조차도 하이데거의 입장에 대해 '인간학주의(anthropologism)'라고 비판하였다. 그리고 후설과 약간 다른 시각에서이긴 하지만 부버(M. Buber)도 하이데거의 기초 존재론(Fundamentalontologie)을 '결여된 인간학'으로 파악하였다(권순홍, 「철학적 인간학의 존재론 정초가능성 ─하이데거의 기초 존재론을 중심으로」, 연세대 석사논문, 1986, 13-15쪽 참조). 그렇지만 하이데거는 그 자신의 현존재 분석론이 인간학, 심리학, 생물학 등, 소위 인간을 다루는 인접 학문과 혼동될 것을 우려하여 『존재와 시간』 제10절에서 이들과의 한계를 다음과 같이 분명히 하였다. 즉 "인간학, 심리학 및 생물학과 대비하여 실존론적 분석론을 경계 짓는 일은 원칙적으로 존재론적 물음에만 관계된다(SZ, 61)." 또한 하이데거는 『칸트와 형이상학의 문제』에서도 비록 철학적 인간학이 여전히 인간에 대한 많은, 그리고 본질적인 인식을 제시할 수 있다고 할지라도, 그것이 철학의 기본 분과로서의 권리를 가질 수는 없으며, 그것은 기초 존재론의 문제 밖에서 나름대로의 과제를 제시하고 있기 때문에 그는 그것을 인정하지 않는다(KM, 212참조).

로 정의하려고 한다.[62] 그렇다고 하더라도 우리는 인간이 '이성을 갖춘 동물'이라는 전통적인 인간에 대한 정의를 결코 부정할 수는 없다. 왜냐하면 우리는 인간과 동물을 구별하면서, 특히 '이성'을 내세워 인간의 우월성을 확보하기 때문이다. 이것은 우리 인간의 '있음'이나 동물의 '있음'이나 그 있음(존재)에는 아무런 차이가 없기 때문에, 양자는 있음에는 구별이 없고 다만 그 본질에서 구별이 있다는 말이다. 다시 말해 인간을 인간으로 만들고 있는 것은 그 있음이 아니라 바로 본질, 곧 '이성'이라는 것이다. 이 '이성'은 철학사를 통해 우리에게 실로 다양한 양상의 문제, 이를테면 영혼, 지성, 정신, 주체, 인격 등의 문제로 다루어져 온 것이 사실이다.

그런데 만약 이러한 '이성중심의 인간'을 강조한 철학사가 잘못된 존재이해에서 비롯된 것이라면, 이것을 우리는 어떻게 이해해야 하는가? 인간을 인간으로서 특징짓고 있는 것이 본질로서의 이성이 아니라 다른 존재자의 있음이나 다름없다고 생각해 왔던 바로 그 '있음(존재)'에 있다고 한다면, 과연 우리는 이것을 어떻게 이해해야 하는가? 인간과 동물을 구별하는 기준이 이성이 아니고 '있음'이라고 한다면, 아마도 우리는 인간에 대한 정의를 더 이상 '이성적 동물'이라고 할 수 없을 것이며, 또한 인간의 있음과 동물의 있음을 구별하는 기준을 새롭게 마련해야 할 것이다.[63] 하이데거는 인간이라는 개념을 '있음(존재)'에서 파

---

62) 한 예로, 언어학자 위도우슨(H. G. Widdowson)은 이렇게 주장한다. "언어는 인간에게만 유일하게 부여된 것으로서 괴물이나 다른 동물들과 인간을 구분해 주며, 따라서 인간을 호모 사피엔스(homo sapiens)보다는 호모 로쿠엔스(homo loquens)라는 종명으로 부르는 것이 더 적절하다는 주장이 있다." H. G. Widdowson (유석훈 · 김현진 · 강화진 역), 『언어학』(서울: 도서출판 박이정, 2001), 5쪽.

63) 하이데거에 있어서 인간이 한 특정한 존재자로서 다른 존재자와는 하나의 정해진 종차에 의해 구별될 때, 예를 들어 '이성적 동물(animal rationale)'로

악하기 위해, 인간이란 개념 대신에 '현존재(Dasein)'라는 용어를 사용한다. 그에 있어서 인간 현존재는 일단 존재물음을 물을 수 있는 존재자를 지칭한다. 그런데 존재물음을 물을 수 있기 위해서는 존재를 이미 이해하고 있어야만 한다. 존재에 대해서 묻는다는 것은 우리가 우리의 시선을 존재에로 향할 수 있다는 것, 즉 존재에 대한 여하한 관점을 가질 수 있다는 것을 말하고, 또 존재를 물어볼 수 있는 존재자에로 접근할 수 있다는 것을 뜻하며, 그 존재자에게서 존재의 의미와 그 성격들을 개념적으로 파악할 수 있다는 것을 뜻한다. 그런데 이해하거나, 관점을 가지거나, 의미를 파악하거나, 접근하거나, 선택하는 것 등은 물음을 구성하는 행동관계들이다. 하이데거에 의하면 이러한 방식으로 행동할 수 있는 존재자는 우리들 자신인 존재자, 즉 '현존재'뿐이다. 하이데거가 『존재와 시간』의 제1부에서 현존재에 대한 실존론적 분석을 통해 존재의미를 해명할 수 있다고 여겼던 것도 바로 이러한 이유에서이다. 그러므로 그는 현존재 분석을 시도하면서 이렇게 말한다. 즉 "다른 모든 존재론이 거기에서 비로소 발원할 수 있는 기초 존재론은 현존재의 실존론적 분석론에서 탐구되어야 한다(SZ, 18)." 이와 같이 하이데거는 존재의미를 파악하기 위해 현존재 분석을 시도한 것이지 결코 현존재 분석 자체가 그의 목표나 의도는 아니었다. 그러한 의미에서 그는 『존재와 시간』의 첫 쪽에 붙여진 아주 간략한 서언에서 플라톤의 『소피스트(244a)』를 인용한 후 이렇게 쓰고 있다.

서 다른 생물과 구별될 때, 인간 존재는 충분히 사유되지 못하는 셈이 된다. 하이데거는 그의 사유도정 처음부터 인간과 다른 존재자와의 구별을 다르게 설정할 것을 주장한다. 즉 존재이해를 통해서 두드러지는 존재자와 아무런 존재이해를 가지지 못하는 존재자 사이의 구별을 강조하고자 하는 것이다. Otto Pöggeler, op. cit., S.259참조.

   오늘날 우리는, '존재한다'는 단어를 가지고 우리가 진정 무엇
을 의미하는가에 관한 문제에 어떤 대답을 가지고 있는가? 결코
그렇지 않다. 그래서 존재의 의미에 관한 물음을 새롭게 제기할
필요가 있다. 도대체 오늘날 우리는 '존재'라는 표현을 이해하지
못하는 것에 당혹해 하고 있기라도 하는 것인가? 결코 그러하지
못하다. 그래서 우선 이 물음의 의미에 관한 어떤 이해를 무엇
보다도 먼저 다시 환기시킬 필요가 있다. '존재'의 의미에 관한
물음을 구체적으로 풀어내는 것이 아래 논문의 의도이다.

   이상의 인용문에서 알 수 있듯이, 하이데거는 '존재의 의미'에 대한
물음을 새롭게 제기할 필요성을 역설하는데, 사실 그의 사유를 이해하
는 데 있어서는 무엇보다도 이 존재물음의 의미를 분명히 알고 있는
것이 중요하다. 여기서는 그저 모호하고 불투명하게 존재에 대해 묻고
있는 것이 아니라 존재의 의미에 대해, 다시 말해 우리가 흔히 '존재'
내지는 '존재한다'고 말할 때, 도대체 그것은 무엇을 의미하는지에 대해
묻고 있는 것이다.
   사실 우리는 항상 이미 어떤 존재이해 속에서 움직이고 있다. 우리가
'존재란 무엇인가'라고 물을 때, 우리는 이미 어떤 막연한 '있다'에
대한 이해를 가지고 있는 셈이다.[64] 하이데거는 이러한 평균적인 막
연한 존재이해를 현존재 자체의 본질구성 틀(Wesensverfassung)에
속하는 '현사실(Faktum)'[65]이라고 하며, 과학에 있어서의 '사실

---

64) 그렇지만 우리는 '존재란 무엇을 의미하는가'라는 물음에 아무리 답해보려
   해도, 다시 말해 존재라는 개념을 다른 어떠한 개념에 의해서 규정하거나
   지시하거나 혹은 예시하려고 하더라도, 단지 그것만으로는 그것을 이해하는
   데 부족할 것이다. 이를테면 어느 누구도 눈앞에 있는 '책상'이라는 개념을
   이해시키기 위해서 실재하는 책상을 가리키듯이 그렇게 존재라는 실재를
   지시함으로써 존재의 개념을 이해시킬 수는 없을 것이다. 그것은 존재가 어
   떤 형태로 지시될 수 있는 사물이 결코 아니기 때문이다.

(Tatsache)'과 구별한다. 현존재가 존재이해를 갖고 있다는 것은 존재
론적으로 존재한다는 것을 의미하며, 이것을 하이데거는 '선존재론적
(Vorontologisch)'이라고 표현한다. 그에 의하면 현존재는 그의 존재에
있어서 바로 그 존재 자체가 스스로에게 문제되는 유일한 존재자이며,
또한 현존재는 여타 존재자와의 관계에서 자기 자신의 존재가능성을
실현하기 위해 이러저러하게 태도를 취할 수도 있다. 이처럼 언제나 어
떤 방식으로든 태도를 취하는 그러한 존재 자체를 하이데거는 '실존
(Existenz)'66)이라고 부른다(SZ, 12참조). 실존의 존재론적 구조의 연
관은 바로 '실존성'이며, 이 실존성은 실존하는 존재자(현존재)의 존
재구성 틀이다. 그리고 실존성에서부터 규정되고 있는 현존재의 존재
성격을 '실존범주(Existenzialien)'라고 하며, 현존재적이지 않은(nicht-
daseinmäßig) 존재자의 존재규정인 '범주'와 엄격히 구분한다. 하이데거
는 또한 실존으로 규정지은 인간 현존재의 근본구성 틀을 '세계-내-존
재(In-der-Welt-sein)'라고 명명하면서, 이 세계-내-존재는 하나의 통일
적인 현상으로서, 현존재 분석론의 올바른 단초는 바로 이 구성 틀(세
계-내-존재)의 해석에 달려 있다고 단언하고 있다(SZ, 71참조).

　이미 강조하였듯이, 하이데거가 궁극적으로 묻고자 한 것은 '존재 일

---

65) 사물들이나 사건들이 시공간 안에 놓여 있거나 일어나고 있는 것을 어떤
　　'사실(Tatsache)'이라고 할 때, 인간 현존재의 세계 안에 있음이라는 '사실'
　　을 그것과 구별하기 위해 '현사실'이라고 부른 것이다.
66) 이 용어는 자신의 존재에서 이 존재 자체를 문제시하는 현존재의 존재방식
　　을 일컫는 말이다. 따라서 현존재가 실존한다는 것은 그가 자신이 존재
　　할 수 있는 여러 가능성들을 문제 삼으면서 존재한다는 것을 뜻한다. 이
　　것은 사물 존재성(Vorhandenheit)을 뜻하는 existentia와는 구별되는 현존
　　재의 존재규정으로서, 하이데거는 역설적으로 "현존재의 본질은 그 실존 속
　　에 있다(SZ, 56)"고 말한다. 이 실존개념과 관련해서는 다음을 참조할 수
　　있다. 이성환, 「하이데거의 실존개념」(대구: 경북대 박사학위논문, 1988).

반의 의미'를 밝히는 존재에 관한 물음이다. 따라서 현존재의 실존에 대한 분석이 그 자체로서 그의 과제가 되는 것은 아니다. 그렇지만 "그러한 존재자(현존재)의 존재구성 틀이라는 이념 안에는 이미 존재 일반에 대한 이념이 놓여있기(SZ, 17)" 때문에, 현존재의 실존론적 분석은 기초 존재론으로서의 역할을 하는 것이다.[67] 말하자면 하이데거에 있어서 존재론이 인간 현존재의 존재이해에 그 가능근거를 갖고 있다면, 기초 존재론에서 제일 먼저 문제로 삼아야 하는 것은 다름 아닌 바로 이 '존재개념 이전의 존재이해'일 것이다. 따라서 이 존재이해를 바르게 파악하기 위해 하이데거가 존재를 이해하고 있는 인간 현존재를 먼저 해명하려고 한 것은 당연한 절차가 아닐 수 없다.

2) 현존재와 세계

하이데거에 의하면 현존재를 여타의 존재자들, 즉 현존재적이지 않은 존재자들과 구별지어주는 것은 '실존'이다. 말하자면 실존은 현존재의 본질이다. 실존으로서의 현존재는 자신의 존재에 뿐만 아니라 현존재적이지 않은 존재자의 존재에로 향해 있으면서 자신의 존재에 대한 이해뿐 아니라 현존재적이지 않은 존재자의 존재에 대한 이해도 함께 지니고 있다. 그리고 현존재에는 본래성(Eigentlichkeit)과 비본래성(Uneigentlichkei

---

67) 실존과 실존하고 있는 인간은 존재의 개시(밝힘)를 위한 수단이자 장소이며 그것의 가능성의 근거이자 단초이다. 따라서 『존재와 시간』에 나타난 실존과 인간에 대한 발언은 애초부터 결코 철학적 해석학의 입장에서 의도된 것은 아니며 보편적 존재론의 근저로 돌입하려는 노력을 위한 보조적인 발언으로서만 의도된 것이다. M. Müller, *Existenzphilosophie in geistigen Leben der Gegenwart* (Heidelberg: F. H. Kerle Verlag, 1964), S.21참조.

t)68)의 가능조건으로서 각자성(各自性, Jemeinigkeit, 그때마다 나의 것
임)이라는 성격이 속해 있다. 현존재는 본래성과 비본래성이라는 두 가
지 양상 중의 하나로, 혹은 이들 양자의 양상적 무차별성(modale
Indifferenz)의 모습으로 실존한다. 그런데 현존재의 모든 존재규정은 '세
계-내-존재'라는 존재구성 틀에 의거하여 이해되어야 한다. 그것은 세계-
내-존재가 바로 현존재를 이루는 근본구성 틀(Grundverfassung)이기 때
문이며, 하이데거는 세계-내-존재(In-der-Welt-sein)라는 이러한 현존재
의 근본구성 틀을 다음과 같은 세 구조계기로 이루어진 통일적인 현상으
로 파악한다(SZ, 72참조).

첫째 계기는 '세계 내(in der Welt)'이다. 여기에서는 세계의
존재론적 구조를 탐구하여 세계성(Weltlichkeit) 그 자체의 이념
을 규정한다. 말하자면 하이데거가 현존재의 근본구조를 세계-
내-존재라고 규정할 때, 그 세계는 어떠한 세계이며 우리는 그
것을 '어떻게' 이해해야 하는가의 문제이다.

둘째 계기는 '존재자(Seiendes)'이다. 즉 현존재의 가장 가까
운 존재방식인 평균적 일상성에서 세계-내-존재라는 존재자는
'누구인가'가 규정된다. 다시 말해 현존재는 실존을 자신의 존재
방식으로 규정했기에, 세계-내-존재로서 존재하고 있는 것은 과
연 누구인가 하는 것을 문제로 삼는다.

셋째 계기는 '내-존재(In-Sein)'이다. 여기서는 내(內)라는 것

---

68) 일상의 현존재로 남아 있어 자신이 아닌 '다른 현존재'의 보이지 않는 명령
에 따라 존재하게 될 때, 본래적인 자기 자신으로 존재하지 못하게 되기에
그것을 '비본래성'이라 하고, 그러한 '그들 자신'에서부터 자기 자신을 되찾
아 자신의 존재를 떠맡아 자기 자신으로 존재하는 양상을 '본래성'이라 한
다. 따라서 '비본질적인 말함'이란 일상적 언어나 잡담을 하고 있는 현존재
를 말하며, 시인이나 철학자들이 자기 자신을 실존의 본래성에서 말하는 것
을 '본래적 말함'이라고 할 수 있다.

자체의 존재론적 구성을 밝힌다. 즉 세계 내에서 현존재가 '어떻게' 존재하고 있는가의 문제를 다룬다. 하이데거는 "내-존재는 세계-내-존재라는 본질적 구성 틀을 가진 현존재의 존재를 나타내는 형식적이고 실존론적인 표현이다(SZ, 73)"고 주장한다.

이처럼 하이데거는 현존재의 근본구성 틀인 '세계-내-존재'를 세 가지 계기로 구분하여 설명하고 있으며, 이것은 하나의 통일적인 현상이라는 점에서 한 계기의 주제적 분석은 전체 현상과 함께 연관되어 드러난다고 할 수 있다(SZ, 72참조). 그렇지만 현재 우리의 논의는 '현존재의 의미'를 해명해 보는 데 초점을 두고 있기 때문에, 여기서는 논의의 방향을 '현존재와 세계'의 문제로 다소 제한을 두고서 다루어 보고자 한다. 현존재와 세계 사이의 연관성은 곧 위의 첫째 계기와 둘째 계기를 염두에 두고서 설정된 것이다. 즉 '현존재'는 둘째 계기와, 그리고 '세계'는 첫째 계기와 연관이 있으며, 셋째 계기는 바로 다음 논의〈(3) 현존재와 언어〉에서 검토하게 될 것이다.

첫째 계기에서 제기하였듯이, 하이데거는 과연 세계를 어떠한 의미로 이해하는가? 우선적으로 '세계'는 흔히 생각해 왔듯이 여러 존재자들의 총체가 아니다. 그는 세계를 인간 현존재의 삶이 개시되는 터(Da)로 이해한다(SZ, 87참조). 다시 말해 인간 없이는 세계도 없다는 말이다. 그는 세계도 현존재의 가장 친근한 양식인 '평균적 일상성(durchschnittlichen Alltäglichkeit)'이라는 지평에서 분석론의 주제가 되어야 한다고 보았다. 그런데 이러한 일상적 현존재의 가장 가까운 세계는 바로 '환경세계(Umwelt)'이다(SZ, 88참조). 환경세계 속의 현존재는 일상적 세계-내-존재이며, 하이데거는 이 일상적 세계-내-존재를 세계 내에서의, 그리고 세계 내부적인 존재자와의 '교섭(Umgang)'이라는 용어로 설명한다. 그에 따르면 세계에 대한 경험은 일반적으로 우리 주변에서 만나는 존재자

로부터 이루어지기 때문에, 일상적인 세계경험은 존재자와의 교섭에서
성립되며, 이러한 교섭활동이 현존재의 배려(Besorgen)이다. 배려가 존
재자와 교섭하는 것은 주관이 객관에 대해 인식하는 것과는 다르다. 즉
배려의 교섭으로 드러나는 존재자는 우선 주어져 있는 인식론적 존재자
가 아니라 사용되고 있는 존재자이거나 제작 중에 있는 존재자이다(SZ,
90참조).

　세계가 이처럼 인간 현존재의 세계로서 의미연관을 갖게 되므로, 우
리는 세계 안에서 대하는 모든 존재자(도구)를 '무엇을 하기 위한 어떤
것'으로 이해하게 된다. 예컨대 우리가 식탁 위에 있는 '콜라 병을 콜라
병으로서' 지각하는 것은 우리가 세계-내-존재이기 때문에 가능하다.
콜라 병이 무엇인지 알기 위해 우리가 아무리 관찰해 보고 또 그것을
망치로 깨어보거나 다른 수단을 사용해 보더라도 그 콜라 병의 의미를
주는 세계를 도외시한다면 모두가 헛된 노력에 불과할 것이다.[69] 만일
그것이 콜라 병이 아니고 여타 역사적 유물일 경우, 우리는 인간과 관
련된 존재자의 '세계성'을 더 쉽게 파악할 수 있을 것이다. 콜라 병을
가지고 그것이 콜라를 담았던 병임을 아는 것은 그것이 '무엇을 위한
것'이라는 사용연관을 떠나서는 콜라 병의 존재를 올바르게 파악할 수
가 없는 것이다. 이와 같이 인간이 세계 내에서 만나고 있는 존재자를
하이데거는 인간과 무관한 무차별적 '사물'로 보지 않고, 인간의 손길이
닿아 있는 존재자, 즉 '도구(Zeug)'라고 부른다. 그리고 인간 현존재를
'세계-내-존재'라고 명명하듯이, 도구도 "세계 내부적 존재자(SZ, 88)"
라고 부른다.

---

69) 우리는 이러한 사실을 영화 '부시맨'을 통해 확인할 수 있다. 즉 이 영화에서
　　는 콜라병의 용도성을 전혀 모르는 상태에서 이 콜라병의 정체를 둘러싸고
　　원주민들 간에 벌어지는 사건이 묘사되고 있다.

우리가 이처럼 세계 내에서 만나고 있는 도구로서의 세계 내부 존재자는 우리의 일상적인 관심에서 '무엇을 하기 위한'의 방식인 유용성, 기여성, 사용 가능성, 편리성 등과 같은 여러 특성들로서 하나의 도구 전체성을 구성한다. 하이데거는 이러한 도구의 독특한 성질을 '지시(Verweisung)'라고 부른다. 도구는 본질적으로 '무엇을 하기 위한 어떤것'으로서, 그 지시를 도구 전체에서부터 받고 있다. 도구는 결코 단독으로 존재할 수는 없다. 도구의 존재에는 그때마다 언제나 어떤 도구 전체성이 속해 있으며, 그러한 도구 전체 속에서 그 도구는 그것이 무엇인바로 그 도구일 수 있는 것이다(SZ, 92참조). 그리고 망치를 갖고 못질을 할 때 망치의 편리함이 드러나는 것과 같이, "도구가 스스로 자기를그 속에서 드러내는 도구의 존재양식을 '도구 존재성(Zuhandenheit)'[70]이라고 한다(SZ, 93)." 현존재의 배려가 도구와의 교섭에 있어서 도구존재성을 드러내는 것은 이론적 태도에 의해서 도구적 존재자가 갖는 외견의 성질을 파악하는 양식에 의해서가 아니라, 사용하고 취급하는 교섭양식에 의해서 도구적 존재자의 독특한 사물적 성격(Dinghaftigkeit)을부여하는 것이다. 이처럼 배려와 도구적 존재자에 대해 사용하고 취급하는 교섭은 고유한 '봄(視, Sicht)'의 양식을 가지고 있으며, 또한 '~하기위한(Um-zu)'의 지시의 다양성을 간파하여 보는 것을 '둘러봄(配視, Umsicht)'이라고 부른다(SZ, 93참조).

하이데거에 의하면, 도구적 존재자는 이론적 인식에 의해 파악되지도않지만, 그렇다고 미리 둘러봄(配視)에 주제적으로 존재하고 있는 것도아니다. 도구적 존재자는 제품(Werk)에서 자신을 나타낸다. 왜냐하면 제

---

70) 이 개념은 도구가 지니는 '하기 위한(um-zu)'과 그것에 대한 배려의 교섭으로서의 '손에 다루기 알맞음(손에 익음, Handlichkeit)'이 결합되어 있다. 또한 도구 존재성은 이론적 태도에 의해서가 아니라 현존재의 실천적 태도에의해서만 드러난다는 것을 보여준다.

품은 제작되어야 할 것으로서 배려되고 있기 때문이다. 즉 "제품은 그 내부에 도구가 만나게 되는 지시 전체성(Verweisungsganzheit)을 지니고 있다(SZ, 94)." 따라서 제작되어야 할 제품(예컨대 콜라 병)은 본질상 그 자신에게 속해 있는 사용 가능성으로서의 '어디에(사용목표, Wozu)'를 나타내는 데 불과하지만, 그것의 사용과 이 사용에서 발견되는 존재자(예컨대 주문자)의 지시연관을 드러낸다는 의미에서 도구의 존재양식을 지닌다. 이를테면, "제작되어야 할 구두는 신기 위한 것(신는 도구)이며, 완성된 시계는 시간을 보기 위한 것이다(SZ, 94)." 이처럼 도구는 항상 다른 것을 하기 위한 것, 즉 구두는 '신기 위한 것', 시계는 '시간을 보기 위한 것'으로 존재하기 때문에, '하기 위한'이라는 지시연관은 계속해서 이어질 수밖에 없다. 이처럼 도구의 사용사태(Bewandtnis)[71]에는 어떤 것을 가지고 어디에 사용함이라는 의미가 함축되어 있으며, '어떤 것을 가지고 어디에'라는 연관이 '지시'라는 용어로써 드러나야만 한다. 그러나 이러한 '도구의 사용사태'의 모든 사용이 더 이상 사용사태가 없는 어떤 지시연관의 최종점에 도달하려면, 더 이상 다른 것을 지시하지 않고 그 자신을 지시하는 존재자가 있어야 한다. 지시연관의 최종점, 지시연관이 최종적으로 수렴되는 존재자가 바로 '현존재'이다.[72] 현존재는 '하기 위한'이라는 지시연관을 여타 존재자에게서처럼 '어디에'라는 사용사태로 가지지 않는다. 오히려 '~하기 위하여(Um-zu)의 연관'은 현존재의 '그 때문

---

71) 이 용어는 '어떤 것을 가지고 어디에' 사용하는 도구사용연관 전체를 가리키는 존재론적 표현이다.
72) 하이데거에 의하면 도구는 '무엇을 하기 위하여(Um-zu)'라는 지시연관을 가지고 있다. 이를테면 망치는 못을 박기 위한 것이고, 못을 박는 것은 판자를 고정시키기 위한 것이며, 판자의 고정은 건축을 위한 것이고, 건축은 비바람을 막기 위한 것이다. 그리고 비바람을 막는다 함은 결국 인간 현존재의 주거 공간이기 때문이다. 이처럼 도구의 지시연관의 최종점은 당연히 인간 현존재로 귀착된다.

에(Worum-willen)'에 근거하고 있다(SZ, 113참조). 그것은 이 '그 때문에'가 언제나 그 자신에게 그의 존재 자체가 문제시되는 현존재의 존재에만 상관하기 때문이며, 또한 '어디에(Wozu)'라는 도구의 지시연관은 그것의 최종점인 인간 현존재에게서 비롯되는 것이기 때문이다.

이와 같이 현존재에 의한 배려적 교섭은 존재자를 도구로서 그 존재성격을 갖게 하는 것이다. 사물 존재자(Vorhandenes)가 도구 존재자(Zuhandenes)로 존재하는 것은 바로 현존재에 의해 비롯되는 것이다. 눈앞에 있는 존재자가 눈앞에 있는 것으로 보이지 않고 유용한 존재자, 곧 도구적 존재자로 비치는 것이다. 그리하여 사물 존재자는 온통 도구 존재자로 채색되는 것이며, 사물성을 본질로 하는 존재자는 도구성을 본질로 하는 존재자에로 그 존재성격이 변하게 되는 것이다. 말하자면 현존재의 손길이 미치는 존재자는 부지불식간에 도구로 전락하고 마는 셈이다. 이것은 전적으로 현존재의 교섭방식에 기인하는 것이다. 세계 내부적 존재자가 각기 그때마다 의미를 부여받고 있는 이해의 지평은 인간 현존재의 삶이 이루어지고 있는 삶의 터전(Da)으로서의 '세계'인 것이다. 바꾸어 말해, 현존재의 삶의 세계 내부에 있는 존재자들은 현존재의 배려적 교섭에 따라 도구적 존재자로서 한결같이 현존재 자신을 향해 질서지어져 있고 배열되어 있는 것이다. 이것이 현존재의 평균적 일상성과 연관하여 드러나는 '세계의 세계성(Weltlichkeit der Welt)'이다(SZ, 115-116참조). 도구적으로 질서화되고 재배열된 존재자들, 이 존재자들은 물론 있는 그대로 현전하는 존재자는 아니며, 이 존재자들로 구성된 세계 역시 존재하는 세계 그 자체는 아니다. 이것은 어디까지나 도구성을 본질로 하는 존재세계로 오직 현존재에게만 유일하게 열려있는 것이다.

그런데 지금까지 살펴본 바와 같이 세계의 세계성이 현존재의 도구성으로 개시된다는 사실은 어디까지나 하이데거의 기초 존재론의 범위 내에서 가능하다.[73] 물론 그는 사물을 세계해석을 위한 출발점으로 취하는 상식적·전통적·인식론적 사고방식에 대해서는 비판적이다. 현존재의 배려와 교섭함으로써 드러나는 존재자는 우선 주어져 있는 인식론적 존재자가 아니라 사용되고 있는 존재자이거나 제작 중에 있는 존재자를 말한다. 그리고 현존재의 배려는 언제나 환경세계 내에 있는 바로 이러한 존재자와 교섭하는 것이다. 따라서 이상의 논의를 근거로 하여 도구적 존재성, 사물적 존재성, 그리고 세계의 세계성을 구별해 보면, 도구적 존재성이나 사물적 존재성은 '현존재가 아닌 존재'의 존재자에 관계하는 범주(Kategorie)인데 비하여, 세계의 세계성은 바로 현존재의 실존론적 규정인 것이다(SZ, 118참조).

3) 현존재와 언어

하이데거는 『존재와 시간』 제 34절에서 말과 언어(Rede und Sprache)의 문제를 주제로 삼고 있는데, 여기서 그는 언어의 본질을

---

73) 비판적 존재론의 입장에서는 '세계' 개념에 대한 이러한 해석을 결코 공감하지 않는다. 한 예로 하이데거의 존재론에 다소 비판적인 입장을 취하는 하르트만(N. Hartmann)은 이에 대해 다음과 같이 표현한다: "세계가 누군가의 세계가 아니라는 것은, 그것을 아무리 한정하여 왜곡시켜 보더라도, 개인을 위해 있는 것은 확실히 아니다. 세계는 그렇게 할 수 없다. 왜냐하면 어느 누구나 다 이미 실제로 이 하나의 세계 내에 있고, 모든 차이는 단지 세계에 있어서 그 지향의 한계에 관계하는 것이기 때문이다. 세계는 무엇인가의 상관개념(Korrelat)이 아니다. 즉 세계는 오히려 공동의 존재 영역이고 일체의 가능한 상관관계의 활동공간이다. '나와 세계'-심지어는 나와 나의 세계-이것은 '신과 세계'라 말하는 것과 똑같이 존재론적으로 왜곡된 것이다." N. Hartmann, *Zur Grundlegung der Ontologie*(Berlin: Walter de Gruyter & Co, 1965), SS.221-222.

그것이 감추어진 존재 영역으로부터 드러내어 명확하게 해명해 보이려는 작업을 수행하고 있다. 하지만 우리가 보기에 언어의 문제는 제 34절에서 직접적으로 주제화되기에 앞서 이미 '처해 있음(Befindlichkeit)'과 '이해(Verstehen)' 그리고 '해석(Auslegung)'을 분석하는 과정(제29절-33절)에서 어느 정도 그 의미가 암시적으로 다루어지고 있다. 그러므로 우리는 '처해 있음'과 '이해'의 해명으로부터 시작하여 '말과 언어'라는 현존재의 실존론적 구조를 분석해 보고자 한다. 이러한 우리의 논의는, 앞에서 언급하였듯이 세계-내-존재라는 본질구성 틀의 계기분석에서 세 번째 물음, 즉 세계 내에서 현존재가 어떻게 존재하고 있는가 하는 물음을 분석·해명하는 일이 된다. 따라서 이제 중요한 것은 '세계(첫째 물음)'와 '누구(둘째 물음)'를 구체적으로 분석할 때 획득한 것을 간직하면서, 내-존재의 현상으로 해석을 되돌리는 일이다. 하이데거는 다른 두 가지 물음에 비해서, 이 세 번째 물음인 '내-존재'에 대한 물음을 더 철저하게 고찰해야 한다고 강조한다(SZ, 174 참조). 그렇다면 그가 내-존재에 대한 분석을 특별히 강조하는 이유는 어디에 있는가? 그에 의하면 이 내-존재는 "세계-내-존재라고 하는 본질적인 틀을 가진 현존재의 존재에 관한 형식적이고 실존론적인 표현(SZ, 73)"이며, 또한 세계-내-존재의 구조 전체를 새롭고 더 확실하게 현상학적 조망 앞으로 이끌어 오는 것일 뿐만 아니라 현존재 자신의 근원적 존재, 즉 마음씀(Sorge)을 파악하기 위한 길을 닦는 데 필요한 것이다(SZ, 174 참조). 그리고 현존재가 세계 내에 있다고 할 때의 '내-존재'는 현존재가 사물 존재자들처럼 세계라는 공간 속에 어떤 위치를 점유하고 있는 것을 뜻하지 않는다. 공간 속에서의 연장적인 사물존재자의 범주적 규정인 내부성(Inwendigkeit)은 실존범주로서의 내-존재와는 근본적으로 다르다. 이를테면 컵-안의-물(das Wasser 'im' Glas)이나, 장롱-안의-

옷(das Kleid 'im' Schrank)처럼, 단순히 공간 속에 있는 두 존재자 사이의 관계를 기술하는 말이 결코 아니다.

이 '내-존재(In-Sein)'는 현존재의 본질적인 존재구조로서 우선 형식적인 의미로 '내(in)'는 'innan'74)에서 유래하며, '어디에 살다', '거주하다', '체류하다'라는 의미를 갖는다. 그리고 '내가 있다(ich bin)'라고 할 때, '있다(존재하다)'라는 표현은 '곁에(~bei)'와 연관을 가진다. 따라서 '내가 있다'라는 말은 '이러저러하게 친숙한 것으로서 세계의 곁에 살고 있다', '체류하고 있다'는 것을 의미한다(SZ, 72-73참조). 이처럼 내-존재는 어떤 공간을 점하는 단순한 사물 존재자로 해석되어서는 안 되며, 이러한 내-존재라는 존재양식을 가짐으로써만 우리는 세계 내부적인 사물 존재자를 만날 수 있다. 그러므로 현존재는 본래 그것의 근본구조가 세계-내-존재이기 때문에, 이러한 존재이해는 세계의 이해이자, 세계 내부적으로 만나는 존재자의 존재이해이다. 즉 "현존재에게 속해 있는 존재이해는 '세계'와 같은 것에 관한 이해와 세계 내부에서 접하게 되는 그런 존재자에 대한 존재이해에 동근원적으로 관계한다(SZ, 17-18)." 따라서 현존재적이지 않은 존재자를 주제로 하는 존재론도 결국 현존재 자신의 존재구조에 그 근거를 가지고 있으며, 모든 다른 존재론이 그것에서 발생할 수 있는 '기초 존재론(Fundamentalontologie)'은 바로 이러한 현존재의 존재론적 분석론 이외의 다른 것일 수 없는 것이다.

또 한편, 현존재는 바로 그 자체가 '개시성(Erschlossenheit)'이기도 하다. 말하자면 "개시성을 통해서 이 존재자(현존재)가 세계의 현-존재

---

74) 하이데거에 의하면, 'innan'에서 'an'은 '나는 익숙하다, 친숙하다' 또는 '나는 어떤 것을 돌본다'는 뜻이다. 이것은 '나는 거주한다(habito)'나 '나는 경애한다(diligo)'라는 의미에서 'colo(나는 산다, 돌본다, 경애한다)'라는 語義를 가지고 있다. 이런 의미에서 본다면 '내-존재'란 분명 인간 현존재에게만 관련되는 본질구조를 갖는 것이다(SZ, 73참조).

와 함께, 그 자신을 위해서도 '현(Da)'75)으로 존재하는(SZ, 177)" 만
큼, "본질적으로 현존재에는 개시되는 세계와, 동시에 그 자신의 개시
성이 함께 속해 있다."76) 하이데거는, 이 '개시성'을 자연의 빛(lumen
naturale)으로 비유하여 현존재가 "빛을 받고 있다는 것은 그 자신이
세계-내-존재로서 자기 자신에게 빛을 발하고 있다는 것, 즉 다른 존재
자에 의해 밝혀지는 것이 아니라 그 자신의 존재가 곧 밝음(빛)이라는
것(SZ, 177)"을 의미한다고 말한다. 따라서 이러한 기초 존재론적 의
미에서 현존재는 자기 자신을 목적으로 해서 실존할 때, 현존재가 목적
으로 하여 실존하는 바로 그것은 '빛으로의 세계'이자, '빛의 생기장소'
로서의 현존재 자신, 즉 자기가 되는 것이다.77)

우리는 이처럼 '현(Da)'의 개시성이라는 존재성격이 밝혀짐에 따라,
이제 현존재 분석의 전개상 '현'의 존재방식을 해명해 보는 것이 필요
하다. 말하자면 현의 존재방식을 해명해 봄으로써, 우리는 현존재의 본
래적 존재의미를 확인할 수 있게 된다. 즉

세계-내-존재로서 현존재의 존재는 '현(Da)' 자체이다. 현존재
와 같은 존재자는 그의 '현'을 애초부터 수반하고 있기에, 세계

---

75) 현(Da)에는 '거기'라는 공간적 의미와 '나타나다', '드러나다'라는 개시의 의
미가 함께 있다. 하이데거는 '존재 개시의 장(場)'이라는 의미로 인간을
Dasein이라고 술어화하므로, 여기서는 공간적 의미보다는 개시성을 더 고려
해서 'Da'를 주로 현(現)이라고 번역하고 있다. 세계와 현존재는 Da에서 하
나이고, 이 Da는 일체의 존재자를 밝히는 빛이고 밝음이다.
76) M. Heidegger, *Die Grundprobleme der Phänomenologie*, Bd.
24(Frankfurt a. M.: Vittorio Klostermann, 1975), S.25. 이하에서 이 책은
'GP'로 약칭하고 본문 안에 곧바로 면수를 표기함.
77) M. Heidegger, "Vom Wesen des Grundes" in *Wegmarken*, Bd.
9(Frankfurt a. M.: Vittorio Klostermann, 1976), S.157 참조. 이하에서 이
책은 'WG'로 약칭하고 본문 안에 곧바로 면수를 표기함.

가 비로소 발견될 수 있는 것이다. [그런데] 현존재가 그의 '현'
을 애초부터 수반하고 있다는 것은, 마치 죽은 성질을 지니고
있듯이 그렇게 가지고 있는 것이 아니라 존재해야 하는 그것으
로, 곧 그의 '현'을 존재해야 하는 그것으로 수반하며, 따라서 그
러한 것이 바로 현존재의 본래적 존재의미인 것이다.[78]

이와 같이 '열려있음'이라는 의미에서 현존재의 개시성을 하이데거는
현존재의 '현(Da)'이라고 부르며, 이 '현'을 구성하는 동근원적인[79] 두 가
지 방식에는 '처해 있음(Befindlichkeit)'과 '이해(Verstehen)'가 있다고
말한다. 그리고 나아가 이 양자는 다시 동근원적으로 '말(Rede)'에 의해
규정된다(SZ, 177참조)고 강조한다. 즉 현의 실존범주로서 '처해 있음',
'이해' 및 '말'이 모두 동근원적인 것이 아니라 처해 있음과 이해가 '말'에
의해 규정된다고 강조함으로써, 기초 존재론에서 그의 '말(언어)'개념을
이해하는 데 중요한 단서를 제공하고 있다. 따라서 이제 우리는 현존재의
실존론적 구성방식인 '처해 있음'과 '이해'의 해명에서부터 언어로 이행
되는 하이데거의 사유과정을 추적하여, 그가 기초 존재론에서 밝히는 '언
어의 본질'에 관해서 살펴보고자 한다.

가. '처해 있음과 이해'로서의 현존재

하이데거에 의하면 인간 현존재가 '세계 내에 존재한다'는 사실은 그

---

78) M. Heidegger, *Prolegomena zur Geschichte des Zeitbegriffs*, Bd.20
(Frankfurt a. M.: Vittorio Klostermann, 1979), SS.349-350. 이하에서 이
책은 'PZ'로 약칭하고 본문 안에 곧바로 면수를 표기함.
79) 여기서 '동근원적(gleichursprünglich)'이라는 말은 '처해 있음'과 '이해'가 현
존재의 실존범주로서, 그것 중 어느 하나의 실존범주가 더 근원적이거나 더
우선적이지 않고 근원에 있어서 서로 동일하다는 것을 의미한다.

74

가 이미 '어떤 상황에 처해 있음'을 의미하는 것이다. 이 '처해 있음(Befindlichkeit, 감을 잡고 있음)'80)은 흔히 우리가 말하는 기분(Stimmung)과 같은 것이며, 따라서 현존재가 어떤 상황에 처해 있다함은 바로 현존재가 존재론적으로 '어떤 기분으로 있다'든지 혹은 '어떤 기분에 젖어있음'을 의미한다. 이처럼 기분은 "사람이 어떤 상태에 있으며, 또 어떤 상태로 있게 되는가를 드러내 주는 것(SZ, 179)"이다. 말하자면 사람이 어떤 상태로 기분에 젖어 있을 때, 존재를 그의 '현(Da)' 속으로 맞아들이는 것, 이것이 바로 '처해 있음'이다. 그렇다면 현존재는 이러한 기분으로부터 벗어날 수 있는가? 그리고 이러한 기분은 도대체 어디에서 오는 것인가? 물론 세계-내-존재가 그의 근본구조인 현존재는 결코 이러한 기분에서 벗어날 수 없다. 왜냐하면 "기분이라는 이 '처해 있음'은 언제나 그 자신의 방식에 따라서 전체 속에 있는 존재자를 드러낼 뿐만 아니라, 이 드러내는 행위는 동시에-단순한 우연적인 사건과는 매우 다른-우리 현존재의 근본사건이기 때문이다(WM, 110)."

현존재로서의 '세계-내-존재'라는 것은 다름 아닌 현존재가 이미 '세계 내에 내던져져 있음'을 의미하며, 현존재가 그의 피투성(Geworfenheit)81)에 있어서 존재하고 있다 함은 그것이 바로 이 처해

---

80) 독일어 'Befindlichkeit'라는 말의 國譯은 주로 '처해 있음'이나 '心情性' 등으로 번역되고 있으며, 英譯은 'State-of-mind'나 'Mood'로 번역되고 있다. 우리가 보기에 '기분이나 분위기에 젖어 있어서 어떤 상황에 처해 있음'을 의미하는 이 말의 의미를 광의의 의미인 '심정성'이나 '心情(State-of-mind)'으로 번역하기보다는 '처해 있음'이나 '기분상태(Mood)'로 번역하는 것이 더 적절해 보인다. 국역의 '처해 있음'은 이기상 교수나 신상희 교수가, 그리고 英譯의 'Mood'는 코켈만스(J. J. Kockelmans)나 앨러(Jan Aler), 그리고 워터하우스(Roger Waterhouse) 등이 주로 사용하고 있다.
81) 현존재로서 인간의 이러한 존재성격이 '현존재가 존재하고 있다'는 사실로

있음, 즉 피할 수 없는 근본사건인 기분에 젖어 있음을 의미하는 것이
다. 그리고 현존재의 던져져 있음(피투성)은 존재의 개시, 바꾸어 말하
면 '세계의 열림'을 의미하기도 한다.[82] 이 때문에 현존재는 '세계-내-
존재'이다. 즉 개시성[83]으로서의 현(Da)을 그 본질로 하는 인간 현존
재는 세계가 개시되어 있는 것과 더불어 현재 거기에(Da) 존재하고 있
는 것이다. 하이데거의 후기사유에서 잘 드러나듯이, 존재의 부름에 응
답함으로써 인간은 스스로의 본질을 규정받게 된다는 사실이 인간 현
존재의 개시성과 세계의 개시성이 본질적으로 같다는 것을 보여준다.
인간 존재를 '세계-내-존재'라고 부르는 것도 현존재와 세계의 개시성
의 서로 분리될 수 없는 연관성을 나타내 보여주는 것이다.

　이와 같이 세계-내-존재로서의 인간 현존재는 기분에 의하여 세계-내
-존재를 전체로서 개시하며, 세계의 개시성은 바로 이러한 '처해 있음'으
로서 구성되는 것이다. 이것을 바꾸어 표현해 보면, '처해 있음'이라는 기
분 규정성이 현존재의 세계 개방성(Weltoffenheit)을 실존론적으로 구성
한다는 말이 된다. 이러한 맥락에서 하이데거는 다음과 같이 말한다.

서 파악되며, 이를 가리켜 인간 현존재가 그의 '현(Da)' 내에 '던져져 있음
(Geworfenheit, 피투성)'이라고 하이데거는 표현한다(SZ, 180참조).
82) 우리는 앞에서 현존재 자체가 곧 '개시성'을 의미한다고 하였다. 동일한 맥
락에서 현존재의 피투성은 곧 세계의 열림을 의미하기도 한다.
83) 투겐트하트에 의하면 '개시성(Erschlossenheit)'은 '개시함(Erschließen, 개
시작용)'을 의미할 뿐만 아니라 '개시됨(Erschlossensein)'도 의미하는 것이
다. 이는 개시됨이 개시함의 객관적인 상관자를 의미할 뿐만 아니라 현존재
자체에 의해 사용될 때에는 마치 희랍어에서의 中動態(medial)와 같은 의미
를 지니기 때문이다. 중동태적인 의미에서 '현존재가 스스로 개시한다
(erschließt sich)'는 말은, '현존재가 개시 가능한 것에 대해 스스로 개시한
다(sich öffnet)'는 것을 의미한다. 그는 이러한 현존재 스스로의 개시함
을 어떤 것에 대한 단순한 전제로서가 아니라, 관여하는 규정으로서의 조
건이라고 파악한다. Ernst Tugendhat, *Der Wahrheitsbegriff bei Husserl
und Heidegger* (Berlin: Walter de Gruyter & Co, 1970), S.304참조.

세계의 개시성(Welterschließen)은 항상 이미 스스로 처해 있는 것이다. 우리는 처해 있음과 세계 개시성의 근원적인 상호 귀속성을 현상적으로 드러내야 한다. 즉 현존재는, 우선 자기 자신에 처해 있다가 그 다음에는 거기에서부터 하나의 세계를 둘러보며 찾는 어떤 무엇이 아니라 처해 있음이 내-존재(있음)의, 다시 말해 하나의 세계에 언제나-이미-있음의 한 특징이 되는, 그러한 것으로 존재한다(PZ, 355).

이와 같이 '처해 있음'이라는 기분에 의해 현존재는 모든 인식이나 의욕 이전에, 그리고 인식과 의욕의 개시범위를 훨씬 넘어서 자기 자신에게 개시되어 있다. 우리가 기분을 지배한다는 것도 반대기분에 의해 상쇄되는 것이지 기분에서 벗어나서 지배하는 것은 결코 아니다. 즉 "기분은 외부에서 오는 것도 내부에서 오는 것도 아니며, 세계-내-존재라는 존재방식으로서 이 세계-내-존재 자체로부터 엄습해 오는 것이다(SZ, 182)."

기분은 그때그때에 이미 세계-내-존재를 전체로서 개시하며, 무엇에 대해 자신을 향하게 하는 것을 가능하게 한다. 하이데거는 기분을 이처럼 단순히 내면적·심리적인 사태로 파악하지 않는다. 기분은 엄습하는 것이다. 그렇다면 '엄습한다(überfallen)'[84]는 것은 무엇을 의미하는가? 존재의 부름을 경청하면서 응답하는 자로서, 그리고 존재로부터 끊임없이 개시되어 있도록 강요당하는 자로서 인간 현존재는 존재의 부름에 응답함으로써 열리는 세계(세계의 세계성)와 존재가 머무르는 거처에서 존재자가 (제)작품으로 변하는 세계(환경세계)를 함께 개시하며 존

---

84) 하이데거는 이 '엄습하다'는 표현을 자주 사용한다. 예를 들면 「예술작품의 근원」이라는 논문에서도 "사물의 사물존재에 대한 엄습(Überfall; HW, 15)"이라는 표현을 사용한 바 있다.

재한다. 하이데거는 열려지는 세계와 더불어 열려지는 현존재의 존재
개시성을 이처럼 '엄습하다'라는 말로 표현하고 있으며, 이러한 존재방
식을 드러내는 현존재의 존재를 세계-내-존재라고 부른다. 그리고 세계
-내-존재로서의 인간 현존재는 기분에 의하여 세계-내-존재를 전체로
서 개시한다.85) 이처럼 세계의 개시성은 '처해 있음'으로 구성되어 있
으며, 기분으로서의 처해 있음은 현존재를 그의 피투성에 있어서 개시
할 뿐만 아니라, 세계와 공동 현존재, 나아가서 실존까지도 드러내는
개시성이다(SZ, 182참조). 다시 말해 처해 있음은 그 안에서 현존재가
그의 '현(Da)'으로서 존재하고 있는 그러한 실존론적 근본양식의 하나
이며, 또한 그것은 존재론적으로 현존재를 성격 규정하고 있을 뿐만 아
니라, 동시에 그것의 개시작용 때문에 실존론적 분석론에 대해 원칙적
인 방법적 중요성을 지니고 있다(SZ, 185참조).

　다음으로 이러한 '처해 있음'과 더불어 동근원적으로 '현(Da)'을 구성
하고 있는 것은 '이해(Verstehen)'이다. 즉 처해 있음은 '현'의 존재가
그 안에 머물고 있는 실존론적 구조 가운데 하나인데, 이 처해 있음과
더불어 동근원적으로 이해가 그 존재를 함께 구성하고 있다(SZ, 190참
조). 인간 현존재는 자기 자신과의 관계, 다른 현존재와의 관계, 그리고
세계 내에서 만나는 여타 모든 존재자와의 관계 속에서, 그가 관계하고
있는 존재자를 이해하면서 존재한다. 이해하면서 존재하는 이러한 존재

---

85) 하이데거는 '처해 있음'의 다양한 양상과 그것들의 정초연관에 대해서 상세
　　히 다루고 있지는 않지만, 기분의 구체적인 분석은 두 가지로 나누어 설명
　　한다. 하나는 '두려움(Furcht)'이며, 다른 하나는 '불안(Angst)'이다. 먼저
　　두려움은 환경세계 내에 존재하는 존재자들로부터 일어나는 기분이고, 불안
　　은 존재의 도래에 직면하는 인간의 원초적인 근본기분(Grundstimmung)이
　　다. 그렇지만 '두려움'에 대해서는 『존재와 시간』 제 30절(처해 있음의 한
　　양상으로서의 두려움)에서, 그리고 '불안'에 대해서는 「형이상학이란 무엇
　　인가」에서 오히려 상세히 다루고 있다.

방식이 곧 인간을 존재론적으로 규정짓고 있는 것이다. 그런데 여기서 '이해한다'라는 말은 과연 어떠한 의미인가? 다시 말해 우리는 우리와 더불어 말하는 사람을 이해하고, 말해지거나 쓰인 낱말을 이해한다. 그리고 우리는 인간이 정해 놓은 기호를 그 의미에서 이해하며, 반드시 실천이 따라야 하는 제도나 관습의 이해는 물론, 예술작품을 그 의미와 가치에 따라 이해하기도 한다. 이와 같이 우리는 자연물이나 사회제도는 물론, 심지어 그 속에서 생활하고 있는 우리 자신도 이해하고 있다. 이 모든 현상에 있어서 '이해'란 과연 무엇을 의미하는가?

하이데거에 의하면 우리가 흔히 '어떤 것을 이해한다'라고 할 때, 그것은 '어떤 일을 주관할 수 있다', '그 일을 처리할 능력이 있다', '어떤 것을 할 수 있다' 등의 뜻으로 사용된다. 그러므로 "이해에는 실존론적으로 '존재할 수 있음(Sein-können, 존재가능성)'이라는 현존재의 존재방식이 놓여 있다(SZ, 191)"고 할 수 있다. 실존범주로서의 존재가능성은 현존재의 가장 근원적이며, 궁극적인 존재론적 규정이며, 따라서 실존범주로서의 '이해'에서 할 수 있는 그 '무엇(Was)'이란 다른 무엇이 아니라 실존론적으로 존재함을 뜻한다. 그리고 이것은 그 자신의 존재를 이해한다는 사실을 또한 나타낸다. 그렇지만 현존재는 어떤 것을 할 수 있는 능력을 추가로 소유하고 있는 어떤 사물 존재자가 아니다. 그것은 오히려 최우선적으로 가능존재(Möglichsein)를 말한다(SZ, 191 참조). 말하자면 현존재는 이러저러하게 존재하는 것을 그때마다 각기 이해했거나 아니면 이해하지 못한 방식으로 존재한다. 그러한 이해로서 현존재는 그가 어디에 놓여 있는지를, 다시 말해 그의 존재가능이 어떤 상황에 있는지를 알고 있다. 이러한 '앎(Wissen)'[86]은 내재

---

86) 투겐트하트는, 하이데거가 이해를 이 'wissen'과의 연관을 통해 설명하고 있다는 사실에 주목한다. 이 wissen의 의미로 본다면, '나는 ~라는 것을 안다

적인 자기 지각에서 생겨 나오는 것이 아니라 오히려 그것이 본질적으로 '이해'인 바로 그러한 것으로서 '현(Da)'의 존재에 속하는 것이다 (SZ, 192참조).

따라서 현존재가 그때마다 그것일 수 있다는 가능존재는 공허한 논리적 가능성과 사물 존재자의 우연성과도 구별된다. 사물 존재자의 양 상범주로서의 가능성은 아직 현실적인 것도 그리고 필연적인 것도 아닌 것이다. 그것은 존재론적으로는 현실성과 필연성보다 낮은 것이다. 이에 반해 실존범주로서의 (존재)가능성은 현존재의 가장 근원적이고 최종적·적극적·존재론적 규정성이다(SZ, 191참조). 이처럼 가능존재로서의 현존재의 존재는 이제 현실화되어야 할 아직 이루어지지 않은 어떤 것을 뜻하는 말이 아니다. 그것은 이행될 수 있는 가능존재를 말하며, 따라서 현존재가 이행해야 하는 바의 그 존재에 대해서 존재이해를 갖고 있다면 그는 자신을 항상 이미 그의 존재가능성의 범위 안에서 이해하고 있는 셈이다. 현존재의 존재가능성에 대한 '이해'에 의하여 현존재는 "그의 존재에 있어서 바로 그 존재 자체가 그 자신에게 문제가 되는 존재자(SZ, 57)"가 되는 것이다. 또한 가능성에 관계하는 현존재의 존재성격에 의하면, 현존재의 본질은 실존이다(SZ, 56참조). 현존재는 자기 자신에게 맡겨진 존재를 그 가능성에로 열어간다는 의미에서 가능존재이며, 이는 철두철미 내던져진(피투된) 가능성

(ich weiß, daß~)'라는 표현은 '나는 ~하는 방식을 안다(ich weiß, wie~)'라는 식으로 바꾸어 표현할 수 있다. 예컨대 '나는 수영을 할 수 있다'는 표현은 '나는 수영하는 방식을 안다'로 바꾸어 볼 수 있다. 하이데거는 이러한 한정된 의미에서 'wissen'을 사용하고자 한다. 물론 이러한 앎은 인식(Erkennen)이 아니다. 즉 이런 앎에 함축되어 있는 것은 어떤 대상적인 사태연관이 아니라 행위수행(Handlungsvollzüge)이다. Ernst Tugendhat, op. cit., S.305참조.

(geworfene Möglichkeit)을 말한다. 그리고 현존재의 가능성은 '기투(企投, Entwerfen)'[87]에 의하여 개시된다. 여기서 기투라고 하는 것은 의도되고 고안된 계획에 맞추어 어떤 태도를 취하는 것이 아니라 현존재가 현존재로서 존재하는 한, 가능성을 기본으로 하여 그 자신을 이해하는 것이다. 즉 현존재는 기투하면서 존재하며, 따라서 "이해는 기투로서 그 안에서 현존재가 그의 가능성으로서 존재하는 현존재의 존재방식인 것이다(SZ, 193)."

기투는 가능성을 자기를 위한 가능성으로 미리 던지고, 그러한 가능성으로서 자기를 존재하게 하는 것이다. 현존재는 그의 존재가능에서는 아직 존재하지 않지만, 실존론적으로는 존재하는 자이다. 바꾸어 말하면 존재가능성은 이해를 통하여, 이해의 기투 성격을 통하여 현의 존재를 구성할 때에만 존재하는 것이다. 이러한 기투가 세계-내-존재의 완전한 개시성에 항상 관계하기 때문에, 현존재는 자기의 세계 쪽에서부터 자기를 이해하고 동시에 목적을 향하여 자기를 기투함으로써 실존하는 것이다(SZ, 194참조). 이처럼 이해의 이러한 기투 성격에서 주어진 가능성은 가능적으로 주어진 것이 된다.[88] 우리는 가능적으로 주어진 것, 즉 존재가능성을 존재하게 만드는 기투의 활동성격을 '봄(Sicht)'이라고 부른

---

87) '기투'란 현존재 자체의 자기수행의 방식이며, 그것은 연관 전체로서의 세계에 대한 현존재의 자기 기투이다. 이처럼 기투가 세계에 대한 기투일 수밖에 없는 이유는 우리가 이해할 때는 언제나 궁극목적(Worumwillen)과 함께 유의미성(Bedeutsamkeit)이 개시되기 때문이다. 여기서 유의미성은 현존재에 있어 거기에 기반을 두어서 세계가 세계로서 개시되는 그것이며, 궁극목적과 유의미성이 현존재에 개시되어 있다 함은, 현존재가 세계-내-존재로서 세계-내-존재 자체를 문제 삼는 그런 존재자임을 의미한다(SZ, 190참조).

88) 인간 현존재는 자기 자신뿐만 아니라 그가 만나는 존재자도 그 자신의 존재가능에서부터 이해하며 파악한다. 이것을 하이데거는 '존재가능에로 기투한다'고 표현한다.

다. 그리고 이러한 '봄'이 환경세계와 관련된 배려(Besorge)에서 활동할 때는 '둘러봄(Umsicht)'이라 하고, 공동 현존재와 관련하는 고려(Fürsorge)에서 활동할 때는 '돌봄(Rücksicht)'이라고 한다. 이처럼 현존재가 존재를 목적으로 하여 존재하는 그대로 그때마다 존재할 때, 봄은 현(Da)의 개시성과 함께 실존론적으로 존재한다. 또한 '봄'이 이렇게 실존으로서의 현존재에 관계할 때, 이를 가리켜 '꿰뚫어봄(透視性, Durchsichtigkeit)'이라고 부른다. 물론 이 '꿰뚫어봄'이라는 표현은 '자기 인식'을 말하는 것이며, 이 '자기 인식'이라는 개념은 자기라는 한 존재를 지각하면서 탐지하고 검사하는 것이 아니라 세계-내-존재라는 완전한 개시성을 이해하면서 파악하는 것을 말한다. 이러한 사실을 하이데거는 다음과 같이 말한다.

> 실존하는 존재자가 자기를 보는 것은, 현존재가 자신의 실존의 구성적 계기인 '세계 곁에 있음'에 있어서나 '타자들과의 공동존재'에 있어서, 이것들과 동근원적으로 자기를 꿰뚫어 보게될 때 만이다(SZ, 195).

그런데 하이데거는 이러한 '봄'이 오해되지 않아야 한다고 강조한다. 즉 봄은 현의 개시성의 '밝혀져 있음'에 상응하는 것으로서 육안으로 지각하는 것이나 비감성적으로 사물 존재자를 인지하는 것을 의미하는 것이 아니라 "그 봄에 접근하는 존재자를 그 존재자 자체에 즉해서 은폐하지 않고 만나게 한다(SZ, 195)"는 것을 의미한다. 그래야만 '봄'은 존재자와 나아가서 존재에 이르는 모든 접근 통로를 통로 일반으로서 성격 규정하는 보편적 용어가 된다. 하이데거는 전통적 존재론에 있어서 직관이나 사유 등도 모두 봄의 근거인 '이해'로부터 파생된 것이며, 현상학적 '본질직관(Wesensschau)'도 실존론적인 '이해'에 근거하는 것으로 간주한다(SZ, 196참조). 이와 같이 현존재는 이해로서 자신의 존재를 가능성들을 향해서 기투한다. 이해하면서 가능성들에로 향한 이러한 존재는 개시된 가능성으로서 현존재 속에 반전(反轉)시키기 때문에, 그 자체가 하나의 존재가능인 것이다. 이해의 기투작용은 스스로를 형성할 수 있는 고유한 가능성을 가지고 있다. 이해의 완성을 하이데거는 '해석(Auslegung)'이라고 부른다. 해석에서의 이해는 그가 이해한 것을 이해하면서 자기 것으로 만든다(SZ, 197참조). 이처럼 해석은 실존론적으로 이해에 근거하며, 이해는 해석을 통해서 생기는 것이 아니라, 이해 속에서 기투된 가능성을 완성하는 것이다. 원래 'Auslegung'은 '밖에 내놓는다', '진열하다'의 의미를 가진 것으로써, 우리는 어쨌든 이미 가지고 있지 않는 것을 밖으로 내놓을 수는 없다. 따라서 하이데거의 해석에 대한 해명은 어떻게든지 이미 우리의 경험 안에 있는 것을 명백하게 하고 드러내는 정신의 능력에 초점을 맞추는 것이라고 할 수 있다. 즉 해석되어야 할 것은 '세계'이며, 세계는 이미 도구 존재자의 양상으로 우리에게 주어져 있는 것이다.

나. 해석(Auslegung)과 그 파생적 양태로서의 진술

하이데거에 있어서 '이해'는 존재가 어떻게 이해될 수 있는가의 문제가 아니라 어떻게 이해가 이루어질 수 있는가의 문제이다.[89] 따라서 그는 이해를 인식의 문제로서가 아니라 인간 현존재의 존재방식에 관한 문제로서 파악하고 있다. 물론 그의 인간 현존재에 대한 (존재)이해는 '세계'로부터이다. 그렇지만 "현존재가 존재하는 한에서만, 즉 실존

---

89) H.-G. Gadamer, *Zur Problematik des Selbstverständnisses*, Kleine Schriften 1. (Tübingen: J. C. B. Mohr, 1967), S.74참조.

하는 한에서만 세계는 존재하기 때문에(GP, 420)", 결국 이러한 "세계
이해는 (……) 본질적으로 자기 이해요, 또 자기이해는 곧 현존재이해
이다(GP, 420-421)." 하이데거는 현존재가 자기 자신에게 어떤 것을
이해할 수 있도록 해줄 수 있기 위한, 다시 말해 자신에게 자신의 존재
가능을 의미부여할 수 있도록 해줄 수 있기 위한 총체성의 구조에 속
하는 모든 것을 '유의미성'90)이라고 지칭한다(GP, 419참조). 그에 있어
서는 바로 이 유의미성이 세계의 세계성을 구성한다. 세계의 세계성으
로서의 유의미성은 바로 현존재가 존재해야 하는 존재목적인 것이다.
따라서 유의미성과 현존재의 존재목적이 존재가능성이며, 이러한 존재
가능성은 이해를 통해 가능한 것으로 수행된다. 그리고 이미 언급했
듯이, 이해의 완성은 '해석(Auslegung)'이다. 도구 존재자 곁에서 배
려하고 있는 현존재는 그때마다 만나는 사물에서 어떤 사용사태
(Bewandtnis)91)가 있다는 것을 이해한다. 그러므로 "둘러봄(Umsicht)
이 발견한다는 것은 이미 이해된 '세계'가 해석된다는 뜻이다(SZ,
198)."

도구 존재자란 물론 '무엇을 위하여(Um-zu)'라는 방식으로 드러나
며, 이것은 명백히 이해된 것으로서 '어떤 것으로서의 어떤 것(etwas
als etwas)'이라는 구조를 갖는다. 예를 들자면, 망치는 '못질을 하기

---

90) 하이데거에 따르면, 어떤 것을 가지고 어디에 또는 무엇을 위하여 사용하는
    모든 도구의 사용연관은 그때마다 최종적으로 현존재의 '그 때문에'에
    근거하는데, 모든 세계연관들을 이렇게 그것들의 그때마다의 지시연관
    안에서 분류하여 파악하는 것이 '의미부여(Bedeutung)'이다. 그리고 이러한
    의미부여의 관련 전체가 세계의 구조를 이루고 있으면서 도구 존재자가 발
    견될 수 있는 존재론적 가능조건을 '유의미성(Bedeutsamkeit)'이라고 한다.
91) 이것은 '어떤 것을 가지고 어디에' 사용하는 도구사용연관 전체를 가리키
    는 존재론적 표현이다. 흔히 '적소성(適所性)'이라고도 번역하나, 우리는
    도구사용의 사태라는 의미로 '사용사태'라고 번역하였다.

위한 것으로서 망치'인 것이다. 이해된 것은 언제나 이러한 '로서'가 드러날 수 있는 접근 가능한 것이며, 이 '로서'가 해석을 구성한다. 인간 현존재가 세계 내부적인 존재자를 만날 때, 먼저 사물적 존재자를 만나고, 그 다음 그러한 사물적 존재자를 문으로서, 집으로서 인식하는 것이 아니다. 현존재가 세계 내부적 존재자를 만나는 순간에 이미 이해하며 해석하는 '봄'을 통하여 도구를 지각하는 것이다. 즉 "환경세계의 도구 존재자와 둘러보며-해석하면서 만나는 교섭은 그 도구 존재자를 책상, 문, 차, 다리로서 보기는 하지만, 그 교섭은 둘러보면서 해석된 것을 반드시 어떤 규정적 언표 속에 분별할 필요는 없다. 도구 존재자를 선술어적으로(vorprädikative) 직접 보는 것은, 그 자체로 이미 이해하고 해석하는 것이다(SZ, 198참조)." 앞의 망치의 예에서 망치의 길이, 색깔, 재료, 무게 등을 따지는 것보다는 망치를 못질하는 데에 사용하는 것 자체가 해석하는 것이 된다. '어떤 것으로서의 어떤 것'을 실마리로 해서 존재자를 해석하면서 접근할 때, 이해된 것은 그 어떤 것에 대한 주제적인 진술 이전에 이미 분절되어 있다. 어떤 것과 관계하면서 가장 친근한 사물을 단적으로 보는 것도 자체 내에 해석의 구조를 근원적으로 지니고 있기 때문에, 어떤 것을 '로서' 없이 파악하는 것은 일종의 태도전환을 필요로 할 정도이다. 말하자면 이 '로서'는 이해의 선천적인 실존론적 구성 틀이다(SZ, 199참조).

이처럼 도구 존재자는 사용사태 전체성으로부터 항상 '이해'되어 있기 때문에, 해석은 이해의 '선-구조(Vor-Struktur)', 즉 앞서 가짐(先持, Vorhabe), 앞서 봄(先視, Vorsicht) 그리고 앞서 파악함(先把, Vorgriff)이라는 세 가지 계기를 통해서 이루어진다(SZ, 200참조). 말하자면 해석되어야 할 존재자는 해석에 앞서 미리 그의 존재에로 자유롭게 주어져 있어야 하며, 이때 해석은 어떤 앞서 주어진 것을 무전제

로 파악하는 것이 아니라, 그때그때 자신의 '앞서 가짐'을 가지고서 파
악하는 것이다. 즉 '앞서 가짐' 안에서 현존재는 해석되어야 할 존재자
를 이미 이해하고 있다. 그리고 이해된 사용사태 전체성을 해석되어야
할 것으로 고정시키는 시점(視點)을 가지고 있다는 의미에서 그때그때
마다 '앞서 봄'에 근거를 두며, 이해된 사용사태 전체성이 해석을 통하
여 개념적으로 파악될 수 있다는 의미에서 '앞서 파악함'에 근거를 둔
다. 어떤 것에 대한 해석은 본질적으로 바로 이 '선-구조'라는 세 가지
계기를 통해서 이루어지며, 하이데거는 그 근거를 '해석학적 상황
(hermeneutische Situation)'이라 부른다(SZ, 308참조).

　그렇지만 해석은 미리 주어진 것에 대한 선행적인 파악 없이는 불가
능하다. 즉 이것은 무전제적인 해석은 있을 수 없으며 해석자의 '선 견
해(先見, Vormeinung)92)'가 모든 해석의 단초에 해석 자체와 함께 정
립되어 있다는 말이다. 이것은 이해와 해석의 관계를 보여주는 것이다.
즉 이해가 지니는 '先(vor)'이라는 구조와 해석이 지니는 '로서(als)'라
는 구조의 관계이다.93) 이 양자의 관계는 미묘하다. 즉 "이해는 현의
개시성으로서 언제나 세계-내-존재의 전체와 관련된다. 세계를 이해할

---

92) 이 개념은 가다머에 있어서 '선입견(Vorurteil)'이라는 개념에 영향을 주었
　　다. 가다머는 근대 계몽주의와 낭만주의, 그리고 낭만주의에서 비롯된
　　역사주의에 대한 불신을 비판적으로 검토하면서 진정한 선입견의 복권
　　을 주장한다. H.-G. Gadamer, *Wahrheit und Methode* (Tübingen: J. C.
　　B. Mohr, 1972), SS.250-261참조.
93) 하이데거에 있어서 이해-해석의 관계는 종래의 해석방법론에서의 이해-해
　　석의 관계를 역전시킨 것이다. 즉 종래의 해석학은 구체적인 해석으로부터
　　이해 가능성이 비로소 생겨난다고 보기 때문에, 해석방법론의 수립에 중점
　　을 두었다. 그러나 하이데거에서는 그것이 역전되어 있다. 현존재의 기투
　　적인 이해에 의해 비로소 해석이 가능하기 때문이다. 말하자면 종래의 해
　　석학이 '인식론적'이라면, 이와 구별되는 하이데거의 해석학은 '존재론적'이
　　라고 할 수 있겠다.

때는 항상 실존이 함께 이해되고 있으며, 그 역도 마찬가지이다. 나아가서 모든 해석은 앞에서 규정했던 '선-구조' 안에서 움직이고 있다. 모든 해석은 이해내용에 기여해야 하므로, 해석되어야 할 것을 이미 이해하고 있어야 한다(SZ, 202)." 이것은 이해와 해석이 순환관계에 있음을 보여준다. 하이데거는 이 순환을 인식론적 순환으로 오해하는 것을 막기 위해 '존재론적 순환(das ontologische Zirkel)'이라고 부른다(SZ, 204참조).

그렇다면 하이데거는 이 '순환'을 어떻게 생각하고 있는가? 그는 "존재 일반의 의미에 대한 물음 속에는 '순환논증(Zirkel im Beweis)'이 있을 수 없다(SZ, 11)"고 말하기도 하고, 또한 이러한 "순환 속에는 하나의 가장 근원적인 인식의 적극적 가능성이 숨어 있다(SZ, 203)"고 말하기도 하는데, 과연 이러한 그의 주장은 무엇을 의미하는가? 순환이란 전통적 논리학에 따르면, '악순환(circulus vitiosus, 순환논증)'이다. 그러나 이해의 순환[94]은 그 속에서 어떤 임의의 인식양식이 움직이고 있는 그런 하나의 원이 아니라 '현존재 자신의 실존론적 선-구조의 표현'이다(SZ, 203참조). 이런 의미에서 하이데거는 다음과 같이 말하고 있다.

> 이러한 순환 속에서 어떤 오류를 간취하고 그것을 회피할 방도를 기대한다면, 아니 그것을 불가피한 불완전성으로서 '느끼는' 것만으로도, 이해를 근본적으로 오해하는 것이다. (……) 결정적인 것은 순환에서부터 빠져나오는 것이 아니라 오히려 올바른

---

94) 하이데거가 강조하듯이, 현존재는 이해의 존재론적 순환구조를 가지고 있다. 말하자면 현존재는 존재이해의 실마리가 되고, 존재는 현존재이해의 실마리가 된다. 이러한 이해의 순환구조 때문에, 하이데거는 그의 기초 존재론을 현존재 분석에서 출발하여 존재이해에로 나아가고자 하였던 것이다.

방식으로 순환 안으로 들어서는 것이다(SZ, 203).

하이데거에 있어서 순환은 논리적 의미에서의 순환이 아니고 그것과
는 전혀 다른 구조를 가지고 있다. 따라서 해석학적 순환은 하나의 마
무리되는 원의 의미에 있어서 순환이 아니라 오히려 하나의 나선형적
인 사건이며, 그리고 이 속에서 변증법적으로 한 요소가 다른 요소에
있어서 계속 규정되고 형성된다. 말하자면 이해 세계의 전체는 모든 새
로 얻어진 이해를 통해서 풍부해지고 심화되는 것이다.[95]

그리고 해석의 순환에서는 전제와 결론이 논리적으로 동치인 그러한
악순환은 존재하지 않는다. 즉 존재자는 그 존재에 있어서 규정될 수
있으나, 그 경우 존재의 의미에 대한 명시적 개념이 획득되어 있을 필
요는 없다. 만약 그렇지 않다면, 지금까지의 어떠한 존재론적 인식도
없었을 터이지만 말이다. 존재는 모든 존재론 속에 이미 전제되어 있
다. 그러나 그때의 존재는 마음대로 할 수 있는 개념으로서 전제되어
있는 것은 아니다. 존재를 '전제한다'는 것은 존재를 선행적으로 주목한
다는 성격을 가지는 것이며, 그렇게 주목할 때 미리 주어진 존재자는
그 존재에 있어서 잠정적으로 명료해진다(SZ, 10-11참조). 이것은 현
존재가 갖고 있는 평균적인 존재이해에 의해 가능한 것으로, 달리 말하
자면 이해의 선-구조에 의해 가능한 것이다. 하이데거에 있어서 '전제
한다'는 것은 일련의 명제가 거기서부터 연역적으로 도출되어 나오는
하나의 근본명제를 발단에 두는 것과는 아무런 관계가 없다. 그리고 현
존재는 근원적으로 마음씀(Sorge)에 의해 구성되어 있기 때문에 그때
마다 이미 자기 자신에 앞서서 존재하고 있다. 이해의 순환에 대한 비
난은 이해 자체가 마음씀으로 구성되어 있는 현존재의 근본적인 존재

---

95) E. Coreth(신귀현 옮김), 『해석학』(서울: 종로서적, 1986), 101-102쪽 참조.

양식이라는 것을 오해하고 있기 때문이다. 이런 의미에서 하이데거는 해석이 가능한 근본조건이란 "이해의 순환구조 속에서 빠져나오는 것이 아니라 올바른 방식으로 그 속으로 들어가는 데 있다"고 강조한 것이다. 따라서 해석학적 순환은 선이해를 기초로 하며, 선이해는 증명적인 사고의 논리적 전제가 아니라 의미를 해명하는 이해 가능성의 조건인 것이다.

이제 우리는 이해와 해석에 근원적으로 의존하고 있고, 또 해석에서 파생된 양태로서의 진술(Aussage)에 대해 검토하고자 한다. 우리가 이 진술을 명확하게 분석하려는 것은 그것이 기초 존재론의 범위 내에서 언어의 문제와 깊은 연관을 가지기 때문이다. 특히 이 '진술'이라는 명칭에는 다음과 같은 세 가지의 의미가 내포되어 있다(SZ, 205참조).

첫째, 진술은 일차적으로 '제시(Auszeigung)'를 의미한다. 이것은 아포판시스(apophansis)로서 로고스의 근원적 의미, 즉 '존재자를 그 자체에서 보이게 한다'[96]는 것이다. 예컨대 '이 망치는 너무 무겁다'라는 진술에서 발견되는 것은 어떤 의미가 아니고 도구 존재성(Zuhandenheit)의 존재방식으로 있는 한 존재자이다. 설령 이 존재자가 손에 잡힐 만큼이나 볼 수 있을 만큼 가까이 있지 않다고 하더라도, 이 '제시'가 가리키는 것은 존재자의 단순한 표상이나 진술자의 심리상태가 아니라 존재자 자체이다.

둘째, 진술은 '술어화(Prädikation)'와 같은 뜻이다. 모든 진술에서는 존재자인 '주어'에 술어를 부여함으로써 존재자를 규정하는 것이다. 즉 주어는 술어를 통해 규정되는 것이며, 진술되는 것은 언제나 술어가 아니고, 주어 자체이다. '망치는 무겁다'라고 하는 앞의 예에서 볼 때, 진

---

96) 이에 대해서는 『존재와 시간』 제 44절(현존재, 개시성과 진리)에서도 구체적으로 논의되고 있다. 특히 SZ, S.289참조.

술되는 것은 망치 자체이다. 이와 반대로, 진술하는 것, 즉 규정하는 것
은 '너무 무겁다'에 있다. 진술의 둘째 의미에서 진술되는 것, 즉 규정
되는 것 자체는 첫 번째 의미에서의 '진술되는 것(제시)'에 비하면 내
용적으로 축소된 셈이다. 따라서 모든 개개의 진술은 오직 제시에 그
근거를 두기 때문에, 진술의 두 번째 의미(술어화)의 기초는 첫 번째
의미(제시)에 있다.

셋째, 진술은 '전달(Mitteilung)'을 의미한다. 이 전달로서의 진술은
첫 번째와 두 번째 의미의 진술(제시와 술어화)과 직접적인 연관을 가
진다. 전달로서의 진술이란 곧 술어화의 방식으로 제시된 것을 다른 사
람들도 함께 보게 함(Mitsehenlassen)이다. 물론 '함께 보게 함'은 그것
의 규정성이 제시된 존재자를 다른 사람과 함께 나누는 것을 의미한다
고 할 수 있다. 이를 통해 우리는 전달하기 위해 진술된 것을 다른 사
람들과 공유할 수 있으며, 일단 진술되는 것은 '전파(널리 말해짐)'될
수 있게 된다.

이상과 같은 진술에 대한 세 가지 의미[97]를 종합적으로 정리하면,

---

97) 이상과 같은 '진술'의 세 가지 의미를 英譯으로 번역하는 과정에는 다소 차
이가 있다. 먼저 맥쿼리(J. Macquarrie)와 로빈슨(E. Robinson)이 번역한 『
존재와 시간』에서는 진술(Aussage)을 'assertion'으로 번역하고, 그것의 세
가지 의미를 각각 'pointing out', 'predication', 'communication'으로 번역
하지만, 코켈만스(J. J. Kockelmans)는 우선 진술을 'enunciating'으로
번역하고 진술의 세 가지 의미를, 'pointing out(showing)', 'attributing',
'communicating'으로 번역하고 있다. 우리가 여기서 주목할 것은, 코켈만스
의 번역은 '진술'의 의미에 로고스적인 의미가 함축되어 있음을 보여주려는
의도가 깔려 있다는 사실이다. 그는 "로고스의 진술이 곧 언어"라고 주장한
다. 즉 은폐된 존재가 로고스의 진술에 의해 드러나게 된다는 점을 강조하
고 있다. Joseph J. Kockelmans, "Language, Meaning, and Ex-sistence",
On Heidegger and Language, J. J. Kockelmans ed. and trans.
(Evanston: Northwestern Univ. Press, 1972), pp.17, 18, 21참조; J.
Macquarrie & E. Robinson, *Being and Time*(New York and Evanston:

"진술은 전달하면서 규정하는 제시이다(SZ, 208)"라고 정의될 수 있다. 진술이 행하는 제시는 이해에서 이미 개시되거나 둘러보며 발견된 것을 근거로 해서 수행된다. 진술은 그 자체에서부터 출발해서 일차적으로 존재자 일반을 개시할 수 있는 허공에 뜬 태도가 아니라, 언제나 이미 세계-내-존재라는 현존재를 기반으로 해서 머물고 있는 것이다. 또한 하이데거는 여기서 둘러보며 이해하고 있는 해석의 근원적인 '로서'를 '실존론적-해석학적 로서(das existenzial-hermeneutische Als)'라고 하여 진술의 '명제적 로서(das apophantische Als)'와 구별한다(SZ, 210참조). 이러한 구별은 '망치의 예'에서 특히 잘 드러난다. 도구 존재자의 맥락에서 망치는 사물의 성격을 상실하고 도구의 기능으로 변화된다. 왜냐하면 우리가 망치에 접근할 때는 언제나 사물'로서'가 아니라 도구'로서' 접근해 가기 때문이다.[98] 즉 실존론적-해석학적 '로서'는 세계를 도구 존재자로서 사용되는 유용한 어떤 것으로서 보는 데 반해, 명제적 '로서'는 사물 존재자로서 단지 이론적으로 인식된 것으로서 어떤 것을 보는 것이다.

이처럼 해석의 근원적인 수행은 이론적인 진술 명제에 있는 것이 아니다. 예컨대 "이 망치는 너무 무겁다"라고 할 경우, 이 표현은 '이 망치는 너무 무거워서 작업하기에 적당하지 않다. 그러므로 다른 망치를 달라'라는 의미를 그 속에 내포하고 있는 것이다. 무거운 망치를 옆으로 치워두거나 다른 망치로 바꾸는 것은 해석의 수행방식이다. 즉 말로 표현되지 않았다고 해서 해석이 수행되지 않는 것은 아니다. 해석과 마찬가지로 진술도 필연적으로 이해의 '선-구조' 속에서 실존론적 기초를

Harper & Row, 1962), pp.196-197참조.
98) Richard E. Palmer, *Hermeneutics*(Evanston: Northwestern University Press, 1969), p.138참조.

가진다. 그렇지만 이 진술 속에 놓여 있는 '선(Vor)'의 개념은 부각되지 않는다. 왜냐하면 언어가 각기 이미 그 자체 속에 형성된 개념을 내포하고 있기 때문이다. 예컨대 앞의 예와 같이 "이 망치는 너무 무겁다"라고 말할 때, 이 진술에는 '무게'라는 개념성, 곧 로고스가 망치에 귀속되어 있다. 그러므로 이 진술은, '이 망치는 무게라는 성질을 가지고 있다'라는 의미를 전달하고 있는 것이다. 앞서 가짐(先持) 속에 보유되어 있는 존재자, 예컨대 망치는 우선은 도구로서 용도적으로 존재한다. 이 존재자가 어떤 진술의 '대상'이 되면, 진술의 개시와 동시에 처음부터 앞서 가짐 안에서 일종의 전환이 일어난다. 즉 종사하고 실행할 때의 도구적 존재자는 제시적 진술의 '대상'이 된다. 앞서 봄(Vorsicht)은 이제 도구 존재자에 있어서 사물 존재자 쪽을 겨냥하는 것이다. 이것은 둘러봄(Umsicht)이 사물 존재자를 목표로 하는 관조로 변화된 것을 뜻한다. 이제 도구 존재자는 은폐되고 사물 존재성이 드러나면서 그 사물 존재성의 '고유성'이 문제되기에 이른다. 그러므로 "이 망치는 너무 무겁다"라는 표현은 이제 '이 망치는 무게라는 고유성을 갖는다'라는 명제적 진술로 변형된다. 이것은 사용사태 전체나 환경 세계성을 구성하는 유의미성으로부터 단절되는 것을 의미한다(SZ, 210참조). 이렇게 변형된 봄(Sicht)에서 기인하는 명제적 진술은 본래 과학에 더 유용한 것이다.

하이데거도 지적하듯이, 우리가 중요하게 다루고 있는 것은 명제적 진술이 아니라 실존론적-해석학적 진술이다. 진술의 실존론적 원천이 되는 해석학적 현상인 이해하면서 해석하는 근원적이고 선술어적인 언어는, 객관화된 관념적 세계나 내면화된 인간 주관의 세계를 반영하는 것이 아니라, 구체적이고 사실적인 삶의 세계, 곧 존재의 세계를 개시하고 있다. 이 이해의 파생적인 양태로서의 진술의 견해 속에서 우리는 후기 하이데거에서 언어의 해석학적 기능을 발견하게 된다.99) 결국 하이데거에 있어서 진술의 존재론적인 유래는 이해하면서 해석하는 데 있다는 사실은 누구도 부인할 수 없다. 이러한 점을 폰 헤르만(F. W. von Herrmann)은 다음과 같이 강조한다.

> 해석의 분석에 이어서 진술(Aussage)의 분석이, 즉 판단의 분석이 뒤따른다. 그래서 제 34절 처음 단락에서 하이데거는 진술을 '해석의 극단적인 파생적 양태'라고 명명한다. 이렇듯 해석으로부터 진술이 파생됨은 단순히 해석에 의해 진술이 기초지어진다는 사실 이상의 것을 의미한다. 해석으로부터 진술이 파생되는 양식은 '기투하는 이해의 양태로서'의 해석이 기투하는 이해 속에서 기초지어지는 양식과는 본질적으로 다른 것이다.100)

우리는 지금까지 살펴보았듯이, 해석이 이해하는 기투함 속에서 특정한 방식으로 근거하고 있으며, 또한 진술은 해석으로부터 파생된 것이기 때문에, 언어도 진술 속에 기초하는 것이라고 생각할 수도 있을 것이다. 그리고 언어가 특히 진술의 영역 및 이 진술의 다양한 형식(판단형식)의 영역에 속한다고 생각할 수도 있을 것이다. 실제로 진술의 세 번째 의미, 즉 전달의 구조에는 '표명(Heraussage)'과 '발언함(Aussprechen)'과 같은 의미가 포함되어 있다. 그래서 실존론적-존재론적 분석은 우선 진술을 분석함에 있어서 언표함(Sprechen)과 말함(Sagen)으로부터 진행되었던 것이다(SZ, 213참조). 이처럼 언어의 분석이 특히 진술의 분석 및 이 진술을 문장으로 발언하는 그런 발언의 분석과 연관된 채 전개된다면, 아마도 우리는 언어가 진술의 영역 속에

---

99) 김영한, 『하이데거에서 리꾀르까지』(서울: 박영사, 1987), 32쪽 참조.
100) F. W. von Herrmann, op. cit., S.97; 번역본으로는 신상희 역, 『존재와 시간을 찾아서』(서울: 한길사, 1997), 139쪽을 참조하였다.

서 다루어진다고 추측할 수도 있을 것이다. 그러나 폰 헤르만에 따르면, 이러한 가정이나 추측은 잘못된 것이다.[101]

하이데거의 입장은 그러한 견해와는 전적으로 다르다. 즉 그는 "이제 비로소 언어가 주제화된다는 사실은 이러한 현상들이 현존재의 개시성의 실존론적인 구성 틀 속에 그 뿌리를 내리고 있다(SZ, 213)"고 강조한다. 말하자면 우리가 선이론적·자연적으로 말하거나, 또는 실증학문에서 이론적으로 인식하며 말하는 그 모든 언어란 바로 현존재 개시성의 실존론적 구성 틀 속에 뿌리를 두고 있음을 주장하는 것이다. 따라서 우리가 단어와 문장으로 말하거나 진술문장으로 말하는 언어는, 다시 말해 우리가 언제나 이미 단어와 문장을 통해 음성적 고시 (stimmlich Verlautbarung)의 과정에서 알고 있는 언어는 언어의 완전한 현상이 아니다. 언어는 우리가 언어라고 익히 알고 있는 그런 것만이 아니다. 즉 감각적으로 발언될 수 있고 인지될 수 있는 소리(Laut)와 긴밀하게 연결되어 있는 그런 의미를 지닌 채 고시(告示)되는 단어만이 언어가 아니다. 고시된 언어는 다른 데에 그 뿌리를 두고 있다. 물론 이러한 뿌리는 우리가 언어학에서 언어의 뿌리라는 이름으로 알고 있는 그런 것(이를테면 어원학적 근원)이 아니다. 언어학에서 탐구되는 언어의 뿌리들 역시 고시되는 언어에 속할 뿐이다.[102]

이에 반해서 하이데거가 현존재의 기초 존재론적 분석에서 시도하는 언어의 뿌리는 고시된 언어에 속하는 것이 아니다. 예를 들자면, 고시된 언어는 마치 땅에서 성장하여 줄기와 잎사귀와 꽃을 피움으로써 모든 사람들이 잘 볼 수 있는 그런 식물과 같은 것이다. 식물의 뿌리가 흙 속에 숨어 있는 것처럼, 고시된 언어의 뿌리들도 언어가 드러나듯

---

101) Ibid., S.98참조.
102) Ibid., S.99참조.

그렇게 겉으로 드러나거나 개방되어 있는 것이 아니다. 개방되어 고시된 언어의 감추어진 뿌리들은 단어와 문장에서 고시되는 언어의 본질인 것이다. 폰 헤르만은 이러한 고시된 '언어의 본질'을 이렇게 설명하고 있다.

> 고시된 언어의 본질은 개시성의 실존론적인 구성 틀 속에 자신의 장소를 차지하고 있다. 개시성은 실존의 실존론적 존재방식에서 실존론적으로 파악된다. 즉 처해 있는 피투성 및 이해하는 기투 속에서, 그리고 이해하는 해석 속에서 실존론적으로 파악된다. 언어의 본질은 그의 본질장소를 실존론적으로 파악된 개시성 속에 지니고 있기 때문에, 비록 언어의 현상이 아직 주제적으로 다루어지는 곳이 아니라 하더라도 언어의 이러한 실존론적 현상은 이미 처해 있음과 이해, 그리고 해석을 분석하는 그 이전의 분석과정에서 언제나 이미 다루어졌으며, 또 다루어질 수밖에 없었던 것이다.[103]

또한 하이데거는 '언어'의 실존론적 본질을 지시하기 위한 고유한 용어를 사용한다. 그의 고시된 언어의 뿌리격인 언어의 본질을, 즉 실존론적인 언어의 본질을 그의 주저 『존재와 시간』에서 '말(Rede)'이라고 부른다. 그래서 그는 "언어의 실존론적-존재론적 기초는 말(SZ, 213)"이라고 강조하고 있다. 이러한 말(Rede)과 언어(Sprache)는 용어적으로도 구분되며 또한 사태적으로도 구분된다. 예컨대 위에서 언급했듯이 "말(Rede)은 언어(Sprache)의 실존론적-존재론적 기초"라든가, "말이 밖으로 언표된 것이 언어"라는 표현은 하이데거가 명백히 말과 언어를 구분하고 있다는 사실을 보여준다.[104] 그렇다면 이 양자는 어떻게 구분되는

---

103) Ibid., S.99.
104) 하이데거는 '언어(Sprache)'라는 말이 glossa, lingua, langue, language

것인가? 언어는 음성적 고시를 지시하기 위한 용어적 표현이다. 그리고 말은 고시된 언어의 실존론적 본질인데, 이러한 본질에 의해서 고시된 언어는 규정되어야 한다. 그러나 이러한 언어의 실존론적인 본질은 언어가 이 언어의 음성적 고시를 통해 나타나듯이 그렇게 실존론적인 본질로 나타나는 것은 아니다(이에 대한 자세한 내용은 〈라. 말과 언어의 관계〉에서 논의될 것이다).

이상과 같이 인간은 세계 속에 현사실적으로 처해 있는 자신의 개시적인 존재방식 속에서 그때마다 기분에 젖어든 채 자기 자신의 고유한 실존가능성으로 내맡겨지며, 이렇게 내맡겨진 세계-내-존재의 피투된 실존가능성을 수용하여 그런 가능성을 향해 기투함으로써 자기 자신의 존재이해를 열어 밝히며(開明) 확장시켜 나간다. "처해 있음과 이해가 실존론적으로 근원적인 존재방식(SZ, 190)"이라는 사실은 이 두 가지 존재방식이 저마다 각각 세계-내-존재의 전체적인 개시성을 열어 밝히는 실존범주라는 점에 있다. 그리고 이제 우리는 세 번째 실존범주인 '말'에 대해 검토하게 된다. 그런데 하이데거는 이 '말'을 다른 두 실존범주와는 달리 "개시성의 근원적 실존범주(SZ, 214)"라고 간주한다. 그는 왜 다른 실존범주와는 달리 '말'을 '근원적 실존범주'라고 한 것일까? 과연 말은 처해 있음과 이해와는 어떠한 관계에 있는 것일까?

다. 근원적 실존범주로서의 말(Rede)

이제 우리는 하이데거의 치밀하고도 간결한 논의에 따라 존재 개시

등과 같이 형이상학적으로 이해되기 쉽기 때문에, 자신은 오래전부터 그 본질적 의미를 생각해 볼 때, 'Sprache'보다는 오히려 'Sage'라는 낱말이 더 적절하다고 고백하고 있다. 그는 특히 시인의 말을 'Sage(言明)' 또는 'Sagen(언명함)'으로 표현하고 있다(US, 136-137참조).

성의 영역 속에 자신의 본질적 뿌리를 내리고 있는 '말'의 존재론적 특성을 현상학적·해석학적 방식에 의해 해명해 보고자 한다. 먼저 말에 대한 다음과 같은 그의 주장을 들어보기로 하자.

> 말은 처해 있음과 이해와 더불어 실존론적으로 동근원적이다. 이해 가능성(Verständlichkeit)은 해석을 통해 수용되기 이전에 언제나 이미 분절되어 있다(gegliedert). 말은 이해 가능성의 분절화(Artikulation)[105]이다. 그러므로 말은 이미 해석과 진술의 근저에 놓여 있다. 해석에 있어서, 분절 가능한 것 자체를 우리는 **의미**(Sinn)[106]라고 하였다. 말하면서 분절하는 가운데 분절되는 것 자체를 우리는 **유의미성 전체**(Bedeutungsganze)라고 부른다(SZ, 213-214, 필자의 강조).

여기서 먼저 하이데거는 '말'이 처해 있음과 이해와 더불어 동근원적이라고 주장한다. 그렇다면 처해 있는 피투성과 기투하는 이해가 서로 구별되면서도 긴밀하게 공속하는 두 가지 실존범주이듯이, '말'도 이와 같은 맥락에서 현존재의 개시성을 구성하는 세 번째 실존범주라는 말인가? 우리가 보기에 그런 것 같지는 않다. 왜냐하면 하이데거는 "처해

---

105) 폰 헤르만에 따르면, 분절한다는 것은 '소리로 발성해 낸다'는 의미에서가 아니라 '마디 나누며(분절하며) 이어간다'는 의미에서 사용되는 것이다. F. W. von Herrmann, op. cit., S.105참조.

106) 여기서 '의미(Sinn)'는 '의미부여(Bedeutung)'와 대비된다. 먼저 의미(Sinn)는 주로 존재론적 의미를 나타내는데 반해, 의미부여(Bedeutung)는 인식론적, 언어적 의미를 지닌다. 그리고 '의미'는 어떤 것이 그것이 무엇인 바 그 어떤 것으로 그 가능성에 있어서 개념 파악될 수 있는 일차적 기투의 '거기에로(Woraufhin)'의 지평이다. 따라서 '의미'는 해석의 기초이며 해석에서 이해 가능한 것, 분절 가능한 것을 말하는데, 이러한 분절 가능한 것을 분절한 것이 바로 '의미부여'이다. 이러한 의미는 '이해'와 의미부여는 '말'과 각각 상관관계를 가진다.

있음과 이해는 동근원적으로 말에 의해 규정된다(SZ, 177)"고 단언하고 있기 때문이다. 이러한 그의 단언 속에는 말이 처해 있음과 이해와 동등한 위치를 차지하고 있는 실존범주가 아니라 오히려 이 두 가지 실존범주보다 더 근원적이라는 사실을 나타내고 있으며, 더욱이 말을 통해 두 실존범주가 규정됨을 명확하게 밝히고 있다. 이러한 의미에서 말은 "개시성의 근원적 실존범주(SZ, 214)"가 되기도 한다.

또한 위의 인용문에서 근원적 실존범주로서 말 속에서 분절 가능한 것이 곧 '의미'라고 강조하고 있다. 의미는 이해 가능성, 즉 이해된 것을 해석해 내는 해석의 과정에 앞서서 이해의 선구조 속에 속해 있는 것으로써, 그것은 '현존재가 기투에 의하여 존재자의 존재를 드러낼 때의 기반'이며, 어떤 것에 대한 이해가 유지되고 있는 것을 말한다. 말하자면 "이해하면서 개시하는 가운데 분절 가능한 것을 의미라고 부른다(SZ, 201)." 따라서 의미는 어떤 존재자에게 차후에 부가되는 존재자의 속성이나 특성을 가리키는 개념이 아니라, 어떤 존재자가 그것의 존재에 있어서 비로소 올바르게 이해되고 해석될 수 있는 개방성의 지평을 가리키는 개념이다. 물론 이러한 의미는 오직 현존재만이 가진다. 이처럼 이해와 해석이 현존재의 실존론적 틀을 형성하는 한, 의미는 이해에 속하는 개시성의 형식적-실존론적 골격(Gerüst)으로서 파악되어야 한다. 그런데 여기서 이해에 속하는 개시성의 형식적-실존론적 골격으로서 파악된 의미란 존재론적으로 무엇을 가리키는가?

폰 헤르만에 의하면, 우리는 존재연관 전체(Bezugsganzen)[107]의 존재론적인 골격으로서의 '의미'를 세계-내-존재의 전체적인 개시성에서

---

107) 여기서 원래 'Bezugsganzen'은 문자 그대로의 의미인 '관계전체'로, 'Bezugsganzheit'는 '관계전체성'으로 번역해야 하지만, 그 존재론적 의미 연관을 강조하기 위해, '존재연관 전체'와 '존재연관 전체성'으로 각각 번역하였다.

만날 수 있다. 이것은 다음의 사실을 의미한다고 볼 수 있다.

　개시된 존재연관 전체성으로서의 의미는 전체적인 개시성 안
에서 **두 가지로 구분되어 차원화된다**(zwei Dimensionen). 그 하
나가 자체적-탈자적인 개시성의 차원으로 차원화되며, 다른 하
나는 지평적인 개시성의 차원으로 차원화된다. 피투되고-기투된
존재론적-실존론적인 골격으로서의 의미는, 한편으로는 실존론
적인 내-존재의 가능성으로서 피투되고-기투된 실존 가능성을
형성하는 존재연관 전체성이다. 다른 한편으로 피투되고-기투된
존재론적-실존론적인 골격(Gerüst)으로서의 의미는 세계지평으
로서 지평적으로 개시된 존재연관 전체성이다. 이러한 두 가지
의 의미-차원, 즉 이 두 가지의 존재연관 전체성은 그럼에도 불
구하고 **그들의 상이성 속에서 내밀하게 공속한다.**[108]

이것은 존재자의 존재가 이해되는 개방성의 지평으로서, 이러한 지
평은 세계-내-존재로서의 현존재가 그때마다 자신의 현(Da) 속에서 개
방적으로 존재하면서 다른 존재자들과 긴밀하게 존재연관을 맺고 있는
그런 '존재연관 전체성(Bezugsganzheit)'을 가리킨다. 그때마다 자신의
현(Da) 속에 존재하는 세계-내-존재의 존재가능성이 자기 자신과 자체
적-탈자적으로 관계하면서 개시되는 실존 가능성 및 이와 동시에 거기
를 향해 나의 실존 가능성이 탈자적으로 기투하면서 지평적으로 개시
되는 세계 가능성으로 구분되는 한, 이 '존재연관 전체성'은 곧 자체적-
탈자적으로 개시된 실존 가능성을 형성하는 존재연관들과, 탈자적-지평
적으로 개시된 세계 가능성을 형성하는 존재연관들이 서로 긴밀하게
연관된 의미 지평을 형성한다. 따라서 이러한 의미 지평은 근원적으로
매우 다양하게 엮어져 있어서 언제든지 분절 가능한 존재연관 전체성

---

108) F. W. von Herrmann, op. cit., S.118(저자의 강조임).

을 이룬다. 말하자면 "의미 지평이 피투되고-기투되는 한에서만, 이 의미지평은 말함의 과정에서 구성된다는 사실을 무엇보다도 먼저 파악하는 일이 중요하다."[109]

이상과 같은 논의에서 확인할 수 있듯이, 말은 처해 있는 피투성과 기투하는 이해라는 이 두 가지 실존론적인 존재방식과는 원천적으로 구별된 독자적인 작용공간을 가진 그런 실존범주가 아니라, 오직 피투된 채 기투하는 실존의 수행과정 속에서 개시되어 이해된 존재자 전체의 존재의미를 근원적으로 분절하여 언어적 차원에서 마디구성하며 규정하는 존재론적 특성을 지닌 그런 실존범주이다. 이것은 곧 다음을 의미한다: 현존재의 현(Da)이 처해 있음과 이해의 실존적 수행과정에서 열어 밝혀지게 되는 그 방식은 존재개시성의 터전을 포괄적으로 규정하는 언어의 본질에 의해 근원적으로 수행되는 것이라는 사실이다. 바로 이런 점에서 말은 처해 있는 피투성과 기투하는 이해와 더불어 현존재의 현을 실존론적으로 규정하며 구성하는 인간 존재의 근원적인 존재방식 즉 근원적인 실존범주라는 것이다.[110]

이처럼 하이데거는 하나의 실존범주로서의 '말(Rede)'을 이해가 기투한 것을 보이게 하는 능력으로 이해하면서, 또한 들음(Hören)과 침묵함(Schweigen)을 이러한 말의 두 가지 양태로서 제시한다. 즉 "말하면서 언표함(redenden Sprechen)에는 듣는 것과 침묵하는 것이 가능성으로서 속해 있다(SZ, 214)." 여기서 그는 '침묵'의 가능성과 함께 말함 자체의 영역에 속해 있는 실존론적 가능성의 하나로서 '들음'을 제시하고 있다. 말이 "이해 및 이해 가능성과 연관되어 있다(SZ, 217)"는 사실이, 말함

---

109) Ibid., SS.116-117.
110) 신상희, 「말과 언어 - 기초 존재론적인 이해의 지평에서」, 『철학』 제55집 (한국철학회, 1998), 196쪽 참조.

자체에 속해 있는 실존론적 가능성, 즉 '들음'으로부터 분명해진다. 하이데거의 말대로 우리는 어떤 것을 제대로 듣지 못했을 때, '이해하지 못했다'고 하는데, 이것은 우연한 것이 아니다.[111] 이처럼 들음은 말함을 구성한다. 그리고 언어의 음성화가 말에 근거하듯이, 음향의 지각은 들음에 근거한다. 따라서 누구의 말을 듣는다는 것은 공동존재로서의 현존재가 타자에 대해 실존론적으로 개방되어 있다는 의미이다. 더 나아가 들음은 현존재이면 누구나 갖고 있는 친구의 소리(Stimme des Freundes)를 듣는 것으로써, 현존재의 가장 고유한 존재가능을 위한 현존재의 일차적이고 본래적인 개방성을 구성한다. 물론 여기서 현존재가 듣는 것은 이해하기 때문이다(SZ, 217참조). 타자와 함께 이해하고 있는 세계-내-존재로서, 현존재는 공동 현존재 및 자기 자신에게 귀 기울이고, 이 귀 기울임에 있어서 공동 현존재 및 자기 자신에게 귀속되는 것이다. 즉 "음성적 말함과 청각적 들음은 존재적으로 세계-내-존재의 존재 양상들과 공동존재로서 말함과 들음에 근거하고 있다(PZ, 366)." 이와 같이 인간 현존재는 서로 듣고 청종(聽從)하는 가운데 공동존재가 형성된다. 말하자면 다른 사람들에게 서로 '귀 기울임'이라는 구조를 근거로 해서 단체구성이나 사회형성 등이 이루어지는 것이다.

그런데 이해하는 들음, 즉 들음에 속해 있는 모든 이해는 '받아들임(Vernehmen)'의 특성을 가지고 있다. 폰 헤르만은 들음에 대한 두 가지 특성을 받아들이는 이해와 이야기하는 이해로 구분하여 설명한다. 즉,

---

111) 여기서 '이해하다'라는 의미는 이중적으로 사용된다. 즉 하나는 어떤 것에로 이해하며 접근한다는 의미로서, '개시함(Erschließen)' 내지는 '발견함(Entdecken)'이라는 강조된 의미를 나타내는 것이고, 다른 하나는 '이해하다'를 '주의를 기울임'의 의미로 보아, 곧 '들음(Hören)'과 '들은 적이 있음(Gehörthaben)'의 의미를 나타내는 것이다(PZ, 366참조).

들음의 받아들이는 이해는 이야기하는 이해와는 구분된다. 나는 이야기하는 이해 속에서 내가 스스로 이야기하면서 개방하는 그것을 이해한다. 나는 받아들이는 이해 속에서 스스로 이야기하면서 존재하는 것이 아니라, 타자에 의해 이야기된 것에 대하여 나를 개방시켜 놓는다. 따라서 들음의 받아들이는 이해는 받는 것이다. 이때의 받음(Hinnehmen)은 청각적인 감각 데이터들을 받는 것이 아니라, 타자가 말하는 과정에서 이야기된 것을 받는 행위다. 들음의 받아들이는 이해는 스스로 이야기하면서 개방하는 것이 아니라, 다르게 이야기하는 개방함의 그 개방성을 받아들이는 것이다. 그럼에도 불구하고 이야기하는 개방함으로써의 말함에는 개방성을 들으면서 받아들이는 이러한 받아들임이 동근원적으로 속해 있다.112)

---

112) F. W. von Herrmann, op. cit., S.193. 이에 반해 리차드슨은 '들음'의 두 가지 형태를 '다른 사람에 대해 들음'과 '자기 자신에 대해 들음'으로 제시하고 있다. 그에 따르면 들음의 첫 번째 유형은 다른 사람에 대해 듣는 데에 있다. 즉 하이데거에 있어서 현존재는 결코 고독하게 홀로 있는 존재가 아니라, 다른 사람의 존재가 현존재의 존재를 구성하는 데 도움을 줄 수 있다는 점에서, 동료 현존재와의 공동존재가 현존재의 존재에 속해 있다는 것이다. 다른 사람과 관계 맺고 있는 모든 실존론적인 지평이 바로 이 공동존재(with-being)라는 것이다. 그런 공동존재에 의한 실존론적 지평이 없으면, 모든 대화, 모든 공동체는 성립할 수 없을 것이다. 이처럼 공동존재가 현존재의 존재에 속해 있기 때문에, 이 공동존재는 그 자신뿐만 아니라 세계를 개시하는 현(Da)의 시원적 빛 속에서 개시되어 있는 것이다. 그러므로 세계의 개시는 다른 사람과 함께하는 현존재 안에서 일어난다. 말도 역시 이해된 것을 보이게 하는 능력으로써 상호 이해 가능성에 의해 성립될 수 있다. 본질적으로 '다른 사람과 함께 함'을 발생시키는 것은 '보이게 함'이다. 그래서 '보이게 함'은 존재론적으로 언제나 하나의 전달(함께-나눔)이다. 다른 사람에 대해 들음으로써, 현존재는 다른 사람과 나누고 있는 것을 보이게 하기 때문에, 들음은 말의 양태가 된다. 그리고 들음의 두 번째 유형은 현존재가 자기 자신에 대해 듣는 데서 발생한다. 마치 현존재가 그의 깊은 곳에 숨겨져 있는 친구의 목소리를 듣고, 그 자신의 고유한 자기에 대해 그것을 말하는 것처럼 현존재의 '보이게 함'이 일어난다. 이런 들음이 바로 개시성, 보이게 함, 곧 말이다: "들

따라서 다른 사람에 대한 들음(귀 기울임)이라는 존재양태가 현존재에게는 결여될 수가 없다. 그것은 현존재가 실존론적 공동존재로 구성되어 있기 때문이다. "누구에게 귀를 기울임(들음)은 공동존재로서의 현존재가 다른 사람들에게 실존론적으로 개시되어 있다는 것이다(SZ, 217)" 더 나아가, 서로 들음은 세계-내-존재의 공동존재가 자신을 구성하는 하나의 근본양식이다. 모든 말함은 언제나 이미 다른 사람이 들을 수 있도록 개시되어 있다. 즉 말함은 말하는 자에게 말하는 것이 아니라, 듣는 자에게 말하는 것이다. 물론 말하는 자 자신이 곧 하나의 듣는 자가 되기도 한다. 말함 속에서, 말하는 자는 다른 사람의 듣는 입장으로 향하게 되고, 그가 말한 것에 대한 답변으로서 상대의 말함을 기대한다. 이처럼 들음이 동근원적으로 말함에 속하는 것이 아니라면, 언어는 처음부터 대화적인 것이 아니었을 것이다. 그러나 말함과 들음

음은, 모든 현존재가 자신의 안에 떠맡겨진 친구의 목소리를 듣는 것으로써, 현존재가 그 근원적 존재가능에 대해 우선 본래적으로 개시되어 있다는 것을 구성하고 있다(SZ, 217)." 리차드슨은, 이것이 유한한 초월의 전체성을 성취하는 데서 양심의 부름에 대한 들음으로 발전할 수 있다고 생각한다. 현존재는 세계의 개시성으로서, 즉 초월의 과정으로서 심원하고 유한한 통일이다. 이해는 이런 유한한 통일 과정에서 세계를 의미 전체성으로 기투한다. 이것은 어떤 것을 두드러지게 개시하는 것을 말한다. 실제로, 기투는 그 자체가 유한한 기투이다. 그러나 개시하는 데서 기투의 역할은 명확히 유한한 초월을 유한한 것으로서가 아니라 초월로서 개시하려는 것이다. 그러면 여기서 처해 있음은 어떤 역할을 하는가? 처해 있음은 현존재의 '던져져 있음'과 더불어 세계 안에서 만나는 존재자들에게 '의존되어 있음'을 개시한다. 이처럼 개시의 통일된 과정에서 이해는 현존재를 정확히 초월로 개시하고 있고, 처해 있음은 현존재를 유한한 것으로 개시하고 있다. 이 둘은 항상 상호 보완적인 것이다. 요컨대 말의 역할은 개시의 과정이 그것의 초월과 그것의 유한성에서 보이게 하는 것이다. W. J. Richardson, *Heidegger, Through Phenomenology to Thought*(The Hague: Martinus Nijhoff, 1974), pp.68-70참조.

은 우선 그것들의 이해양태로부터 나타난다. 하이데거의 표현을 빌자면, "말함과 들음의 실존론적 가능성이 주어져 있는 곳에서만 누구나 귀를 기울여 들을 수 있다. 들을 수 없어서 느낄 수밖에 없는 사람은 아마도 바로 그 때문에 더 잘 들을 수 있을 것이다. 그저 '건성으로 들음'은 듣고 이해함의 결여태이다. 말함과 들음은 이해함에 근거하고 있다(SZ, 218)." 이와 같이 우리는 언제나 이미 세계 내부 안에 있는 존재자 곁에서 그리고 동료 현존재의 곁에서 말하면서 듣고 있는 것이다. 그러므로 이해는 많은 것을 말하는 데서 생기는 것도 아니며, 바쁘게 여기저기서 듣고 다닌 데서 생기는 것도 아니다. 이미 이해하고 있는 사람만이 귀를 기울여 들을 수 있는 것이다(SZ, 218참조).

하이데거는 '들음'과 동일한 실존론적 기초를 가지는, 즉 말의 또 하나의 본질적인 가능성을 '침묵'이라고 부른다. 침묵은 들음과는 다른 말함의 양태이다. 침묵은 벙어리처럼 말이 없음을 의미하는 것이 아니라, '잡담(Gerede)'에 의해 이해된 것을 은폐시키는 일, 즉 이해를 어렵게 만드는 일이 일어나기에, 올바른 이해를 드러내기 위해 침묵하는 것이다(SZ, 219참조). 그래서 진정한 말 속에서만 본래적으로 침묵이 가능한 것이다. 그런데 침묵할 수 있기 위해서 현존재는 말해야 할 어떤 것을 가지고 있지 않으면 안 된다. 즉 침묵에서는 말함이나 들음에서처럼 다른 사람과 함께 나눈 대화내용이 중요한 것이 아니라, 오히려 "현존재 자신을 본래적이고 풍부하게 마음대로 개시할 수 있음(SZ, 219)"이 보다 더 중요한 것이다. 이러한 침묵을 하이데거는 다음과 같이 정의하기도 한다. 즉 "침묵은 말의 한 존재양식으로서 어떤 것에 대해 다른 사람에게 특정한 방식으로 자기를 밖으로 말함이다(PZ, 362)." 이처럼 침묵은 말함의 양태이다. 그래서 내가 대화의 내용을 들을 수 있듯이, 그렇게 나는 침묵과 그 침묵 속에 들어 있는 것을 들을 수 있다. 상호 말함(Miteinandersprechen) 속에서 단어적인 고시(告示)의 방식으로 대답할 수 없다고 느끼는 사람은 침묵한다. 그의 침묵이 바로 그의 대답이다. 그는 침묵의 대답으로써 무언가를 말한다. 그는 그가 언표를 통해 말하는 것보다도 더 명료한 방식으로 이해할 수 있는 어떤 것을 제시한다. 우리는 이처럼 말해진 침묵에 대해 말한다. 침묵 그 자체는 말함의 양태, 즉 존재자의 이해 내용을 해석하고 형성하는 양태이다. 침묵은, 그것이 무엇이고 어떻게 존재하든 간에, 다른 사람을 향한 것이다. 그래서 침묵은 서로 말함이다. 침묵은 애초부터 말함 또는 들음과 마찬가지로 대화적인 어떤 것이다.113)

물론 침묵을 벙어리로 있음과 혼동해서는 안 된다. 대화 속에서 있으면서도, 그 대화에 참여하지 못하는 그런 사람을 우리는 '벙어리'라고 부른다. 만일 우리가 벙어리로 있음을 침묵으로 특징지을 수 있다고 해도, 벙어리로 있음은 본래적인 의미에서의 침묵을 의미하는 것이 아니다. 침묵함은 벙어리로 있음이 결코 아니다. 오히려 거꾸로 벙어리는 말하려는 경향을 가지고 있다. 벙어리는 그가 침묵할 수 있다는 것을 증명하지도 않을 뿐만 아니라, 그에게는 애당초 그런 것을 증명할 가능성조차 없다. 천성적으로 말수가 적은 사람은 벙어리와 마찬가지로 그가 침묵하고 또 침묵할 수 있다는 것을 보이지 않는다. 본래적인 의미에 있어서 침묵하는 사람은 따라서 매우 많은 것을 말하고 있는 것이다. 말할 가능성이 상실된 그런 사람을 우리는 '벙어리'라고 부르는 것이다. 그러한 사람은 말을 하고 싶어 하지만 말을 할 수가 없는 것이며, 또한 언표적으로 말을 할 수도 없을 뿐만 아니라 또한 침묵할 수도 없다. 침묵할 수 있는 사람은 언제든지 말을 할 수가 있기 때문에, 오히려 그런 사람은 올바른 방식으로 다른 사람의 말을 잘 들을 수 있는

---

113) F. W. von Herrmann, op. cit., S.196참조.

것이다. 그래서 하이데거는 "말함의 또 다른 본질적 가능성의 하나인 '침묵함(Schweigen)'도 동일한 실존론적 기초를 가지고 있다. 서로 말하는 가운데 침묵하는 자는 끝없이 지껄이는 자보다 더 본래적으로 '이해하고 있음'으로 여겨질 수 있다(SZ, 218)"고 하였다. 이처럼 현존재는 본질적으로 이해하는 존재로서 우선 이해한 것에 머물러 있으면서, 잡담에 대해서는 침묵을, 그리고 그러한 침묵에 대해서는 말할 수 있음에 근거해야만 한다. 요컨대 진정으로 말할 수 있는 가운데서만 본래적으로 침묵할 수 있으며, 침묵할 수 있기 위해서 현존재는 우선적으로 말해야 할 어떤 것을 가지고 있지 않으면 안 된다.

라. 말과 언어의 관계[114]

이제 우리는 '말과 언어의 관계'에 대해서 살펴보고자 한다. 하이데거는 『존재와 시간』 제 34절의 주제를 〈현존재와 말, 그리고 언어〉라고 하여, 말과 언어의 관계를 분명히 구분하고 있다. 그리고 "말은 언어의 실존론적-존재론적 기초이다(SZ, 213)"고 하여 말과 언어가 용어적으로뿐만 아니라 사태적으로도 명확히 구분됨을 밝히고 있다. 그렇다면 우리는 이 양자의 구분을 어떻게 이해해야 하는가? 앞서 언급한 바 있듯이, 언어는 음성적 고시(stimmlich Verlautbarung)를 지시하기 위한 용어적 표현이다. 그리고 말은 고시된 언어의 실존론적 본질이며, 이 본질에 의해 고시된 언어는 규정되어야 한다. 그러나 언어의 실존론적-존재론적

---

114) 말과 언어의 구별에 대한 하이데거의 견해는 일의적(一義的)이지 않다. 이미 언급했듯이, 하이데거는 "언어의 실존론적-존재론적 기초는 말이다(SZ, 213)"고 하였을 뿐만 아니라, "언어란 말이 밖으로 언표된 것(SZ, 214)"이라고도 한다. 여기서 우리의 논의는 바로 이러한 '말과 언어의 관계'를 해명하는 데 초점이 모아질 것이다.

토대인 말은, 언어가 고시를 통해 드러나듯이 그렇게 드러나지는 않는다. 이러한 사정을 우리는 말함의 과정에서 구성적인 역할을 하는 말의 구조 계기들에 대한 분석을 통해 확인할 수 있다. 앞에서 이미 언급하였지만, 하이데거에 있어서 말은 근본적으로 독백이 아니라 '대화'이다. 왜냐하면 말하는 자는 세계 속에 고립된 개체로서 살아가는 자가 아니라 세계 속에 더불어 존재하면서 그때마다 특정한 존재자에 관해 마음 쓰면서 살아가는 상호 실존적 존재자이기 때문이다. 이러한 상호 실존적 존재자로서의 인간이 자신의 존재이해와 세계이해를 타자와 더불어 형성해 가는 것이기에, 세계-내-존재의 개시성을 함께 구성하는 말은 필연적으로 이러한 네 가지 구조계기(Strukturmoment)를 지닐 수밖에 없다. 따라서 우리는 말의 이러한 구조계기들이 말함의 구체적인 과정에서 과연 어떻게 '구성적인' 역할을 하는지 검토해 보고자 한다. 그리고 이러한 검토를 통해 드러난 말이 언어와 어떠한 관계를 갖는지 밝혀보고자 한다.

먼저 하이데거는 말에 속하는 구성적 구조계기를 네 가지, 즉 말의 화젯거리(말해지는 것, das Worüber der Rede), 말해진 내용 그 자체(das Geredete als solches), 전달(함께-나눔, die Mit-teilung), 표명(die Bekundung)으로 구분하고 있다(SZ, 216참조). 이 네 가지 구성적 구조계기를 다시 쉽게 풀어서 설명해 보면 다음과 같다. 즉 말함이란 어떤 특정한 존재자(주제적 대상)에 관해 말하는 행위이며, 이러한 말함의 과정에서 말하는 자는 자기가 말하는 그 대상에 관하여 특정한 관점 하에서 말해진 내용들을 구성하며, 또한 대화 상대자들에게 자기가 이해한 바를 전달하는(함께-나누는) 것이다. 이렇게 전달하는 말함이 언어적으로 명확하게 표명될 경우에, 이러한 말함을 우리는 '진술함'이라고 한다. 폰 헤르만에 의하면, "이러한 네 가지 구조계기들은 말하는 구성이 과연 어떻게 인간의 자기 개방성과 사물의 개방성을 규정하는

지 제시해 준다."115) 따라서 이제 우리는 이러한 의미로 이들 각각의 구조계기들을 좀 더 구체적으로 살펴보면서 '말과 언어의 관계'를 검토해 보고자 한다.

먼저, 말의 첫 번째 구조계기는 세계 내부적 존재자에 대해 배려하면서 상호 실존적으로 살아가는 인간의 존재방식과 긴밀하게 관련되어 있다. 이러한 존재방식은, 곧 "승인하고 거절하고 촉구하고 경고하는 행위로써, 또한 언표, 상담, 대변하는 말함으로써, 더 나아가 진술함으로써, 그리고 담화를 나누는 방식으로 말하는 것으로써, 말하면서 있는 것이다(SZ, 215)." 이러한 존재방식 속에서 우리는 타자와 더불어 말하면서 서로 관계를 맺게 되는데, 이때의 말함은 언제나 화젯거리(주제적 대상)를 갖는다. 즉 말함은 언제나 '어떤 것에 대한 말함'이다. 이를테면 명령도 '무엇에 대해' 내려지며, 소망도 '무엇에 대한' 소망이다. 말은 필연적으로 이러한 구조계기를 가지고 있는데, 그 까닭은 말이 세계-내-존재의 개시성을 함께 구성하고, 또 말의 고유한 구조상 현존재의 근본 틀에 의해 미리 형성되어 있기 때문이다(SZ, 215참조). 다시 말해 "말해지고 있는 그 자체는 그때마다 기투된 세계의 개시성이다. 그 안에서 인간은 실존하면서 미물러 있다. 그가 구분하면서 말하고 있는 그것은, 즉 말의 화젯거리(주제적 대상)는 그가 자신의 세계-내-존재의 가능성으로서 기투하고 있는 그때마다의 가능성인 것이다."116)

그리고 이러한 말의 화젯거리는 언제나 "특정한 관점과 일정한 한계 내에서(SZ, 215)" 말해지고 있다. 예를 들어 우리는, '이 볼펜은 글쓰기에 너무 편하다'든가 아니면 '쿠션이 없는 이 의자는 앉기에 너무 불편

---

115) F. W. von Herrmann, op. cit., S.162.

116) F. W. von Herrmann, *Die Selbstinterpretation Martin Heideggers* (Meisenheim am Glan: Verlag Anton Hain, 1964), S.184.

하다'는 등 다양한 방식으로 말할 수 있다. 이때 말의 화젯거리는 너무나도 당연히 '볼펜과 의자'이다. 그리고 여기서 특정한 관점에서나 일정한 한계 내에서 말해진 것 그 자체는 '너무 편하다' 혹은 '너무 불편하다'가 된다. 이와 같이 모든 말에는 언급되는 것, 즉 '~에 대해' 그때그때 소망하고 묻고 천명하는 것에 말해지는 것 그 자체가 포함되어 있다(SZ, 215참조). 이것이 말의 두 번째 구조계기이다. 말해진 것(내용)은 실존론적-존재론적 구조계기로서 어떤 말의 내용을 단순히 말하는 것이 아니라 세계-내-존재가 그때마다 특정한 관점으로 기투한 가능성이다. 특히 하이데거는 이 '말해진 것 그 자체'와 '말해지고 있는 것'과의 관계를 다음과 같이 구분하여 설명한다.

> 내가 한 사물에 대해, 예컨대 하나의 의자에 대해 말할 때, 이 사물 그 자체가 그것이 세계적으로 눈앞에 놓여 있는 그대로 말의 화젯거리(주제적 대상)이다. 내가 '그 의자는 쿠션이 있다'라고 말한다면, 이때 의자의 '쿠션이 되어 있음'이 말해진 것 그 자체이다. 그것은 의자와 동일한 것이 아니다. 이 말해진 것에서 말의 화젯거리가 언표되고 있다(PZ, 362).

여기서 말의 '화젯거리'와 '말해진 것' 사이의 관계는 단지 주어와 술어 사이에 맺어지는 진술적인 관계가 아니다. 오히려 이러한 진술적 관계로 변경되기 이전에, 상호 실존적인 인간이 유의미하게 분절된 지평적인 세계 연관 속에서 세계 내부적으로 존재하는 개방 가능한 존재자와 배려적으로 교섭하면서 개방적인 관계를 맺는 '말함'의 해석적인 관계이다. 이와 같이 존재 개시성의 영역에서 우리가 관계하는 모든 존재자에 대한 이해의 모든 내용은 오직 말, 곧 언어의 본질을 통해서만 밝혀지며 개방되는 것이다. 따라서 "존재자의 개방성과 이해 가능성은 철저히 언어의 본질적 차원 속에서 규정된다"[117]고 할 수 있다. 이러한 존재자의 개방적 영역 속에서 구성적 역할을 하는 말의 세 번째 구조계기는 '전달(함께-나눔, Mit-teilung)'이다. 즉 "말해진 것 속에서 말은 [다시] 전달된다(SZ, 215)." 여기에서 전달은 진술적인 보고가 아니며, 또한 첫 번째와 두 번째의 구조계기에 병행하는 그런 구조계기도 아니다. 오히려 우리가 말의 화젯거리에 관해 말해진 내용(관점) 속에서 밝혀내야만 하는 그런 구조인 것이다. 그리고 여기서의 '전달'은 문자 그대로 다른 현존재인 타자와 함께 나눔을 의미한다. 폰 헤르만의 해석에 따르면, 이러한 나눔은 공간적인 나눔이나 혹은 분할이 아니라 '이해의 나눔'을 의미한다.[118] 즉 함께-나눔은 예컨대 의견이나 소망의 체험을 한 주관의 내면에서 다른 주관의 내면으로 옮기는 그런 것이 결코 아니다. 공동 현존재는 본질상 이미 공동의 처해 있음과 공동의 이해 안에서 개시되어 있으며, 공동존재는 말 가운데서 명확하게 나누어져(공유되어) 있다(SZ, 215참조).

물론 여기서 '나누어져 있다'는 것은, 곧 내가 그 누구와 더불어 말하면서 또한 내가 말하는 것을 들으며, 나와 함께 말하는 가운데 말해진 대상(화젯거리)의 말해진 내용(말해진 것)을 실제적으로 나눌 수 있는 그런 어떤 특정한 타자가 있다는 사실을 의미한다. 이러한 실제적인 나눔 속에서 그는 아직 [문자적으로나 음성적으로] 표현되지는 않았으나 이미 나누어져 말해진 것을 나와 함께 나누는 것이다. 왜냐하면 말해진 그것은 본질적인 공동존재를 통해서 규정된 것일 뿐만 아니라, 또 그런 한에서만 실제적으로 나눌 수 있는 것이기 때문이다. 이처럼

---

117) F. W. von Herrmann, *Subjekt und Dasein: Interpretation zu "Sein und Zeit"*(Frankfurt a. M.: Vittorio Klostermann, 1987), S.170.
118) Ibid., S.171참조.

말함의 과정에서는 이러한 전달(함께-나눔)의 구조계기가 본래부터 존
재론적으로 속해 있는 것이어서, 언어는 본질적으로 독백이 아니라 대
화적 특성을 지닐 수밖에 없는 것이다. 이를 달리 표현해 보면, 언어의
대화적 특성을 보여주는 말의 구성적 계기가 곧 전달(함께-나눔)이라
는 말이다. 말함의 과정에서 말하는 자는 세계 속에서 타자와 더불어-
있는 것이며, 타자는 이 말하는 자와 함께 있으면서 동일한 사태에 관
해 서로가 이해한 바를 나누어 갖는 것이다. 이렇게 함께-나누는 말함
이 '서로 함께 말함(Miteinandersprechen)', 즉 대화(Gespräche)[119]이
다. 우리는 대화 속에서 공동으로 나누어진 우리의 탈자적인 세계이해
로부터, 우리가 세계 내부적인 사물들에 관해 말하는 그 방식 속에서
우리에게 개방되는 그러한 세계 내부적인 사물들을 향해 말하는 것이
다. 여기서 공동세계(Mitwelt)의 사물들이 곧 대화가 행해질 때 이 대
화의 화젯거리(주제적 대상)인 셈이다.

끝으로 말함의 네 번째 구조계기는 '표명'이다. 말해진 것 안에서 함께
나누는 어떤 것에 대한 말은, 모두 동시에 자기 표명(자기를 외부로 드
러냄)의 성격을 띠고 있다. 흔히 현존재는 말에 의존해서 자기를 표명하
지만, 그것은 우선 외부에 대한 '내부적인 것'으로서 캡슐 속에 들어 있
기 때문이 아니라 오히려 현존재가 세계-내-존재로서 이해하며 이미 '외
부적으로' 나와 있기 때문이다(SZ, 215-216참조). 말해진 것은 바로 이
외부존재, 즉 처해 있음(기분)의 그때그때의 방식이다. 하이데거에 있어
서 '기분'은 한 인간의 내면적인 감정이나 정서적인 상태를 가리키는 용

119) 이런 점에서 진정으로 참다운 대화란, 대화에 참여하는 사람 모두가 개방
적인 세계 속에서 서로 함께 마음을 나누며, 또한 이들 각자가 탈자적으로
존재한다는 사실을 서로에게 각인시켜주면서 세계-내-존재의 개시성을 그
때마다 열어 밝혀나가는 것이다. 신상희, 「말과 언어－기초 존재론적인 이
해의 지평에서」, 『철학』 제 55집, (한국철학회, 1998), 208쪽 참조.

어가 아니라 세계-내-존재의 전체적인 개시성을 열어 밝히는 현사실적
인 개시방식이기 때문에, 단어적으로 고시되는 현존재의 존재이해와 세
계이해는 발언하는 자의 "음성적인 억양이나 어조, 혹은 말의 템포(SZ,
216)" 속에서 언제나 기분적으로 개시되어 알려지는 것이다. 따라서 말
함의 구성적인 구조계기들은 현존재의 존재구성 틀 속에 그 뿌리를 내리
고 있는 실존론적-존재론적 요소들이며, 이러한 구성적 요소들로 말미암
아 비로소 우리들의 구체적이며 실제적인 언어활동 전체가 존재론적으
로 가능해지는 것이다.[120]

이처럼 말은 언어의 실존론적-존재론적 본질로서 음성적으로 고시된
언어의 언표적 영역 속에서는 그 자체로 밝혀질 수 없으며, 오히려 이
러한 영역을 규정하는 언어의 본질장소는 실존론적으로 파악된 존재
개시성의 영역 속에 근거하고 있는 것으로 이해된다. 따라서 언어의 본
질에 대한 하이데거의 현상학적 근본통찰은, 근원적 실존범주로서의 말
이 고시된 언어의 언표적 영역을 네 가지의 구성적 구조계기를 통해
규정한다는 것인데, 이러한 그의 태도 속에는 다음과 같은 그의 확고한
입장이 기본적으로 깔려 있다. 즉 언어의 본질은 단지 존재와 세계의
개시성을 전체적으로 규정할 뿐만 아니라, 이와 아울러 이러한 개시성
에 의해 존재론적으로 가능해지는 '존재자의 개방성'의 차원이 단어적
으로 고시되는 말함의 과정에서 존재론적-실존론적으로 규정된다는 것
이다.[121] 요컨대 말함의 네 가지 구조계기들은 언어에 있어서 단순히
경험적으로 끌어 모아진 고유성이 아니라 현존재의 존재구성 틀 안에
뿌리박고 있는 실존론적 특성이며, 이러한 특성이 언어라고 하는 것을
비로소 가능하게 하는 것이다.[122] 그리고 모든 존재자의 존재에 관한

---

120) 신상희, 위의 논문, 209쪽 참조.
121) 신상희, 위의 논문, 210쪽 참조.

이해는 오직 이러한 언어의 본질을 통해서만 해명될 수 있는 것이다.

4) 해석학적 현상학과 언어의 본질

하이데거에 있어서 해석학적 '이해'의 문제는 후설식으로 어떻게 의식 내에서 객관적 세계가 구성되는가를 묻지 않고, 인간의 삶 자체가 어떻게 해석의 과정이자 결과인가를 묻고 있다. 다시 말하면 하이데거에 있어서 세계-내-존재로서의 현존재는 후설식의 순수자아가 아니라, 역사적 삶을 사는 인간 현존재이다. 이러한 인간의 '역사적인 삶' 혹은 '삶의 역사성'에 대해서 하이데거는 딜타이의 영향을 받고 있다. 그는 삶 자체에 기초하고 있는 '이해'의 입장을 견지하는 딜타이를 위대한 역사가로서 뿐만 아니라 철학을 정초하려고 했던 사상가로 평가하고 있다(SZ, 524-526참조). 그리고 그는 딜타이의 역사적 삶의 경험과 후설의 논리적이고 형이상학적인 진리 개념을 결합시켜 만들어낸 이른바 '해석학적 현상학(hermeneutische Phänomenologie)'에 대해 다음과 같이 각각 규정한다: "현존재의 현상학은 낱말의 근원적인 의미에 있어서 해석학이다(SZ, 50)." 그리고 "현존재의 해석학은 실존에 대한 분석론으로서, 모든 철학적 물음의 실마리의 끝을, 거기에서부터 그것(철학적 물음)이 발원하며, 거기에로 그것이 되돌아가는 그 곳에다 고정시켜 놓았다(SZ, 51)."

---

122) 그런데 만일 이러한 말의 네 가지 구조계기 중에 두 가지, 즉 '말해진 내용'과 '전달'만이 강조되고, 나머지 구조계기가 무시될 때, 그 말은 '잡담(das Gerede)'이 된다. 물론 잡담에도 무엇인가 말하는 것은 있다. 그렇지만 거기에는 그저 들은 것을 남에게 전할 뿐이다. 따라서 처음 대화에서 무엇에 대해 말하고 있던 그 사태는 모두 잊은 채로 그것에 대해서는 알려고도 하지 않으며, 다만 빈말을 낳는 결과만을 초래할 뿐이다.

이처럼 현존재의 해석학에서 출발하는 '보편적 현상학'이란 현상학이
해석학에서 출발한다는 것이 아니라, 현상학은 오직 해석학으로서만 가
능하다는 것을 뜻한다. 물론 하이데거의 현상학은 '이해'를 근원적인 것
으로 받아들이며, 현존재가 이미 이해하고 있는 바를 해석하려 하기 때
문에 '해석학'이라 할 수 있는 것이다. 그리고 하이데거는 이러한 현상학
과 해석학의 연관성을 '언어'에서 찾고 있다. 따라서 이 언어의 문제가
곧 하이데거의 전·후기 사상을 이어주는 근거가 되기도 한다.[123]

우리는 이러한 하이데거 특유의 해석학을 '현상학적 해석학'으로 이
해하며, 또한 하이데거식의 현상학을 '해석학적 현상학'으로 명명하기도
한다. 그렇다면 그에 있어서 '해석학' 혹은 '해석학적'이나, '현상학' 혹
은 '현상학적'이란 과연 어떠한 의미인가? 그리고 현존재의 현상학은
오직 해석학적으로만 가능하다는 것은 무엇을 의미하는가? 이에 대해
우리는 먼저 하이데거가 사용하는 '해석학'과 '현상학' 개념을 차례로 살
펴보고 나서, 현존재의 현상학이 왜 해석학적으로만 가능한 지에 대해
서도 밝혀보고자 한다.

하이데거의 회고에 의하면, 그가 '해석학'이나 '해석학적'이라는 표제
를 최초로 사용한 것은 1923년 여름 학기 강의에서부터였다(US, 95참
조). 그것은 '존재론'이라는 제목의 강의였으며, 그것이 종래의 존재론
과 성격이 다르다는 것을 시사하기 위하여, 그는 '현사실성의 해석학
(Hermeneutik der Faktizität)'이라는 부제를 붙여 놓았다.[124] 이것은
그가 마르부르크 대학 교수로 초빙되어 가기 전 프라이부르크 대학에

---

123) 최신일, 「이해의 학으로서의 해석학 –가다머의『진리와 방법』을 중심으로」
　　 (부산: 부산대 박사학위논문, 1995), 36쪽 참조.
124) M. Heidegger, *Ontologie: Hermeneutik der Faktizität*, Bd. 63
　　 (Frankfurt a. M.: Vittorio Klostermann, 1987). 이하에서 이 책은 'OH'로
　　 약칭하고 본문 안에 곧바로 면수를 표기함.

서 행한 마지막 강의였다. 여기서 하이데거는 일반 해석학자들의 관행에 따라 '해석학(Hermeneutik)'의 그리스어원 해석에서부터 그 개념 규정을 시도한다. 해석학이란 용어가 비록 17세기경에 형성된 신조어125)라고 할지라도, 그것의 기원은 신탁의 의미를 밝히려는 고대 그리스에로 소급되기 때문이다. 그리스어 'hermeneutike'는 'hermeneuein', 'hermeneia', 'hermeneus' 등의 말에서부터 형성된 것이며, 이것들은 그리스 신화에 등장하는 헤르메스(Hermes) 신의 이름에서 유래한다.126) 즉 고대 그리스에서는 신탁의 의미를 밝히는 일을 주로 시인들이 했으며, 그들은 신탁의 의미 해석을 신의 말의 전달자인 헤르메스 신과 연관지었던 것이다. 헤르메스 신은 신들의 말을 인간들에게 전달하는 신들의 사자로서, 이를테면 신들과 인간들 사이의 의사소통을 위한 매개자 역할을 하였고, 이 매개를 위해 자신이 창조한 언어를 사용하였던 것이다. 이것은 헤르메네웨인(hermeneuein)의 기본적 의미가 주로 '표현하다', '진술하다', '말하다' 등으로 해석되듯이,127) 해석학은 그 기원에 있어서 '언어 해석'과 연관이 있었던 것이다. 결국 신들과 인간들 사이의 이해가 점차 일반화·세속화되면서, 슐라이어마허의 경우에는 해석학이 '문헌해석이론'으로 보편화되어 문헌학의 한 분과학에 분류되었고, 딜타이에 와서는 '이해 방법론'으로 파악되어 '이해의 학문' 즉 정신

---

125) Otto Pöggeler(박순영 옮김), 『해석학의 철학』(서울: 서광사, 1993), 19쪽 참조.
126) 플라톤에 의하면, 헤르메스란 '말하다'라는 뜻의 'herein'과 '창안하다'라는 뜻의 'maesasthai'라는 두 단어의 합성어이며, 이는 곧 헤르메스가 언어를 창조한 신이라는 사실을 의미한다. Plato, "Cratylus" in *The Collected Dialogue of Plato*, Ed. E. Hamilton and H. Cairns (New Jersey: Princeton University Press, 1961), 407e-408a 참조.
127) Richard E. Palmer, *Hermeneutics*(Evanston: Northwestern University Press, 1969), p.14참조.

과학의 방법론으로 낙착되기에 이르렀던 것이다(OH, 9-14참조). 하이
데거의 경우에도 신학연구와 연관하여 '성서의 말씀과 신학적·사변적
인 사유'와의 관계문제에서 처음으로 논의되었다. 그것은 곧 언어와 존
재의 관계문제에 접근하는 하나의 통로이기도 하였다. 그리고 하이데거
가 존재의 물음, 특히 기초 존재론의 물음을 제기하고 있었을 때, 이
해석학의 문제에 골몰했던 것도 바로 이런 맥락에서였다.[128]

　이러한 해석학의 본질은 '해석학적 순환(der hermeneutische Zirkel)'
에 있다. 그것은 해석자가 해석하고자 하는 대상을 해석하기에 앞서 불
명료하게나마 이미 이해하고 있다는 것이다. 즉 이해가 일어날 수 있기
위해서는, 먼저 이해할 수 있는 능력이 전제되어 있어야 하고, 또한 이
해할 수 있는 것이 먼저 존재하지 않으면 아무것도 이해할 수 없다는
말이다. 이처럼 해석학적 순환은 해석자와 해석대상이 주·객으로 이분
되어 있는 것이 아니라 언어를 통해 불가분적으로 관련되어 있는 것이
다. 말하자면 "존재한다는 것은 바로 그렇게 나타난다는 뜻이며, 그렇
게 나타난다는 것은 그렇게 이해된다는 뜻이요, 그렇게 이해된다는 것
은, 결국 언어로 형성된다는 뜻이다."[129] 해석학의 주제가 언어인 까닭
이 바로 여기에 있는 것이다.

　하이데거는 현상학 개념에 대한 분석도 마찬가지로 그리스 어원 해
석에서부터 시작하는데, 그는 먼저 현상학(Phänomenologie) 개념을
'현상(Phänomen)'과 '학(Logie)'의 의미분석으로 나눈다(SZ, 38참조).
그리고 그는, 이미 우리가 언급했듯이 현상학이 주제(Thema) 개념이
아니라 방법(Methode) 개념임을 강조한다. 즉 현상학은 이를테면 신
학, 생물학, 사회학 등이 신에 대한, 생물에 대한, 그리고 사회에 대한

---

128) 신오현, 『절대의 철학』(서울: 문학과 지성사, 1993), 277쪽 참조.
129) 신오현, 위의 책, 292쪽.

학문으로 이해되듯이, 그것도 '현상에 대한 학문'으로 이해되어, 현상을 주제로 삼고 현상을 연구하는 학문으로 해석될 수 없다는 것이다. 그들 학문과 외형상으로는 다를 것이 없지만, 현상학이라는 개념 전체는 '어떻게 하는 방식'이라는 방법개념임을 특히 강조한다. 그렇다면 과연 무엇을 어떻게 하는 것이 '현상학적'일까? 그는 이러한 물음에 대한 해답을 '현상(現象)'과 '학(學)'의 어원분석에서 찾는다. 먼저 'Phänomen'은 그리스어 'phainomenon'에서 유래하는 것으로, '자신을 내보여준다(sich zeigen)'를 의미하는 동사형 'phainesthai'에서 나온 것이다. 따라서 phainomenon은 '자신을 내보여주고 있는 그것', '스스로를 내보여주는 것', '드러나는 것' 등을 의미하는 것이다(SZ, 38참조). 그다음 'logie'는 그리스어 'logos'에서 유래하며, 이 로고스는 동사형 legein에서 나온 명사로서, '어떤 것을 그 자체에서 보이게끔 해준다'를 뜻하는 'apophainesthai'를 의미한다(SZ, 44참조). 그러므로 결국 현상학(Phänomenologie)은 'apophainesthai ta phainomena', 즉 스스로 나타나는 것을, 그 자신으로부터 스스로를 나타내는 대로, 그 자신으로부터 보이게 하는 것'을 의미하게 된다. 이것을 한 마디로 표현해 보면, 바로 후설 현상학의 탐구 격률인 '사태 자체에로(zu den Sachen selbst)'로 간단히 정식화된다(SZ, 46참조).

그런데 인간의 이성은 우선 대개는 자신을 드러내는 사태를 그것 자체 쪽에서 보지 못한다. 현상학은 이러한 사태 자체, 즉 현상 자체의 학(學)이기 때문에, 그것은 결코 인간 이성의 학이 될 수 없다. 인간 이성에게 현상 자체가 보이지 않는 까닭은, "현상이 될 수 있는 것은 우선 대체로 은폐되어 있거나 잠정적인 규정성으로 알려져 있기(PZ, 119)" 때문이다. 현상학이 요구되는 까닭이 여기에 있다. 현상이 우선 대개는 은폐되어 있다고 할 때, 은폐는 현상과 무관한 것이 아니라 현상의 부정적 양상이다. 따라서 은폐를 형성하고 있는 것은 현상 그 자체이다. 현상과 은폐는 불가분적이다. 현상학은 말하자면 이 은폐를 탈은폐시키는 방법이다. 현상학에서 그러한 방법은 로고스, 즉 말에서 말해지고 있는 것을 보게 하는 것이다. 그런데 로고스(말)가 은폐를 탈은폐한다는 현상학의 방법의미를 충족시키자면, 로고스(말)가 참(진리)이어야 한다. 그러한 경우에야 말에서 말해지고 있는 것은 말해지고 있는 바로 그것에서 드러나 있으며, 따라서 말하는 전달은 자신이 말하고 있는 그것을 자신이 말한 것 속에서 드러나게 한다. 그러나 만일 말에서 말해지고 있는 것이 말해지고 있는 그것에서 드러나 있지 않으면, 말은 거짓(비진리)이며, 그 경우 말은 은폐되어 있는 것이다. 이렇게 말은 진리와 비진리의 성격을 함께 지니고 있다(SZ, 44-45참조).

잘 알려져 있듯이, 후설의 선험 현상학과는 달리 하이데거의 해석학적 현상학은 '존재론적'이다. 따라서 하이데거의 탐구 주제는 '의식 현상'이 아니라 '존재(현상) 그 자체'이다. 또한 하이데거는 후설의 '현상학적 환원(phänomenologische Reduktion)'이라는 핵심 용어를 사용하기는 하지만 그와는 전혀 다른 의미로 사용하고 있다(GP, 29참조). 즉 그에게 있어 환원의 의미는 존재자에서 존재에로 우리의 관점을 환원시키는, 말하자면 존재하는 단어에서 드러나지 않는 언어와 낱말들의 본질이해에로, 곧 존재의 언어에로 시선을 되돌리는 것을 말한다. 결국 그의 존재론에 있어서 "존재는 현상학적 방법의 도상에서 이해되고 개념 파악되어야 하며(GP, 28)", 또한 '현상학적 진리'란 곧 '존재의 개시성'을 의미하는 것이다(SZ, 51참조).

한편, 하이데거는 '현사실성의 해석학'이라는 부제를 달고 이른바 〈존재론〉이라는 제목의 강의를 하던 1923년 그 당시에 이미 『존재와 시간』의 초고를 시작하고 있었다. 그는 당시에 유행하던 강단철학, 특히 '존재

118

론'과 '현상학'에 대한 근본적인 불만을 품고 있었으며, 새로운 존재물음, 새로운 현상학적 사유를 준비하고 있었다. 그리하여 현상학 내에서 하나의 방향을 택하거나 새로운 것을 모색하는 것이 아니라, 오히려 반대로 현상학의 본질을 더욱 근원적으로 사유함으로써, 현상학을 서양 철학의 근원에 귀속시키려고 하였다.[130] 여기에서 생겨난 것이 하이데거의 존재 사유이며, 그것의 최초 결실이 바로 『존재와 시간』이었던 것이다. 존재를 드러나게 하는 방법이 현상학적이며, 그것을 기술하는 방법이 해석학적이라서, 우리는 그의 현상학을 '해석학적 현상학'으로 불렀던 것이다. 이런 의미에서 우리는 흔히 하이데거 사유에 있어서 존재, 시간, 언어 등을 주제개념으로, 그리고 현상학이나 해석학을 방법개념(Methodenbegriff)으로 간주하는 것이다.

하이데거에 있어서 해석학은 이처럼 그 기원에 있어서 '언어 해석'이며, 해석학의 언어 해석은 곧 '드러냄(개시성)'을 추구한다. 그런데 로고스의 의미도 마찬가지로 '드러냄'이라는 특성을 갖는다. 그래서 그는 "현상학적 기술의 방법적(로고스) 의미도 해석이다(SZ, 50)"고 하였다. 즉 기초 존재론에서 현존재 현상학의 로고스는 '헤르메네웨인(해석함)'의 성격을 가지며, 그 해석함을 통해서 현존재 자체에 속하는 존재이해에 존재의 본래적 의미와 현존재의 고유한 근본구조들이 알려지게 된다. 따라서 현상학은 '해석학적 현상학'이 된다. 그런데 하이데거가 강조하듯이, 현존재의 현상학은 왜 해석학적으로만 가능한 것인가? 우선 이에 대한 하이데거 자신의 말을 직접 들어보기로 하자.

내가 결국 강조했던 것은, 해석학적인 것이, '현상학'에 대한

---

130) 신오현, 『절대의 철학』(서울: 문학과 지성사, 1993), 273쪽 참조; US, 95쪽 참조.

수식어로 사용되었을 경우, 일반적으로 생각하듯이 해석의 방법
론이 아니라 이 해석 자체를 의미한다는 것이었다(US, 120).

이러한 말에서도 알 수 있듯이, 하이데거에 있어서의 해석학은 각종
해석, 이를테면 조형 예술작품까지도 포함하는 각종 작품의 해석을 위한
이론이나 방법론의 의미, 곧 해석기술이나 해석행위 자체의 의미가 아니
다(US, 97-98참조). 오히려 그는 해석행위의 본질을 해석학적인 것에서
부터 비로소 규정하려고 시도하면서, 해석학의 의미를 "현상이 그 자신
편에서 스스로 누설하는 기별을 기별하는 대로 통지해 주는 것(US,
122)"으로 풀이한다. 따라서 '해석학적 현상학'으로 부르건 또는 '현상학
적 해석학'으로 부르건, 이것은 분명히 하이데거 특유의 현상학이나 해
석학을 지칭하는 것이며, 결국 『존재와 시간』은 '현존재의 현상학'이자
'현존재의 해석학'이라는 말이다.

이미 언급하였듯이 현존재는 '현(Da)'에 실존하고 있는 인간의 존재
방식을 가리키는 하이데거 철학의 핵심개념 중의 하나이다. 여기에서
현존재의 현은 인간의 실존론적-해석학적 존재방식이 다양하게 펼쳐지
는 근원적인 현장으로서 존재자 전체의 존재가 개시되는 존재 개시성
의 영역을 뜻한다. 이러한 존재 개시성의 영역 속에서 우리 인간은 이
미 근원적으로 어떤 상황에 처해 있는 자신의 삶을 다양한 방식으로
전개하며 살아가고 있는 것이다. 이러한 현존재는 어떠한 내용을 가진
대상적·객체적 존재자가 아니라 그의 존재 자체가 언제나 그때마다
문제가 되어 있는 순수 가능성의 존재이기 때문에, 우리는 오직 그의
존재방식만을 문제 삼을 수 있다. 따라서 현존재는 존재방식 자체가 이
미 현상학적이기 때문에, '현존재의 현상학'이 가능하며, 또한 그의 존
재성격이 언제나 해석학적으로 물어지는 존재이기 때문에, '현존재의

해석학'이 가능한 것이다. 이처럼 인간 현존재 자신은 언제나 이러저러하게 처해 있는 바로 이 '있음(존재)'을 문제 삼는 유일한 존재자이다. 그리고 현존재로서의 인간은 오직 이러한 자신의 존재를 문제 삼으며 이러한 존재(문제)를 이해하고 해석하며 언어로 드러내는 방식으로만 실존할 뿐이다. 그러므로 모든 존재자의 존재에 관한 이해는 오직 말함을 통해 드러나는 언어의 본질을 통해서만 밝혀질 수 있는 것이다. 이러한 현존재의 개시성은 인간이 말하는 존재자, 곧 '언어를 가진' 존재자라는 데서 유래한 것이다(SZ, 219참조). 물론 이러한 언어의 본질현상을 해명하려는 하이데거의 시도는 철저히 기초 존재론적 방식에 따른 것이다.

이상에서 살펴본 바와 같이, 『존재와 시간』에서 하이데거는 언어의 본질에 대한 탐구를 인간 현존재의 본질(실존)과 근원적인 실존범주인 말을 연관지어 해명하고 있다. 즉 "현존재의 본질은 그의 실존에 있는 것이며(SZ, 56)", 인간 현존재의 존재구성 틀에서부터 언어의 본질을 이해하고 있는 것이다. 따라서 말의 구조의 존재론적-실존론적 전체를 현존재 분석론에 근거하여 해명하고 있는 것, 바로 이것이 그의 전기사유의 입장을 나타내고 있는 셈이다. 그러나 하이데거는 『존재와 시간』에서 말에 대한 이해가 철저하지 못했음을 깨닫고, 현존재가 언어를 가지고 있다는 입장을 단념하고, 현존재는 단지 언어가 말하는 현장이라는 견해를 수립하고자 한다. 언어는 더 이상 도구가 아니다. 언어 자체가 말하며, 인간의 말함은 단지 언어의 말함에 대한 응답인 셈이고, 그 응답은 존재의 언어가 말하는 것을 듣고 이해해야 한다는 점을 전제하는 것이다. 따라서 하이데거의 후기사유에서는 전기사유와는 사뭇 다른 언어적 통찰이 전개된다. 그것은 바로 인간이 말하는 것이 아니라, 언어가 말하는 것이며, 인간이 언어를 가지고 있는 것이 아니라, 반대로 인간이 언어에 속해 있다는 것이다. 그의 후기사유에서 언어는 이제 존재의 집이고 인간 본질의 거처가 된다. 그리하여 이제 언어는 실존에 터하고 있는 것이 아니라, 탈존(Ex-sistenz)[131]에 그 거처를 정하게 된다. 하이데거는 「휴머니즘에 관한 서한」에서 이러한 점을 다음과 같이 언급하고 있다.

> 존재의 진리가 사유에 대해 사유할 만한 것이 되면, 언어의 본질에 대한 성찰은 이전과는 다른 위치를 갖게 된다. 그 성찰은 이제 더 이상 단순한 언어철학일 수 없는 것이다. 이런 이유 때문에 『존재와 시간』의 제 34절에서는 언어의 본질적 차원에 대해서 언급했었고, 언어가 존재의 어떠한 방식으로 그때그때 언어로서 드러나는가 하는 점을 언급했었다(BH, 149-150).

하이데거의 이러한 주장처럼 『존재와 시간』 제 34절에서 '언어의 본질 문제'는 크게 두 가지 의미로 그 접근이 시도되고 있다. 하나는 '언어의 개시성'이라는 측면이고, 다른 하나는 '언어의 은폐성'이라는 측면이다. 원래 그가 강조하는 언어 현상은 "현존재의 개시성의 실존론적 틀에 뿌리박고 있기(SZ, 213)" 때문에, 현존재를 통해 존재를 드러내는 데 초점이 모아져 있다. 그렇지만 흔히 세상 사람들의 한 특징으로 지적되는 '잡담(Gerede, 빈말)'과 같은 경우에는, 언어의 본래적 의미 곧 로고스(logos)로서의 의미가 은폐되어 있다고 간주한다. 말하자면 잡담의 경우에는 언급되고 있는 것에 대한 이해가 성취되었다고 잘못 생각하기 때문

---

131) 하이데거는 인간이 이미 존재의 밝음 속에 서 있는 특성을 이처럼 '탈존'이라고 부른다. 그는 기초 존재론(전기사유)에서 우리 인간의 본질을 실존(Existenz)이라고 지칭하였으나, 후기사유에 이르러서는 실존이라 하지 않고 '탈존(Ek-sistenz)'이라고 고쳐 쓰고 있다. 이와 같이 그는 '현존재(Dasein)'도 'Da-sein'으로 표기하는 등, 전회 이후에는 기초 존재론에서 사용했던 근본 개념들을 대부분 포기하고 있다.

에, 이로 인해 모든 새로운 질문과 모든 논쟁 가능성을 억제하고 또한 그것을 특유의 방법으로 누르고 지연시키게 되는 것이다(SZ, 225참조). 이러한 하이데거의 언어의 본질에 대한 현상학적·해석학적 통찰은 현존재의 실존 안에서 비로소 접근 가능하며, 이러한 사태연관을 이해하고 있어야 비로소 하이데거의 기초 존재론적인 지평에서 말과 언어의 관계를 올바르게 해석할 수 있게 된다.[132] 요컨대 하이데거에 있어서 모든 존재자의 존재에 관한 이해는 오직 언어의 본질을 통해서만 밝혀질 수 있는 것이다.

---

132) 워터하우스에 의하면, 기초 존재론에서 현존재의 이해는, 곧 해석의 기초인 '말(discourse)'을 통해 표현되고 드러나기 때문에, 만일 '언어(language)'가 어떤 방식으로든지 '말함(speech)'에 앞선다고 가정한다면, 이것은 언어의 잘못된 이해에서 비롯된 것이라고 주장한다. 이 말은 말함이 곧 언어에 선행하는 것이라는 점을 강조하는 것이다. 물론 이러한 주장은 "언어의 실존론적-존재론적 기초가 말이기(SZ, 213)" 때문에, 그처럼 이해하여도 무방하다고 여겨진다. 하지만 그는 이어서 "언어(language)는 단지 낱말들(Words)의 총체인 데 반해, 말함(speech)이나 말(discourse)은 인간 현존재의 양태이자 인간을 존재하게 하는 토대가 된다"고 주장한다. 우리가 보기에 이러한 주장은 설득력이 없어 보인다. 즉 언어가 단지 낱말들의 총체라는 주장은 하이데거의 '언어'개념에 대한 잘못된 이해에서 비롯된 것이라고 생각된다. 왜냐하면 '말'이 곧 실존론적으로는 '언어'이며, 이러한 '말'이 밖으로 언표된 것이 바로 '언어'이기 때문이다 (SZ, 214참조). 이러한 의미로 하이데거는 '말'을 인간 현존재의 근원적 실존범주라고 하였던 것이다. Roger Waterhouse, *A Heidegger Critique* (New Jersey: Humanities Press, 1981), p.88참조.

Ⅳ. 후기사유에서의 언어

Ⅳ. 후기사유에서의 언어

하이데거의 초기 저작들에서는 존재와 언어의 관계가 명확하지 않은 채로 머물러 있었으며, 심지어 그의 주저인 『존재와 시간』에서도 '존재와 언어'라는 이 주제는 아직도 배후에 가능성으로서 남아 있었을 뿐이었다(US, 92참조). 그러나 이제 그의 후기사유에서는 그렇게 배후에 남아 있었던 '존재와 언어'의 문제가 그의 사상의 핵심으로 부각되기 시작한다. 우리가 그의 전기사유에서 검토해 본 것처럼, 그는 현존재 분석론, 곧 해석학적 현상학을 중심으로 존재에로의 접근을 시도하였다. 그렇지만 '존재자'가 아닌 '존재자의 존재'를 해명하기 위한 가장 손쉬운 방편은 '인간 현존재'를 분석하는 일이었으나, '인간'이란 개념 자체가 너무 애매모호하고, 게다가 인간도 그 존재자적인 측면이 부각됨으로써 도리어 존재 자체를 해명하는 데 적지 않은 걸림돌로 남아 있었다. 그리하여 그는 인간의 존재 측면을 강조하기 위해서, '인간'이라는 개념 대신에 계속해서 '현존재'니 '실존'이니 하는 존재론적 개념을 사용해 왔지만, 그럼에도 불구하고 넘을 수 없는 한계를 발견한 그는

마침내 인간의 존재로부터 존재를 해명하려는 시도 자체를 포기할 수
밖에 없었다.133) 결국 그는 이른바 존재 자체에로의 '전회(Kehre)'를
단행하게 되며, 그의 후기사유에 이르러서는 존재에 대한 물음, 곧
존재에로의 접근방식으로서 예술(Kunst), 그중에서도 특히 詩作
(Dichtung), 그리고 '언어'에 각별한 관심을 기울이게 된다. 더욱이 언
어에 대한 그의 존재론적 해석은 언어를 존재자로서가 아니라 그것에
의해 모든 것이 존재하게 되는 하나의 지평으로 규정한다.

　이제 언어는 단지 우리의 생각을 나타내는 수단이나 도구가 아니라
존재를 개시하는 지평이며, 언어를 통해 존재는 우리에게 말을 걸어온
다는 것이다. 하이데거에 의하면 "언어는 인간이 다른 모든 것과 함께,
그것도 또한 소유하고 있는 한갓된 도구가 아니다. 오히려 인간이 존재
자의 한가운데에 설 수 있는 가능성을 언어가 비로소 열어주는 것이다.
언어가 있는 곳에서만 세계가 있다."134) 이러한 사실은 그의 후기 저
작인 『언어에의 도상』이나 『횔더린 詩에 대한 해명』 등에서 여실히 드
러나는데, 여기서 언어는 '존재의 집'으로서 詩的으로 기능하며, 거기에
서 진정한 존재사유가 이루어질 수 있다는 것이다. 그는 횔더린, 트라
클 등의 詩를 통해, 시야말로 언어를 통해 '존재'를 드러내는 가장 탁월
한 방식이라고 말한다. 여기서 시는 존재의 상기(Andenken)를 가능하
게 하며, 시인은 망각해버린 존재를 다시 회복하고 거기에로 돌아가도
록 상기하게 해 주는 존재의 파수꾼(Wächter)이 된다. 그러기에 시적
언어는 결코 존재자에 대한 표상을 담고 있는 대상적 언어가 아니라

---

133) 신오현, 『절대의 철학』(서울: 문학과 지성사, 1993), 278쪽 참조.
134) M. Heidegger, "Hölderlin und das Wesen der Dichtung", *Erläuterungen zu Hölderlins Dichtung*, Bd. 4(Frankfurt am Main: Vittorio Klostermann, 1981), SS.37-38(이하에서 이 책은 'HD'로 약칭함): 소광희 역, 『詩와 철학』(서울: 박영문고, 1973), 48쪽 참조.

존재에로 이르는 길이 된다. 이처럼 '존재의 집'으로서의 언어는 詩的으로 기능하며, 사유하는 자와 詩作하는 자 모두는 존재의 파수꾼이 되는 것이다.[135]

그는 또한 무엇보다도 존재와 존재자의 '존재론적 차이'를 망각하고 있는, 이른바 '존재망각' 혹은 '존재 부재'의 시대를 '고향상실 (Heimatlosigkeit)의 시대'라고 표현한다. 여기서 '고향'이란 존재자와 구별된 '존재'를 말하며, 사람들은 존재망각의 역사 속에서 자기의 고향을 상실하고 이방인으로서 살고 있다는 것이다. 그에 의하면 "고향상실은 존재자의 존재 포기에 근거하고 있으며(BH, 338)", 또한 고향상실이란 개념을 쓸 때는 기존 형이상학의 잘못된 사고방식 때문에, 고향인 '존재'를 망각하고 있다는 뜻으로 사용하고 있다. 말하자면 과거의 형이상학이 존재를 망각한 결과로, 인간 현존재는 고향인 존재를 잃고 있다는 것이다. 이러한 잃어버린 고향을 다시 찾아 되돌아오는 '歸鄕 (Heimkunft)'은, 곧 망각된 존재를 회복하는 일이자, 마치 플라톤이 이데아의 상기를 주장하듯이, 존재를 상기하는 일이 된다. 따라서 그의 후기사유는 다시 존재에로의 귀향에 초점이 모아지며, 이러한 철학적 사유는 결국 1930년대 중반 이후부터 전개되는데, 이 작업은 예술의 본질을 詩作으로 간주하면서, 그 가운데에서도 특히 횔더린과 같은 시인들의 詩에 대한 관심에서부터 시작된다. 그렇다면 그는 왜 예술의 본질을 詩作으로 이해한 것일까? 그리고 무엇 때문에 횔더린과 같은 시인들의 시에 지대한 관심을 가진 것일까? 또한 詩의 본질은 무엇이며, 그 것은 어떠한 방식으로 존재를 드러내는 것일까? 우리는 이러한 물음에

---

135) 하이데거는 이것을 다음과 같이 표현한다. 즉 "언어는 존재의 집이다. 이 거처 안에 인간은 살고 있다. 사유하는 자와 詩作하는 자는 이 거처의 파수꾼이다(BH, 313)."

주목하면서, 먼저 시인에게 획기적인 의미를 부여하고 詩作을 통해 망각된 존재를 회복하려는 하이데거 존재사유의 도정을 추적해 보고자한다. 그리하여 그의 사유 속에서 존재와 함께 드러나는 '언어'개념을 명확히 해명해 보이고자 한다.

1. 詩作과 언어136)

1) 예술의 본질로서의 詩作

하이데거는 그의 사유의 전 과정에서 예술론적 영역에 속하는 많은 문제들을 고찰하였다. 시적 언어의 본질을 논하기도 하였고, 시인과 철학자의 직능을 비교하기도 하였으며, 시의 존재론적 의의를 철저히 사유하기도 하였다. 그러나 그는 1935/36년에 행했던 「예술작품의 근원」이라는 강연을 위한 논문에서야 비로소 자신의 예술 일반에 대한 입장과 견해를 일목요연하게, 그리고 종합적이고 체계적으로 개진하기에 이르게 된다.137) 그의 후기사유에서 이러한 예술론의 두드러진 부상은

---

136) 우리는 여기서(제 Ⅳ장, 1. 詩作과 언어) 하이데거가 시도하는 '예술작품'이나 '詩'의 해석을 통해 '시의 본질'을 해명하는 과정을 이해하면서, 그것이 어떻게 우리에게 '언어의 본질'을 드러내는지를 밝혀보고자 한다. 말하자면 하이데거가 강조하는 '시의 본질'을 해명하는 과정에서 드러나는 '존재의 언어'에 대한 올바른 이해의 길을 제시하고자 한다. 그리고 나서 다음 절(제 Ⅳ장, 2. 언어의 본질)에서는 이와 반대로 제 1절에서 이해된 언어의 본질, 곧 존재의 언어라는 측면에서 트라클이나 게오르게의 시를 해명·해석하여 그것이 의미하는 바를 밝혀보고자 한다.

137) 하이데거의 예술론에 대해서는 졸고, 「철학과 예술의 화해: 하이데거의 존재론적 예술론」, 『철학연구』 제76집(대한철학회, 2000), 161-182쪽 참조.

128

곧 예술이 '존재의 진리'를 담아낸다는 점에서 철학과 동등한 위치를 점하게 되기 때문이다. 그에 있어서 '예술과 철학'138)은 존재의 진리가 정초되고 개시되는 아주 탁월한 방식인 것이다.

하이데거는 예술의 본질을 "언어의 본질에서 생기하는 詩作(HW, 58)"으로 규정한다. 그는 왜 이처럼 예술의 본질을 시작이라고 이해한 것일까? 만일 그의 주장처럼, 모든 예술이 그 본질에 있어서 '詩作'이라고 규정한다면, 이럴 경우 건축예술, 조형예술은 물론이고 음성예술 등 아마도 모든 예술이 궁극적으로 '詩(Poesie)'로 환원되어야 할 처지에 놓이게 된다. 더욱이 이것이 전부 환원되어야 한다고 간주할 경우, 모든 예술이 '시작'이라는 생각은 너무나 자의적이지 않을 수 없다. 그

---

138) 하이데거는 『존재와 시간』에서 아주 오래전에 플라톤이 "존재를 둘러싼 거인들의 싸움(SZ, 3)"이라 부른 것을 새롭게 부각시키려 한다. 이것은 그의 핵심적인 물음인 존재의 의미를 문제 삼기 위해 제시한 표현이지만, 여기에는 또 다른 깊은 의미가 담겨져 있다. 즉 서양의 역사에서 철학과 예술은 종교와 더불어 공동체의 역사적 운명을 자신의 어깨에 걸머지려는 거인들이었다. 이 두 거인의 영웅적 싸움은 먼저 희랍에서 시작된다. 예를 들면 플라톤은 『국가론』 제10권에서 시인에 대한 추방론을 거침없이 主唱한다. 이는 희랍의 시대적 분위기에서는 가히 혁명적인 주장이었다. 왜냐하면 당시의 대부분의 아테네 시민들은 호메로스의 찬양자들이었을 뿐만 아니라 대부분의 시민들은 인간사의 경영 및 교육과 관련해서, 그에게 배우고 그의 가르침을 따라 자신의 온 생애를 설계하며 살아가려고 하는 사람들이었기 때문이었다. 말하자면 플라톤이 추방하고자 했던 시인은 희랍의 정신적·문화적 근간을 이루는 사람들이었다. 희랍인들의 마음속에 찬양과 숭배의 대상으로 자리잡고 있던 이 '시인 왕'의 자리에, 플라톤은 거침없이 '철인 왕'을 옹립하고자 쿠데타를 감행한 셈이었다. 플라톤은 이른바 '철학과 詩' 혹은 '철학자와 시인' 간의 오래된 불화 속에서 詩的 권위에 대한 도전자로서 등장하고 있다. 그렇지만 하이데거에 있어서 이러한 불화는 사라지게 된다. 그에게 있어 詩와 철학은 존재를 드러내는 방식에 있어서 상호 공속적 운명이 되기 때문이다. Platon, "Republic" in *The Collected Dialogues of Platon*, Edited by Edith Hamilton and Huntington Cairns(New Jersey: Princeton University Press, 1961), p.831참조.

런데 그에 있어서 '예술의 본질이 곧 詩作'이라고 하는 주장은 언어
예술을 포함하는 '광의의 詩作'을 의미하는 것이다. 물론 그는 다양
한 예술 분야 중에서 특히 언어예술, 곧 협의의 詩作(Dichtung)에 특
별한 의미를 부여하는 것 또한 사실이다.[139] 그것은 詩라는 언어를 통
해 존재를 드러내는 것이기 때문에, 이러한 협의의 의미에서 시작의 활
동 영역은 '언어'에 의해 제약될 수밖에 없다. 즉 시라고 하는 예술작품
은 곧 언어작품이다. 그래서 본래적 언어, 즉 '본질의 언어(Die Sprache
des Wesens)'[140]는 처음으로 인간에게 존재자를 존재자로서 비로소
개시해 주는 가장 근원적인 가능성인 까닭에, 이같이 언어를 재료로 하
는 협의의 詩作은 예술 분야 중에서도 탁월한 지위를 점하는 것이다.

그런데 이 탁월한 지위는 언어와 존재자의 비은폐성 사이에서 드러
나는 본질연관을 갖게 된다. 언어를 의사전달을 위한 수단으로 간주하
는 소위 통상적인 언어이해는 그러한 본질연관에 대해 결코 아무것도
보여주지 못한다.[141] 그래서 하이데거는 언어를 단지 의사소통 수단으
로 간주하는 언어관에 대해 다음과 같이 단언하고 있다.

---

139) 폰 헤르만에 따르면, 詩作은 그것이 비록 '예술의 본질'이긴 하지만, 예술
   의 본질을 넘어서까지, 곧 언어의 본질에 이르기까지 자기의 본질을 전
   개시킨다. 따라서 넓은 의미에서 이해하자면, "언어는 그 본질에 있어서
   詩作이며, 또한 시작은 그 본질에 있어서 언어의 근본사건이다"고 말할
   수 있다. 이처럼 언어의 요소들을 띠고 있는 예술 장르는 넓은 의미의 시
   작에, 곧 언어의 본질에서의 근본사건에 가장 가깝다고 할 수 있다. 그렇
   지만 우리가 만일 모든 예술장르의 본질인 넓은 의미의 詩作을 곧 예술
   의 본질이라고 한다면, 이때는 좁은 의미의 詩作이 예술의 본질을 가장
   완벽하게 실현한다고 할 수 있다. F. W. von Herrmann, *Heideggers
   Philosophie der Kunst: Eine systematische Interpretation der
   Holzwege-Abhandlung "Der Ursprung des Kunstwerkes"*,
   (Frankfurt a. M.: Vittorio Klostermann, 1980), SS.334-335참조.
140) 이는 곧 '존재의 언어'를 말한다.
141) Ibid., S.321참조.

언어는 담화(Unterredung)나 협의(Verabredung)를 할 때처럼, 일반적으로 의사소통을 위해 사용된다. 그러나 언어는 꼭 전달해야 할 것에 대한 음성적이고 문자적인 표현에 그치는 것이 아니며, 일차적으로 그럴 수도 없다. 다시 말해 언어는 개시되어 있는 것이든 은폐되어 있는 것이든, 단지 그것을 의미된 것으로서 비로소 단어와 문장을 통해 계속 전달해 나가기만 하는 것은 아니다. 오히려 언어는 존재자를 비로소 처음으로 열려진 場 가운데로 데려온다. 그래서 돌, 식물, 동물의 존재에서처럼, 언어가 현존하지 않는 그러한 곳에서는 존재자의 어떠한 개시성도, 그리고 그와 더불어 비존재자(Nichtseiende)나 공허한 것의 어떤 개시성도 존재하지 않는다(HW, 61).

이처럼 언어를 이해 전달의 매개로 간주하는 일반적인 언어관에서는 '언어의 본질'에로 이르지 못한다. 즉 언어란 그 본질에서 볼 때 하나의 의미와 연결된 언표적 표현만은 아니며, 그러한 언어 규정은 언어의 본질 영역 안으로 들어가지 않고 오히려 언어의 파생적 성격에 매달려 있는 것이다. 그렇다면 언어의 본질은 언어적 표현 내에서만이 아니라 다른 곳에서 찾아져야 할 것이다. 언어가 없는 곳에는 존재자도 없는 것이다. 그래서 하이데거는 언명(Sagen)의 본질을 트임(Lichtung)으로서의 기투와 동일시한다. 그 이유는 언명을 통해 은폐된 존재를 비은폐시킬 수 있기 때문이다.

이러한 의미로 그는 먼저 넓은 의미의 詩作을 예술의 본질이라고 규정하며, 심지어 "언어 자체가 본질적 의미에서 詩作(HW, 62)"이라고까지 말한 것이다. 물론 하이데거가 이렇게 단적으로 언어 자체가 곧 詩作임을 밝히는 것은 이러한 이유에서이다.

詩作이 곧 源詩作(Urdichtung)이기 때문에 언어가 시작인 것이 아니라, 오히려 언어가 詩作의 근원적인 본질을 간직하고 있기 때문에 시가 언어 속에서 발생하는 것이다(HW, 61).

이처럼 詩는 존재를 비은폐시키고 언어를 통해 그것을 정립한다. 즉 예술은 존재의 개시성 속에서의 특별한 詩作이다. 우리가 그것을 전적으로 깨닫지 못한다고 할지라도 이미 언어 속에 그것이 나타나 있다. 이것은 하이데거가 넓은 의미에서 詩作을 언어(말)의 본질적인 내적 통일 속에서 숙고하고 있음을 보여준다(HW, 61참조). 그렇다면 여기서 하이데거는 詩作을 어떻게 이해하고 있는가? 詩作이란 과연 무엇인가? 우선 그 자신의 말을 직접 들어보기로 하자.

> 詩作은 그러나 결코 어떤 임의적인 것을 멋대로 상상해 내는 것도 아니요, 비현실적인 것을 단순히 표상하고 공상하기만 하는 [멋대로의] 비약도 아니다. 밝히려는 기투로서의 詩作이 비은폐성 가운데에 전개될 수 있게 하고 더 나아가 형태라는 윤곽 속으로 던져지는바, 그것은 곧 개시성이다. 詩作이 이러한 개시성을 발생시킴으로써, 이제 개시성이 비로소 존재자의 한가운데에서 이러한 존재자를 빛남과 울림에로 가져가는 것이다(HW, 60).

이러한 말에서 알 수 있듯이, 詩作은 한갓 상상이나 공상의 산물이 아니며, 더욱이 감정에 호소하여 감동을 주는 문학적 의미의 詩作은 더욱 아니다. 詩作은 개시성을 발생시키는 것으로, 이때 개시성이란 開示者를 指向함으로써 비로소 현실화되는 존재를 가리킨다. 즉 작품으로 다가서는 지향에 의해 예술작품 안으로 자기를 정립시키는 '존재의 진리'를 뜻한다. 결국 이러한 개시성에 의해 모든 존재자는 드러나게 되며, 시작은 바로 작품을 통해 존재(진리)를 드러내려는 개시성에 대한 '작품적 응답'인 것이다. 물론 이 작품적 응답이란 말은 작품화의 다른 표현도 아니며, 또한 비은폐성이 산출된 것에 이르는 창작과 바꿔 쓸 수 있는 개념도 아니다. 이것은 존재의 진리가 예술작품을 통해 스스로를 작품에 표출하고 생기하는 것에 대한 하나의 작품적 응답인 것이며, 이러한 존재진리의 경향에 대한 응답을 우리는 '詩作'이라고 이해할 수 있다.

그런데 이러한 모든 응답은 근본적으로 언어 행위이다. 이때의 언어는 단지 의사전달이나 자기표현의 수단으로서 음성적·문자적인 顯示를 의미하지 않는다. 즉 "언어는 밝혀진 것과 감추어진 것을 그와 같은 방식으로 비로소 단어나 문장으로 이끄는 것일 뿐 아니라, 더욱이 존재자를 존재자 자체로서 비로소 열려진 곳으로 가져가는 것이다(HW, 59)." 이와 같이 언어는 존재자를 열려진 곳으로 가져가는 것이므로, 그 자체가 개시성에 대한 하나의 응답인 것이다. 즉 언어는 존재자를 그 자체로서 開顯되는 곳으로 불러내는 命名이라 할 수 있다. 물론 명명은 언어가 불러들이는 존재자를 단어와 현상에로 가져가는 언명을 의미함으로, 언어는 결국 비은폐성의 트임으로 기투되는 언명 외의 다른 것이 아니다. 결국 언어는 존재가 자기 顯現으로서 존재자 자신의 진리로 바뀔 때, 존재 자체가 깃드는 집이며, 존재가 말을 걸어오는 것을 듣고, 그것에 응답하여 언어로서 밝히는 것이 다름 아닌 詩作인 셈이다. 詩作을 바로 이러한 의미로 이해할 때만이, '모든 예술은 詩作이다'라고 하는 하이데거의 명제를 이해할 수 있게 된다. 다시 말해 하이데거에게 있어 예술이란 무엇인가에 대한 숙고는 전적으로 그리고 결정적으로 오직 '존재에 대한 물음'에서부터 규정되는 것이다(HW, 73참조).

이와 같이 하이데거에 있어서 예술은 '작품 속에 진리를 정립하는 것'이다. 그리고 이때 '작품 속에 존재자의 진리를 정립한다'고 하는 것은 존재의 일반적 존재방식인 은폐를 거부하고, 탈은폐 곧 비은폐성이

되도록 顯示하는 것, 바꾸어 말하면 존재자의 근원인 존재진리를 근원
적으로 개시하고 정립하며, 그것을 보호하고 지키며, 거기에 머물러 常
住하게 하는 것을 말한다. 이러한 의미에서 예술의 본질은 詩作이며,
모든 예술작품은 궁극적으로 詩라고 규정할 수 있는 것이다. 요컨대 모
든 예술은 그 본질상 언어의 근본 生起라는 의미에서 언어를 통해 기
투된 詩作일 수밖에 없으며, 이런 의미로 하이데거에 있어서 예술의 본
질은 언어의 본질에서 생기하는 廣義의 詩作인 것이다. 이제 우리는 시
의 본질을 노래하고 詩作하였던 시인인 횔더린에 있어서 詩作의 의미
와 그와 같은 시인들의 사명에 대해 검토해 보고자 한다. 이러한 고찰
은 우리를 '詩의 본질'에 대한 보다 철저한 해명에 이르도록 할 것이다.

2) 횔더린의 詩作과 시인의 사명[142]

하이데거는 전회 이후, 자신의 존재사유의 길을 밝혀주었던 시인들
중 특히 횔더린을 높이 평가한다. 그는 왜 호머(Homer)나 소포클레스
(Sophokles), 혹은 셰익스피어(William Shakespeare, 1564-1616)나 괴
테(Johann Wolfgang von Goethe, 1749-1832)를 택하지 않고, 하필이
면 횔더린을 선택한 것일까? 하이데거가 이처럼 횔더린을 선택한 이유
는 그가 단순한 특정 시대의 특정 민족 가운데서 하나의 철학 사상에

---

142) 횔더린(Johann Christian Friedrich Hölderlin, 1770-1843)은 1801년에 알카
    이오스 頌詩(alkäische Odenstrophe) 형식의 '시인의 使命(Dichterberuf)'
    이라는 시를 썼는데, 이는 원래 2聯의 短詩였던 「우리의 위대한 시인들에
    게(1798)」를 확장해서 쓴 것이다. 여기서 횔더린은 인류문화의 발상지인
    인더스 강에서부터 포도주로 민족들을 잠에서 깨우면서 온 酒神 바커스처
    럼, 시인들은 그들의 노래로 민족들을 잠에서 깨우는 사명이 주어져 있다
    고 강조한다. 물론 하이데거는 이상의 詩題와 같이 시인의 사명을 역설한
    다. 황윤석, 『횔덜린 연구』(서울: 삼영사, 1983), 116-117쪽 참조.

영향을 미치면서 詩作해 왔던 시인이 아니라, 시의 본질을 詩作하는 이른바 '시인들 중의 시인(der Dichter des Dichters)'이었기 때문이다 (HD, 34참조). 말하자면 하이데거에 있어서 횔더린은 신들이 도피한 시대에 새로운 신들의 도래를 기다리는 궁핍한 시대의 시인이었던 셈이다.[143] 이러한 횔더린의 詩作的 사유는 『존재와 시간』이후 암중모색을 거듭하고 있던 하이데거의 존재사유와 운명적인 만남을 갖게 된다. 하이데거는 횔더린의 시작품 속에는 매우 집요한 형태로 은폐된 존재를 개시된 밝힘(트임)에로 가져오는 詩作的 企投가 시도되고 있음을 간파하였으며, 이에 따라 그는 횔더린의 시작품에서 기투되어 있는 존재사유를 철저히 자신의 존재사유의 입장에서 분석·해명해 나갔던 것이다. 하이데거의 후기 저작 속에 횔더린과 연관된 부분이 많은 까닭이 바로 여기에 있다.[144]

하이데거는 1945년 12월 릴케(Rainer Maria Rilke, 1875-1926) 20週忌를 맞아 행한 그의 기념 강연 「시인의 사명은 무엇인가(Wozu Dichter?)」[145]에서, "라이너 마리아 릴케는 궁핍한 시대의 시인인가,

---

143) Otto Pöggeler, *Der Denkweg Martin Heideggers*(Tübingen: Günther Neske Pfullingen, 1983), S.216참조.
144) 하이데거의 저서 중에는 유독 횔더린의 詩에 관한 논문들이 많다. 이는 그가 얼마나 횔더린의 詩에 지대한 관심을 가지고 있었는지 여실히 보여준다. M. Heidegger, *Erläuterungen zu Hölderlins Dichtung*, Bd. 4(Frankfurt am Main: Vittorio Klostermann, 1981); *Hölderlins Hymnen* ≫*Germanien*≪ *und* ≫*Der Rhein*≪, Bd. 39(Frankfurt am Main: Vittorio Klostermann, 1980); *Hölderlins Hymnen* ≫*Andenken*≪, Bd. 52(Frankfurt am Main: Vittorio Klostermann, 1982); *Hölderlins Hymnen* ≫*Der Ister*≪, Bd. 53(Frankfurt am Main: Vittorio Klostermann, 1984); "……Dichterisch Wohnet der Mensch……", *Vorträge und Aufsätze* Bd. 7(Tübingen: Neske, 1954).
145) 이것은 하이데거가 횔더린의 悲歌 "빵과 포도주(Brot und Wein)"에 나오는 "(……) 그리고 이 궁핍한 시대에 무엇을 위한 시인인가(und wozu

그의 詩作은 시대의 궁핍과 어떤 관계가 있는가? 그의 詩作은 심연에 얼마나 깊이 도달하고 있는가? 갈 수 있는 곳까지 간다면 그 시인은 어디까지 가는가?(HW, 274)"라고 물음을 제기한 바 있다. 여기서 그는, 횔더린의 시대는 물론 오늘날에도 '궁핍한 시대(dürftige Zeit)'이며, 이 시대는 옛날의 신은 없어져 버리고 신을 대신할 '새로운 것'은 아직 나타나지 않은 밤의 심연이 드리워진 시대라고 규정한다. 더욱이 '신의 결여'를 결여로서 심각하게 인식하지 못하는 것이야말로 '가장 심각한 궁핍함'이라고 해석한다. 그리고 나서 이러한 궁핍한 시대에 있어서도 아직 전회의 길(Weg)을 찾을 수 있는 가능성을 제시하는데, 그것은 바로 인간이 자기의 고유한 본질 속으로 들어갈 길을 발견할 때만이 가능하다는 것이다(HW, 269참조). 그렇다면 그가 제시하는 이러한 전회의 길을 우리는 어떻게 찾을 수 있는가?

그에 따르면 '궁핍한 시대의 시인'[146)]이란, 성실한 태도로 酒神을 노래하면서 사라져버린 신들의 흔적을 느끼고 그 흔적 위에 머무르며, 이렇게 하여 자신과 동류인 인간을 위해 전회의 길을 찾아주는 인간으로 해석된다(HW, 272참조). 말하자면 고향 상실(존재망각)의 시대에 시인

　Dichter in dürftiger Zeit)?"에서 인용한 제목으로, 삼위일체를 이루고 있는 헤라클레스, 디오니소스, 그리스도가 세상을 떠난 후의 밤이라는 시대는 궁핍한 시대이며 신의 부재, 즉 신의 결여라고 규정짓고 있다. 이렇게 되자 결국 심연(Abgrund), 곧 맨 밑바탕이 없어진 시대, 근거를 완전히 잃어버린 시대가 되고 말았다는 것이다(HW, 269참조).

146) 뢰비트는 이러한 하이데거의 표현을 다시 빌려, 자신의 저서 제목을 『하이데거 - 궁핍한 시대의 사상가』라고 명명하고 있다. 이것은 하이데거가 횔더린의 시에 나오는 한 구절을 인용하여 릴케를 '궁핍한 시대의 시인'으로 표현하였듯이, 뢰비트 자신도 하이데거를 '궁핍한 시대의 사상가'로 묘사한 것이다. Karl Löwith, *Heidegger-Denker in dürftiger Zeit*(Stuttgart: J. B. Metzlersche Verlagsbuchhandlung, 1984).

은 고향(존재)을 느끼고 그 흔적을 표현하면서 귀향의 길을 안내하는 자
이다. 바로 여기에 시대의 운명에 적합한 '시인의 사명((Dichterberuf)'이
있다. 그리하여 이 시대의 선구자인 시인은 이 세계 모든 이들에게 감춰
져 있는 존재의 드러남을 보여주어야 한다. 즉 '궁핍한 시대의 시인'은
詩의 본질을 노래 부르지 않으면 안 된다(HW, 272참조). 이러한 詩의
본질에 대한 노래는, 곧 '언어를 통해 존재의 개시(드러남)를 보여주는
것'임은 물론이다. 그에 있어서 횔더린은 詩의 본질을 노래한 가장 대표
적인 시인이다. 이처럼 詩의 본질을 노래한 횔더린 자신의 근본적 사유
는 1802년 12월 2일 뵐렌도르프(Boehlendorf)에게 보낸 그의 편지의 한
구절에서도 쉽게 발견할 수 있다.

그리고 나의 창가를 둘러싸고 있는 철학적 빛(philosophische
Licht)은 지금 나의 기쁨이다; 내가 지금까지 온 바와 마찬가지
로, 나는 그것을 이제부터 보전하고자 한다(HW, 273)!

위의 말에서 알 수 있듯이, 횔더린의 시적 작업(詩業)은 언어를 통
한 존재의 건립이라는 시인의 주체적인 역할이, 곧 '철학적 빛'으로 사
유하는 철학자와 조금도 다르지 않다는 사실을 여실히 보여준다. 말하
자면 그는 시인의 사유도 존재의 빛을 받아 규정되는 여하한 장소에까
지 미칠 수 있음을 밝히고 있다. 그리하여 횔더린의 詩業은 그 시대의
어떤 시인에게서도 찾아볼 수 없을 만큼 그 장소에 친근하게 자리잡고
있다. 횔더린이 도달한 그 장소란 존재(의 진리)가 개시(트임)되는 곳
이거니와, 이 개시 자체는 존재의 역운에 속하는 것으로서 존재로부터
시인의 사유에까지 미치는 것이다(HW, 273참조). 그렇지만 詩가 '언어
에 의한 존재의 건립'인 한에 있어서, 이러한 시인의 권한과 역할은 결
코 시인만의 것이 될 수 없고, 오히려 그것은 모든 인간의 것으로 일반

화될 수밖에 없다. 그래서 그는 "인간 현존재는 근본에 있어서 시인적
이다(HD, 42)"고 하면서, 또한 "인간은 시인으로서 이 세상에 산다
(HD, 33)"고 강조한 것이다.

시인의 사명과 임무는 단지 이것뿐이 아니다. 하이데거에 의하면 시
인의 詩作은 또한 근원적으로 신들을 명명하는 일이기도 하다(HD, 45
참조). 시인이 신들을 명명할 수 있는 것은 시인 자신의 능력에 의해서
가 아니라 신들로부터 증여된 것이며, 이는 신들의 눈짓을 파악하여 전
하는 것이다. 신들의 말은 눈짓으로만 나타난다. 시인의 말, 즉 詩作은
바로 이러한 신의 눈짓을 파악하여 이것을 다시금 민족에게 전달하는
것이다. 이처럼 시인은 신들의 눈짓을 파악하는(곧 존재의 부름에 화답
하듯) 중대한 사명을 띠고 있다. 즉 "시인은 신들을 命名하고 또한 모
든 사물도 그 본질에서 명명한다. 이 명명은 이미 알려진 것을 다만 명
칭만으로 불러보는 것이 아니다. 시인은 본질적 언어로 말하기 때문에,
이 명명을 통해 비로소 존재자가 그 본질로 규정되는 것이다. 그리하여
그것은 존재자로서 알려지는 것이다(HD, 41)." 그는 횔더린의 「회상
(Andenken)」이라는 詩를 해석하면서, 성스러운 것(Das Heilige)은 모
든 인간과 신들을 넘어서 있어서 시인은 다만 성스러운 것에 '인사
(Gruß)'할 뿐이라고 하며, 그것도 시인이 그 성스러운 것으로부터 인사
를 건네어 받을 때에 한해서라고 말한다(HD, 105참조). 즉 인사를 건네
어 받은 자로서의 시인은 '성스러운 것'의 전령일 뿐이며, 이 전령으로
서의 시인의 역할은 운명적인 것이다. 운명적으로 성스러운 것의 인사
를 받은 시인은 모든 일상적인 것으로부터 탈피하여 성스러운 것이 그
에게 보내는 인사를 그대로 전달하며 그에게 접근하는 성스러운 것의
모습을 그대로 전개할 수밖에 없다. 사유하는 자와 詩作하는 자(시인)
의 존재방식은 이처럼 '존재의 자기 개시'라는 진리 사건에 불가피하게

138

공속되어 있는 운명이다. 이때의 운명은 자체적으로는 자유인 존재에 불가항력이 된다. 따라서 진정한 의미에서 존재의 진리 안에 소환받은 사상가나 시인은 존재의 도래에 응답하는 방식 이외에 다른 방식으로 존재할 수 없는 것이다. 그래서 하이데거는 '고향의 大地'를 찬미하는 횔더린의 讚歌「遍歷(IV, 167)」 속의 다음과 같은 말을 반복해서 강조한다. 즉 "근원 가까이에 거주하는 이는 그 자리를 떠나기가 어려우리라(HD, 145; HW, 66)."

이와 같이 하이데거는 횔더린의 詩作과 철학적 사유는 운명적으로 동일한 근원, 곧 존재를 노래하는 것으로 간주한다. 그러므로 철학적 사유와 마찬가지로, "詩도 일체 사물의 존재와 본질을 건립하고 명명하는 것(HD, 43)"이다. 이것은 모든 사물의 존재와 본질이 시인의 詩, 곧 존재의 언어에 의해서 건립되고 개시된다는 말이다. 그렇지만 이러한 詩를 표현하는(곧 존재를 개시하는) 시인의 말을 이해하기 위해서는 먼저 그 전제로서 사유하는 자가 존재해야 한다. 사유하는 자로서의 인간 현존재를 전제로 해서만이 언어에 의한 존재의 건립인 詩가 가능하게 되는 것이다. 따라서 이젠 詩作하는 자의 전제로서 '사유하는 자'가 등장한다. 여기서 우리는 詩作과 사유의 상호 공속성을 또다시 확인하게 된다. 하이데거는 시인의 詩作과 사상가의 思惟 속에는 각각의 사물, 나무, 산, 집, 새들의 지저귐들이, 어떤 일상적인 모습을 완전히 벗어나서 전혀 색다른 세계공간(weltraum) 속에 간직되고 나타난다고 주장한다(EM, 29참조). 이렇듯 일상적인 모습, 일상적인 통념 속에서의 존재는 언제나 은폐되어 드러나지 않는다. 그렇다고 우리가 존재를 말할 수 없는 것은 아니다. 그는 존재망각의 일상적인 통념을 벗어나서 존재 회복 혹은 존재 상기를 외치는 진정한 의미의 사유하는 자, 詩作하는 자를 열망한다. 그의 사유에 있어 횔더린, 릴케, 게오르게 등의 시

인들은 진정한 의미에서 언어의 본질, 곧 존재의 본질을 깨달았던 사람
으로 평가되고 있다. 이 중에서 특히 횔더린은 단순히 한 특정 시대의
특정 민족 중에서 하나의 文學思潮를 형성시키면서 詩作해왔던 시인이
아니라, 詩의 본질을 詩作했던 '시인들 중의 시인'이었다. 그는 횔더린
의 작품 속에서 존재자 전체의 비은폐성을 개시된 밝힘(트임)에로 가
져오는 '詩作的 企投'가 매우 집요한 형태로 시도되고 있음을 간파하고
서, 횔더린의 詩작품에서 기투되어 있는 '존재의 사유'를 철저히 그 자
신의 존재사유의 입장에서 분석·해명해 나갔던 것이다. 바로 이러
한 이유에서 그는 횔더린의 詩를 높이 평가하였고 또 천착하였던 것
이다. 그렇다면 횔더린과 같은 시인들이 노래한 詩作의 본질은 과연
무엇인가?

3) 詩作의 본질

하이데거는 「예술작품의 근원」을 쓰고 난 후, 대략 1년 후인 1936년
「횔더린과 시의 본질」이라는 논문을 발표하였다. 여기서 그는, 이미 앞
에서 언급한 바와 같이 시인들 중의 시인이며 근원적인 의미에서 시인
의 사명을 다하였던 횔더린이 그의 작품들에서 보여주는, 이른바 '詩作
의 본질'에 관한 결정적이고 중요한 다섯 가지 주요 구절들을 인용하면
서, 그것의 의미에 대해 비교적 상세하게 밝히고 있다(HD, 33-48참조
).147) 여기서 하이데거는 횔더린의 詩作이 시작의 본질을 나타내는 근
원적인 의미를 지니고 있기 때문에, 많은 시인들 중에서 특히 그(횔더

---

147) 뢰비트의 말대로, 어떤 감동적인 시 한편을 다른 문학자나 문예 비평가가
　　그것에 대해 비평을 하는 것도 나름대로 의미가 있겠지만, 사상가의 시각
　　을 통해 시인의 작품을 해명한다는 것은 분명히 그 접근방식에 있어서 그
　　들과는 아주 다른 의미를 지닌다. Karl Löwith, op. cit., S.186참조.

린)에게 주목하고 있는 것이다. 그렇다면 하이데거는 시작의 본질을 어떻게 이해하고 있는가? 우리는 이제 그의 논의에 따라 다음과 같은 다섯 가지 인용 구절을 길잡이로 하여 그가 밝히고 있는 '詩作의 본질'과 그것이 '언어와 어떠한 연관성'[148]을 가지는지에 대해 살펴보고자 한다.

첫째, 詩作, 이것은 모든 인간사 가운데 가장 순진무구한 일(Unschuldigst)이다.

둘째, 그리하여 모든 財寶 중에 가장 위험한 재보(Güter Gefahrlichstes)인 언어가 인간에게 주어졌으니 (……) 그것으로 인간은 자신이 무엇임을 證示해야 한다.

셋째, 인간은 많은 것을 경험하였다. 많은 신들이 명명된 것은 우리가 하나의 대화이고 서로서로 들을 수 있게 된 이래의 일이다.

넷째, 머무르는 것(常主)은, 그러나 시인이 건립한다.

다섯째, 功業은 많다. 하지만 인간은 시인으로서 이 세상에 산다.

먼저, 첫 번째로 "詩作은 가장 순진무구한 일"이라는 인용 구절에 대한 해석이다. 횔더린은 1799년 그의 어머니에게 보낸 편지에서, 詩作을 '모든 일들 중에서 가장 순진무구한 일'이라고 말한다. 그렇다면 그가 여기서 詩作이 인간사의 모든 일들 중 가장 순진무구한 일이라고 한 이유는 무엇인가? 그것은 시작이 언어에 의해 이루어지는 유희(Spiel)라는 형태로 나타나기 때문이다. 말하자면 유희는 언제나 어떠어떠하게 책임을 지우는 결단의 엄숙성과는 달리, 완전히 순진무구하고

---

148) 이와 관련하여 비멜도 지적하였듯이, 현재 우리의 논의는 하이데거와 횔더린 간의 관계를 보여주려는 것이 아니라 '언어와 詩作'의 관계에 대해 다루어 보고자 하는 것이다. Walter Biemel, "Poetry and language in Heidegger" in *Martin Heidegger: Critical Assessments* (Ⅲ), Edied by Christopher Macann (London/New York: Routledge, 1992), p.232참조.

단순한 이야기에 불과하기 때문에 현실을 변화시키는 행동과는 무관한 것이다. 이처럼 詩作은 유희의 형태로 나타나며, 상상의 세계 속에 머물기 때문에 어떠한 실제성도 지니고 있지 않은 것이 대부분이다. 따라서 詩란 직접적으로 실제적인 것에 관여하여 그것을 변경시키는 행위와는 아무런 관련성을 가지고 있지 않으며, 특히 외견상으로 볼 때, 단지 상상력과 언어에 의해서만 예술작품으로 형상화되기 때문에 순진무구하고 무해할 수밖에 없다. 그래서 하이데거는 이렇게 말하기도 한다.

> 詩는 꿈과 같은 것이긴 할지언정 현실은 아니며, 언어 가운데
> 에서의 유희이긴 하나 엄숙한 행위는 아니다. [그러므로] 詩作
> 은 순진무구하고 무력하다(HD, 35).

이 첫 번째 구절에서는, 하이데거도 지적하듯이 비록 詩作의 본질은 드러나지 않지만, 그것을 어디에서 찾을 것인가에 대한 암시를 발견할 수 있다. 그는 "한갓된 언어보다도 더 순진무구한 것이 무엇이겠는가 (HD, 35)"라고 하면서, 시는 순진무구한 언어로써 이루어지는 것이기에, 그 자체가 곧 순진무구하고 무해한 것이기는 하지만, 詩作은 그것의 작품을 언어의 영역 속에서, 그리고 언어라는 소재로부터 만든다는 사실을 위의 첫 구절은 보여주고 있는 것이다.

그리고 두 번째 인용 구절인 "언어는 가장 위험한 재보이다"에 대한 해석이다. 여기서 하이데거는 다음과 같은 횔더린의 시를 먼저 인용한다:

> 그러나 인간은 오막살이에 살며, 부끄러워 옷으로 몸을 감추
> 고 있다. (……) 무녀가 성화를 지키듯이, 그는 정신을 지킨다.
> 이것이 그가 인간된 까닭이다. 그러므로 신을 닮은 인간에게는

자유, 즉 명령하고 실행하는 보다 높은 힘이 부여되었다. 그리고 그것으로 해서 모든 재보 가운데 가장 위험한 재보인 언어가 인간에게 주어졌다. 그가 창조하고 파괴하고 몰락하면서 영원히 사는 여주인인 어머니에게 되돌아가기 위해서. 또한 자신이 무엇인가를 스스로 證示하기 위해서. (……) (HD, 35)

이러한 휠더린의 시를 인용하고 나서, 그는 곧바로 이 두 번째 구절이 과연 첫 번째 구절인 "詩作은 가장 순진무구한 일"이라고 하는 말과 양립가능한지를 묻는다. 그러면서 그는 이보다 먼저 해명되어야 할 몇 가지 선결문제들을 이와 같이 제시한다. 즉 언어는 누구의 財寶인가, 어떠한 의미에서 그것은 가장 위험한 재보인가, 그리고 도대체 그것은 어떠한 의미에서 재보인가.

하이데거에 의하면, 우리 인간은 자기 자신이 무엇인지를 證示하지 않으면 안 되는 자이다. 證示한다는 것(Zeugen)은 우선 입증한다는 것(Bekunden)을 의미하며, 그러나 동시에 그것은 입증된 것에 대하여 책임을 진다는 의미도 포함한다. 따라서 "인간은 자기의 현존재를 확증함(Bezeugung)이라고 하는 바로 그러한 방식으로 '존재하는 자'이다(HD, 36)." 이 확증은 인간 존재에 대한 부가적이고 부차적인 표현이 아니라, 그것이 인간 현존재를 함께 구성하고 있는 것이다. 그런데 인간은 무엇을 확증하는가? 그것은, 모든 인류가 공통적으로 갖고 있는 어떤 선험적 본질을 자신도 어떤 방식으로 공유하고 있다는 점을 말하는 것이 아니다. 오히려 그것은 존재와의 거부할 수 없는 관련성을 자신의 존재가능으로 받아들임으로써 존재를 이해하고 존재에 대한 관심을 가지며 존재그 자체를 문제 삼는 방식으로만 존재할 수 있는 실존으로서의 자신을 스스로 밝히는 것이라고 할 수 있다(SZ, 314참조). 그런데 이러한 인간 존재의 확증 및 인간 존재의 본래적 실현에 대한 확증은 결단의 자유로

부터 일어난다. 이 결단은 필연적인 것을 파악하고 자기를 최고 요구의
속박으로 내세운다. 이때 존재자 전체로의 귀속성을 증시하는 존재는
역사로서 일어난다. 이 역사가 가능하기 위해서 인간에게 언어가 주어
져 있는 것이다(HD, 36참조). 따라서 언어는 인간에게 있어서 오직 그
것을 통해서만 자신의 현존을 확증할 수 있는 매우 소중한 재보가 아닐
수 없다.

그렇다면 언어는 왜 '가장 위험한 재보'인가? 하이데거에 따르면, 그
것은 언어가 있음으로써 비로소 생겨나는 모종의 위험이 인간 현존재
의 존재론적 상황을 더 없는 위험 가운데로 몰아넣을 가능성을 만들어
내기 때문인데, 그러한 위험은 곧 "존재자에 의한 존재의 위험이다
(HD, 36)." 인간은 언어에 의해 비로소 개시되지만, 반면에 언어가 또
한 존재 상실의 가능성, 즉 위험의 가능성을 만들어내기도 한다. 말하
자면 언어는 자신 속에 부단한 위험을 지니고 있는데 그것은 존재자를
있는 그대로 작품 속에 나타내고 그것을 작품 속에서 보유하는 것이
언어의 사명임에도 불구하고 언어에 있어서는 가장 순수한 것, 가장 깊
이 감추어져 있는 것과 마찬가지로 혼란한 것, 저속한 것까지도 언표될
수 있기 때문이다. 뿐만 아니라 "본질적인 언어도 그것이 이해되고 만
인의 공동 재산이 되기 위해서는 스스로 俗化되지 않으면 안 된다(HD,
37)." 즉 언어는 존재자를 작품 가운데로 나타내고, 그것을 보존해야
할 사명을 지니고 있으면서 동시에 고귀하고 순수한 것은 물론, 저속하
고 통속적인 것까지도 무차별적으로 언표해야 하는 자신의 처지로 말
미암아 스스로 속화되지 않을 수 없는 운명에 놓이게 되는 것이다. 그
러므로 위험은 바로 이러한 언어가 운명적으로 속화되는 데서 증대하
게 되며, 인간의 재보인 '언어'는 바로 이러한 위험한 상황에 놓여 있으
면서 끊임없이 제자신이 만들어낸 가상을 쓰고 나타나기 때문에 순수

한 언명인 자기의 가장 고유한 것을 위험하게 만드는 것이다.

끝으로, 그렇다면 어떤 의미에서 언어는 인간의 재보란 말인가? 우리가 언어를 사용하여 인간의 경험과 결의와 기분을 전달하기 때문에 단지 그것이 재보인 것은 아니다. 언어는 인간이 다른 모든 것과 더불어 가지고 있는 단순한 도구가 아니라 도리어 언어가 그 모든 존재자를 가능하게 하는 것이다. 말하자면,

> 오직 언어가 있는 곳에만 세계가 있다. 즉 결단과 활동, 행동과 책임, 자의와 소란, 퇴락과 착란이 끊임없이 변화하고 일어나는 세계가 있다. 오직 세계가 있는 곳에 역사가 있다. (……) 언어는 인간이 역사적인 것으로 존재할 수 있도록 보증을 주고 있다. 언어는 인간이 자의로 처리할 수 있는 도구가 아니라, 인간 존재의 최고 가능성을 좌우하는 생기(Ereignis)이다(HD, 38).

이와 같은 두 번째 구절에 대한 해석에서 드러나듯이, 언어를 가지고 노는 유희로서의 詩作은 가장 순진무구한 人間事이기는 하지만, 동시에 그 언어는 그 자신의 거부할 수 없는 본질 때문에 증대되는 위험 가운데에서도 그것으로서 인간이 자신의 현존을 증시해야 하는 가장 위험한 財寶이기도 하다. 말하자면 여기서 하이데거는 언어를 한갓 의사소통의 수단이나 도구로 간주하는 통상적인 언어관을 넘어서서, 이른바 언어를 인간 존재의 근원적 생기로서 證示해 보이고자 한다.

다음은 세 번째 인용 구절인 "우리가 하나의 대화이다"에 대한 해석이다. 두 번째 인용 구절에서 검토하였듯이, 하이데거에 의하면 언어가 있는 곳에만 세계가 있고 세계가 있는 곳에 역사가 있다. 언어는 이러한 의미에서 인간 최고 가능성의 생기이다. 그렇다면 그러한 언어는 어떻게 生起하는 것인가? 이에 대한 하이데거의 말을 먼저 들어보기로

하자.

> 우리(인간)는 하나의 대화이다. 인간의 존재는 언어에 근거하
> 고 있으나, 언어는 본래 '대화'에서 비로소 생기한다. (……) 그
> 러나 대화는 언어가 실현되는 단순한 방식에 불과한 것이 아니
> 라, 오히려 언어는 대화로써만 본질적일 수 있다(HD, 38).

만일 인간의 존재가 이처럼 언어에 근거하고 있고 언어는 본질적으
로 대화에서 생기한다고 한다면, '대화(Gespräche)'란 과연 무엇인가?
흔히 대화는 '무엇에 관하여 서로 이야기함'을 뜻한다. 서로 이야기함
(Miteinandersprechen)이란 들을 수 있음을 전제로 하고, 다시 들을 수
있음은 낱말(Wort)의 가능성을 전제로 한다. 이 낱말의 가능성이란 그
낱말이 낱말로서 쓰일 수 있는 상황에서 자신에게 위탁된 소임을 실현
하는 것을 말한다. 이 근본적인 가능성을 단적으로 '대화'라고 하이데거
는 명명한다. 그리고 우리가 서로 들을 수 있고 말할 수 있는 것은, 대
화라는 상황에 우리를 둘 수 있기 때문이 아니라 우리 자신이 바로 '대
화'이기 때문이라고 단언한다.

하이데거의 말대로 우리는 하나의 대화이다. 우리가 하나의 대화
인 것은 언어가 본질적으로 우리를 형성함을 의미한다. 인간 현존
재의 근거는 이제 언어의 본질적인 생기로서의 대화이다(HD, 40참
조). 따라서 인간은 하나의 대화이고 대화를 통해 하나가 된다. 이 대
화라는 언어에 기초해서 인간은 자신과 일치하는 것이다. 그리고 인간
은 언어를 근거로 해서 하나가 되고, 또 본래적인 그 자신이 된다. 즉
대화와 대화의 통일에 인간의 현존재가 걸려 있는 셈이다. 이제 우리는
어떻게 우리가 대화이며 또 언제부터 대화인가를 해명함으로써, 신을
명명하고 세계를 경험하는 근원적인 가능성으로서의 언어의 본질을 비

로소 깨닫게 된다. 그러면, 먼저 우리는 언제부터 '하나'의 대화인가? 인간이 하나의 대화인 것은 시간이 존재하는 그때 이후부터이다. 시간이 성립된 이래로 그때부터 인간은 역사적으로 존재한 것이다. 하나의 대화적 존재라는 것과 역사적 존재라는 이 양자는 그 근원이 동일하고 서로 공속하는 동일자이다. 우리는 시간과 더불어 대화가 된 이래, 우리는 많은 것을 경험했을 뿐만 아니라 많은 신들을 명명하였다. 언어가 대화로서 생기하면서 신들은 언어로 표현되고 세계는 현상에 이르게 된다. 그러나 신들이 표현되고 세계가 현상하는 것은 언어가 생기한 결과에 의해서가 아니다. 그것들은 언어와 함께 동시적으로 생기한다. 왜냐하면 신들이 명명되고 세계가 언어로 나타남으로써만 우리 자신인 대화가 비로소 성립하기 때문이다. 원래부터 언어는 신들의 부름에 대한 우리의 응답의 한 방식이기 때문에, 신들이 말로 표현하는 일은 그들이 인간에게 말을 걸어서 인간이 그들의 요구에 응답하도록 할 때에만 가능하다. 이처럼 신들이 인간을 대화로 데리고 온 이래로, 그리고 시간이 있게 된 이래로 인간 현존재의 근거는 대화이다. 물론 이것이 바로 '언어'를 인간 현존재의 최고 生起라고 하는 이유이기도 하다(HD, 40참조).

다음은 네 번째의 "머무르는 것은 시인이 건립한다"라는 구절이다. 하이데거가 휠더린의 시『回想』의 결구를 인용하고 있는 이 구절은 우리에게 '詩作의 본질이 무엇인가'를 이해하는 데 결정적인 단서를 제공해 준다. 왜냐하면 여기서 하이데거는 시는 무엇이며, 시인은 무엇을 하는 사람인지를 분명히 말해 주고 있기 때문이다. 그에 따르면 "시작의 본질은 언어에 의한 존재를 건립함(HD, 41)"이며, "시인은 머무르는 것을 건립하는 자(HD, 41)"이다. 그렇다면 여기서 시인은 이 '머무르는 것'을 어떤 방식으로 건립하는가? 그것은 명명의 방식에 의해서이다. 시인은 언어로써 신들을 명명하고, 사물을 그 본질에서 명명한다. 명명은 단지 이미 알려져 있는 것을 다만 명칭만으로 불러보는 공허한 부름을 뜻하는 것이 아니라, 무차별적 혼돈의 어둠 가운데에 있는 것들을 각각의 고유한 본질과 形相에로 해방시켜 주는 것을 의미한다. 즉 "사유가는 존재를 언표하고, 시인은 성스러운 것을 명명한다(WM, 312)." 그리고 이처럼 시인들이 명명하는 것은 존재하는 존재자를 존재자로 현전시키기 위하여 그것을 이름지어 불러냄(명명)으로써 그것의 존재를 건립하려는 것에 다름 아니다. 이를 바꾸어 표현해 보면, 언어를 통해 존재를 건립하고 상주하는 것이 이렇게 의미를 갖게 되는 것은 바로 시인들의 명명에 의해서라는 것이다. 물론 이러한 시인은 비단 문예가만을 뜻하지 않는다. 아마도 이 세상에서 본질적인 언어에 의해서 존재를 건립하려는 이는 모두가 시인일 수 있으며, 따라서 인간 현존재는 모두가 그 근본에 있어서는 시인적이라고 할 수 있다.

끝으로, 다섯 번째의 "인간은 시인으로서 이 세상에 산다"고 하는 인용 구절에 대한 해석이다. 인간이 활동하고 추구하는 것은 인간이 스스로 노력함으로써 얻어지는 것이기에, 이것은 그의 功業이기는 하다. 그러나 이러한 모든 것들이 인간이 이 세상에서 살고 있는 바의 그 본질과 엄밀하게 관련되지는 않는다. 그리고 인간 현존재가 그의 근본에 있어서 '시인적'이라는 말은, 그것이 곧 현존재 자체에 건립·정초되는 여하한 功業이라는 뜻이 아니다. 그것은 오히려 인간 현존재에게 근원적으로 贈與되는 것을 의미한다. 따라서 우리가 詩作을 자유롭게 증여되는 신들과 사물들의 본질을 명명하는 것이라고 생각한다면, 인간 존재도 이러한 증여로서 詩作 가운데에서 그 자신의 근거를 갖게 된다. 그러므로 인간 존재는 그 근원에 있어서 詩作的 존재 혹은 시인적 존재라고 할 수 있다. 詩作에 대한 하이데거의 다음과 같은 표현들은 詩

作의 의미를 더욱 분명하게 규정한다.

　詩作은 현존재에 수반되는 한갓된 장식품도 아니고 일시적인 감상도 아니며, 열중이나 오락 따위는 더욱더 아니다. 시작은 역사를 걸머지는 근거임으로 해서, 한낱 문화현상이나 나아가서 '정신문화'의 단순한 표현도 아니다(HD, 42).

　詩는 일체 사물의 존재와 본질을 건립하고 명명하는 것이어서, 결코 임의의 요설이 아니라 오히려 그것으로 인하여 비로소 우리가 일상의 언어 가운데에서 이야기하고 담론하는바 일체의 것이 드러나는 것이다(HD, 43).

　詩는 언어를 하나의 현존하는 창작소재로서 받아들이는 것이 아니라, 시 자신이 비로소 언어를 가능하게 한다. 시작은 역사적 민족의 원어(Ursprache)이다(HD, 43).

詩 혹은 詩作의 의미가 이러하다면, 이제 언어의 본질은 시작의 본질에서 사유되지 않으면 안 된다. "시작은 외형적으로는 유희처럼 보일지도 모르지만, 사실은 그렇지 않다(HD, 45)." 시인은 어린이가 모래 위에 모래성을 짓다가 다시 허물며 유희하듯 언어를 가지고 유희하는 것처럼 보이지만, 사실은 시인이 수행하는 詩作이라는 인간사는 자신의 현존재를 근원적인 결단에로 몰아세우는 엄숙하고 준엄한 과업이다.

또한 詩作의 본질은 외관에 있어서는 동요하며 모종의 혼란 속에 있는 것처럼 보일지 모르지만, 사실은 견실하고 확고한 것이다. 왜냐하면 詩作이야말로 무엇인가를 '근원 위에 세우는 것'이며, 근원 위에 세워진 것만이 진정한 의미에서 견실하고 확고한 것이기 때문이다. 그렇다면 여기서 시작은 과연 무엇을 건립하는 것인가? 단적으로 말해 시작이 건립하는 것은 바로 '존재'이다. 민족의 원어로써 이러한 존재를 세우는 詩作은 이중의 제약 가운데 그 임무를 수행한다. 그 첫째는 신을 명명하는 시인의 근원적인 명명이 바로 신들 스스로가 언어에 도래한다는 사실에 의해 제약되는 것인데, 시인들이 이렇게 자신들의 언어 가운데서 신을 불러들일 수 있는 힘은 바로 신 자신에 의해 주어진 것이다. 즉 시인은 존재나 신들을 창조하지 않는다. 시인들의 언어는 오직 그들이 우리에게 말을 걸어올 때라야만 비로소 그들의 명명력을 지니게 된다. 즉 신들에 대한 우리들의 명명은 항상 그들의 부름에 대한 응답이다. 그런데 우리에게 말을 거는 신들의 언어는 눈짓(Winke)으로 표현되는데, 시인들의 임무는 바로 이러한 눈짓을 인지하여 받아들이고 다시 자기 민족에게 눈짓으로 전하는 것(受與)이다(HD, 46참조). 따라서 수임(受任)과 수여에 의해 존재를 세우는 시인의 詩作은 철두철미 신들의 눈짓(암시)에 의해 좌우된다.

그리고 詩作의 두 번째 제약은 시인들의 말이 '민족의 소리'를 해석하는 것이어야 한다는 점이다(HD, 46참조). 민족의 소리는, 이를테면 한 민족의 전설과 같은 것으로서, 그 가운데에는 모든 것이 침묵과 무기력 가운데 묻혀져 있고 스스로 언표될 수 있는 상황이 허락되어 있지 않으므로, 누군가 그 묻히고 은폐된 소리(전설)의 본질적인 뜻을 해석해 줄 사람을 필요로 하게 된다. 그리하여 시작의 본질은 신들의 눈짓과 민족의 소리라는 배타적이고 대립적인 법칙 사이에 정립되며, 시인은 이 양자의 매개를 자신의 사명으로 받아들이면서 신과 인간의 매개자로서 자신을 정립한다. 따라서 시인은 "신들과 인간들 사이의 그 중간에 내던져진 존재이다(HD, 47)." 그러므로 "이 중간에서만, 그리고 그곳에서 비로소 인간이란 누구이며 어디에 그 현존재를 정립할 것인가가 결정된다(HD, 47)." 횔더린은 자신의 언어를 바로 이 중간 영역

에 바침으로써 신들의 눈짓을 민족에게 전하고, 민족의 소리를 그 근원
의 뜻으로 해석하였기에, 하이데거는 그를 詩作의 본질을 간파한 시인
들 중의 시인으로 간주한 것이다. 그렇다면 이제 우리의 논의는 다음과
같은 물음에로 옮겨간다. 과연 이러한 시인의 詩作과 사상가들의 사유,
곧 철학적 사유는 어떠한 관계에 있는 것인가?

4) 詩作과 사유

하이데거는 "우리가 詩作을 사유와 비교하면, 詩作은 아주 상이하고
또 뛰어난 방식으로 언어에 봉사하고 있기 때문에, 철학을 고찰하고 있
는 우리의 토론은 사유와 詩作의 관계를 논의하는 데 이르지 않을 수
없다"[149]고 함으로써, 思惟와 詩作의 관계에 대한 문제성을 시사하고
있다. 그렇다면 과연 사유와 詩作은 어떠한 관계에 있는 것일까? 그에
의하면, "존재사유는 詩作의 근원적인 방식이며, (……) [또한] 사유는
源詩作(Urdichtung, 근원적 詩作)이기도 하다(HW, 328)." 이러한 말은
사유와 詩作의 상호 공속성을 드러내는 표현임에 틀림없다. 다시 말해
존재의 사유(Denken des Seins)[150]는 詩作의 근원적 방식이 되며, 사
유는 근원적 의미에서 詩作이라고 함으로써 양자를 공속적 운명으로
묶을 수 있게 된다. 그렇다면 이 양자는 어떠한 의미에서 공속적 운명

---

149) M. Heidegger, *Was ist das-die Philosophie?* (Tübingen: Neske,
　　1956), S.30. 이하에서 이 책은 'WP'로 약칭하고 본문 안에 곧바로 면수
　　를 표기함.
150) 하이데거 후기사유에서 '존재의 사유'는 현존재의 존재사유가 아니라 존재
　　자신의 자신에 대한 사유이다. 즉 이때의 소유격은 "주격적 소유격
　　(genitivus subiectivus)"이다. 말하자면 존재자가 존재를 사유하는 것
　　이 아니라 존재가 스스로를 사유하며, 이 사유가 진행되는 곳이 바로
　　'언어'이다(ID, 53참조).

이 되는가? 사유에 대한 다음의 인용문은 우리에게 이러한 물음의 실마리를 제공한다.

사유는 인식을 위한 하등의 수단이 아니다. 사유는 **존재의 토양**에 이랑을 내는 것이다(US, 163; 필자의 강조).

사유는 자신의 말을 가지고 **언어** 속에다 눈에 띄지 않는 이랑을 내는 것이다(BH, 364; 필자의 강조).

위의 두 인용문에서 알 수 있듯이, 사유란 '존재의 토양'과 '언어'에 이랑을 내는 것이다. 여기서 '존재의 토양'과 '언어'는 서로 다른 것을 의미하는 말이 아니다. 즉 하이데거에 있어서 사유는 '존재의 토양인 언어'에, 이를테면 농부가 밭이랑을 내듯이, 길을 트는 것을 말한다. 이러한 비유적 의미에서 본다면, 우리는 그가 시사하는 존재와 사유, 그리고 존재와 언어의 상관성을 이해할 수 있게 된다. 즉 사유의 목적은 존재를 근원적인 차원에서 드러내는 데 있지만, 언어를 통하지 않고서는 결코 사유할 수가 없는 것이다. 그리고 이미 언급했듯이, 詩作은 언어작품이다. 즉 詩는 언어를 소재로 하여 창작되기 때문에, 언어가 없는 詩란 생각하기 어려운 것이다. 따라서 사유와 詩作의 관계는 이제 그 가능적 조건으로 제시되는 '언어'에 의해서 명백히 드러난다. 말하자면 존재의 근원적인 부름(Anspruch)으로서 언어가 인간에게 미리 주어져 있어야만 사유와 詩作이 가능하게 되는 것이다. 그리하여 존재의 건네진 말(존재언어)에 의해서 사상가는 '사유'로 응답하고 시인은 '詩作'으로 화답하게 된다. 이것은 사유와 詩作이 존재 개시의 탁월한 두 가지 방식이며, 존재는 사유와 詩作 속에서 자신을 開顯한다는 것을 의미한다.

152

하이데거는 언어의 의미를 단적으로 "언어가 말한다(Die Sprache spricht)(US, 13, 17)"라는 명제를 통해 표현하고 있다. 이러한 그의 특유한 표현은 언어가 단지 우리의 생각을 담아내는 단순한 도구라는 전통적인 도구주의적 언어관을 벗어나고 있음을 나타내는 것이며, 결국 이것은 인간이 말을 하는 것이라기보다는, 오히려 인간이 언어에 응답해 나가는 한에서만 인간은 말할 수 있다는 사실을 보여준다. 그러므로 언어는 사유와 詩作의 결과로서 생기하는 것이 아니라, "언어 자체가 본질적인 의미에 있어서 詩作(HW, 62)"이라는 사실을 보여주는 셈이다. 결국 그에 있어서 詩作과 사유는 言明(Sagen)151)의 두 방식일 뿐이다(US, 176참조). 즉 "詩作과 사유가 이웃(Nähe, 가까움)으로서, 서로 인접성(Nachbarschaft) 속에 들도록 하는 것을 우리는 '언명'이라고 하며(US, 188)", 따라서 "이 언명은 詩作과 사유를 위한 요소 그 자체이다(US, 178)." 그렇지만 그에 있어서 "詩作的으로 언명된 것과 사유적으로 언명된 것이 똑같은 것은 결코 아니다.152) 그러나 詩作과 사유 사이의 틈이 순수하고 단호하게 벌어질 때, 그 경우에는 이따금 양자가 동일한 것으로 된다. 말하자면 詩作이 숭고해지고 사유가 심오해질 때 이러한 일이 생길 수 있다(WD, 8-9)." 이처럼 詩作과 사유는 각각 고

151) 하이데거는, 이 '언명'이라는 말이 희랍인들에게는 '드러나 보이게 한다', '현상하게끔 한다', '나타남 안에서, 스스로의 출현 안에서 本在하는 것' 등을 의미하였던 것으로 간주한다. 이것을 종합해 보면 '언명'은 존재의 진리가 인간에게 주어지는 방식을 의미한다고 볼 수 있다(WD, 6참조); 권순홍 역, 『사유란 무엇인가』(서울: 고려원, 1993), 20-21쪽 참조.
152) 하이데거는 "사유의 언명은 詩作의 말과는 달리 像이 없다"고 하는 등 이 양자가 그 본질에 있어서 근원적 이질성이 존재한다는 사실을 밝히고 있다. 하지만 이러한 근원적 이질성이 양자의 대화 가능성의 조건이 되기도 한다. 이 양자의 차이성에 대한 구체적인 내용은 다음을 참조할 수 있다. Heidegger, Aus der Erfahrung des Denkens, Bd. 13(Tübingen: Neske, 1977), S.33참조(이하에서 이 책은 'ED'로 약칭함); VA, 187참조.

유한 언명의 양식을 통해 서로서로 구별되기도 하지만, 詩作이 숭고해
지고 사유가 심오해질 때는 양자가 동일한 것으로 파악될 수도 있다.
페겔러도 지적하듯이, 하이데거는 詩作과 사유의 차이를 형식적으로 축
소시켜 이렇게 표현한다. 즉 "詩作과 사유는 말에 대한 배려에 있어서
지극한 수준에서 서로 한결같아지지만, 양자는 동시에 그 본질에 있어
서 한없이 떨어져 있다. 사상가는 존재를 말하고 시인은 성스러움을 명
명한다(WM, 312)." 이 말은 사상가가 행하는 것 곧 존재자의 존재에
대한 전수된 언명을 존재의 진리에로 소급해서 논의하며, 비은폐성으로
서의 이러한 진리를 언어에로 이끌고 오는 일과, 시인이 행하는 것 곧
성스러움의 말 건넴에 직접적으로 대답하여 성스러움과 신적인 것을
명명하는 일은 차이가 있음을 표현한 것이다.153) 과연 사상가의 존재
에 대한 언명과 시인의 성스러운 것에 대한 명명은 다른 것인가? 하이
데거에 있어 시인의 詩作과 사상가의 사유는 그 본질상, 존재의 진리를
개시하고 수립한다는 공동의 사명을 수행함에 있어서는 근원적으로 일
치한다. 詩作과 사유 모두는 존재의 진리를 지향하면서, 언명의 방식을
동일하게 취한다. 그러나 사유가 존재를 언명하는 것으로 임무를 다한
다면, 詩作은 더 나아가 언명된 존재를 성스러운 것으로 심화시켜 명명
하는 일에까지 나아간다.

　이러한 점에서 詩作的 사유는 우리가 일반적으로 이해하는 詩作에
있어서의 심미적 · 언어적 능력을 의미하는 것이 아니다. 그것은 오히려
존재와 진리에 관한 문제를 추구하는 데 있어 중요하게 작용하는 기본
적 사유이다. 말하자면 詩作的 사유는 최초의 철학자들인 희랍인들이
퓌지스(Physis)의 의미154)로서 물었던, 존재자 전체의 존재에 대한 사

---

153) Otto Pöggeler, op. cit., S.280참조.
154) 하이데거에 의하면 '존재'라는 개념은 근본적인 의미에서 초기 희랍의 '퓌

유가 바로 '詩作的 사유'[155]인 것이다. 그런데 이 詩作的 사유는 사유
를 가능하게 하는 시인으로서의 사유자를 요구한다.[156] 즉 존재자에
의해 은폐된 '존재'를 드러내기 위해 존재 자체의 자기 개시성에 관계
하면서, 또한 이러한 존재방식을 취하는 존재자를 필요로 한다. 이러한
존재자가 바로 탈존으로서의 인간, 존재이해가 가능한 유일한 존재자로
서의 인간이다. 따라서 그는 인간의 존재사유의 가능성에서 존재 자체
의 자기 개시를 전제한다. 즉 존재와 인간 사이의 상호 작용 속에서만
존재사유는 가능해진다. 이러한 사실을 그는, 존재사유는 '존재의 부름
에의 응답'이며, '존재진리에 대한 사유'라고 표현한다. 이렇게 본다면,
詩作的 사유는 곧 그의 근원적인 존재사유와 조금도 다르지 않다.

그리고 하이데거의 해석에 의하면, 詩作的 사유는 그러한 언명에 있
어서 존재를 언어로 나타나게 하며, 이때 언명을 나타내는 것은 '존재의
발언되지 않는 말'이다. 존재진리가 발언되어 있지 않은 말인 이상, 詩
作的 사유는 이 존재의 소리 없는 소리에 귀 기울여 따름으로써, '존재
의 언어'를 통한 말 건넴에 응답해야 한다. 詩作的 사유는 또한 언어를
통해서 존재를 언명하고, 존재를 그의 은폐로부터 드러냄을 의미하기도
한다. 언어가 '존재의 집'이라는 말은 바로 이러한 존재와 언어의 관계

지스'개념과 다르지 않다. 이에 대한 자세한 내용은 제 IV장 제 3절, 〈1〉 퓌
지스와 로고스〉에서 자세히 다룬다.

155) 하이데거는 초기 희랍에 있어서 사유와 詩作은 양자 모두가 그들의 본질
에 있어 '詩的(dichterisch)'이라는 점에서 일치한다고 본다. 다시 말해 그
것들은 역운적으로 일어나는 존재의 진리를 정립하고 보존한다는 점에서
일치한다고 보는 것이다. 이러한 사실로 그는 『형이상학 입문』에서 '파르
메니데스의 사유'를 이해하기 위하여 소포클레스의 「안티고네」의 詩的인
말을 인용하기도 한다(EM, 155 참조). Otto Pöggeler, op. cit., S.206참조.

156) 하이데거는 '독일인은 詩作과 사유의 민족'이라고 표명한 후, "詩作하는 자
의 말을 들을 수 있기 위해서는 그들이 무엇보다도 먼저 사유하는 자가 되
어야 한다(HD, 30)"고 강조한다.

를 단적으로 말해 주고 있는 것이다. 그렇지만 "언어는 '존재의 집'인
동시에 인간 존재의 거처이기도 하다(BH, 313)." 왜냐하면 인간만이
'詩作的 사유'가 가능하기 때문이다. 즉 언어가 인간의 존재이해를 가능
케 하고, 또한 인간을 통해서 비로소 언어가 존재와 관련을 맺기 때문
에, 언어는 '존재의 언어'이자 '인간의 언어'이기도 한 것이다. 이와 같은
언어의 이중적 귀속성을, 그는 '존재의 말 건넴'과 '인간의 응답'으로 해
석하고 있다. 詩作的 사유에 대한 이러한 해석은 존재자에 대한 단순한
언명이라는 언어에 대한 일상적 의미에서 탈피하여, 언어의 본질로서
존재와 인간 사이의 '언어의 주고받음'을 제시함으로써, 존재이해의 가
능성을 궁극적으로 '언어'에 두고자 한다. '언어의 주고받음'이란 곧 대
화(Gespräch)를 의미한다. 대화란 일단 '말할 수 있음(Redenkönnen)'
과 동시에 '들을 수 있음(Hörenkönnen)'을 전제한다. 그러나 중요한 것
은 '듣는 것'이 '말하는 것'의 결과가 아니라 오히려 그 전제라는 점이
다. 즉 존재의 소리를 듣는 것이 대화에서 우선한다. 이러한 존재의 소
리를 듣는 것이 바로 하이데거의 '존재사유'이다. 따라서 존재의 소리를
듣는 존재사유는 대화의 근본 전제가 되며, 궁극적으로 존재이해의 관
건이 된다고 말할 수 있다.

　이러한 의미로 본다면 우리는 하이데거가 주장하는바, 모든 詩作은 그
본질에 있어서 사유하는 것이며, 사유하는 것이란 곧 근원적 詩作을 말
하는 것이라는 양자의 상호 공속성을 이해할 수 있게 된다. 다시 말해
이것은 詩作과 思惟가 그 본질상 존재의 진리를 개시하고 정립한다는 공
동의 사명을 수행함에 있어서 근원적으로 일치하고 있으며, 특히 詩作은
'언어'에 상관하여 있으며, 다시 이 언어는 근원적으로 'Logos'[157) 즉 그

---

157) 우리의 전체적인 논의에서 이 'logos'개념은 모두가 '언어나 말'과 관련된
　　의미로 사용되고 있다. 하지만 여기에서 사용된 '로고스'는 예외적으로 우

것의 활동인 思惟와 일치하고 있는 것을 말한다. 따라서 思惟와 詩作은 동시에 이 언어에 의해서 존재자의 존재, 그리고 그것의 진리를 開示하며 또한 자기 속에 간직하고 지킨다는 점에서 본질적으로 '하나(das Eine)'가 된다. 말하자면 "의미 있는 모든 사유(Denken)는 詩作(Dichten)이며, 그러나 모든 詩(Dichtung)는 [또한] 사유(Denken)인 것이다(US, 256)." 이와 같이 근원적 의미에서 詩作과 사유는 언어에 의해서 동일한 것으로 파악되고 있다. 이제 우리의 물음은 다시 언어에로 옮겨진다. 그렇다면 思惟와 詩作이 가능하기 위한 근거로서 제시된 '언어의 본질'은 과연 무엇인가?

2. 언어의 본질

하이데거는 휠더린을 '시인들 중의 시인'이라고 하며 가장 높게 평가하지만, 그 외에도 여러 시인들의 작품들을 인용·해석하면서 '언어의 본질'을 해명하고자 한다. 이를테면 「언어의 본질(Das Wesen der Sprache)」과 「말(Das Wort)」이라는 두 강의 논문은 모두 슈테판 게오르게(Stefan George)가 쓴 "말"이라는 시에서 그 출발점을 잡고 있다. 그리고 「詩에서의 언어(Die Sprache im Gedicht」라는 논문에서는 그 부제를 "게오르그 트라클(Georg Trakl)의 詩에 관한 해명"이라고 하여 트라클의 여러 시작품을 소개·인용하고 있으며, 또한 「언어(Die Sprache)」라는 논문에서도 역시 트라클의 詩 "겨울 저녁"이 인용·해명

리 인간의 '이성·정신·사고'와 관련된 의미로 사용된 것이다. 뒤에서 언급하고 있지만, 거드리(W. K. C. Guthrie)는 이러한 '로고스'개념을 크게 11가지 의미로 나누어 설명하고 있다.

되고 있다. 이제 우리는 이상에서 언급된 여러 논문들을 비롯하여 『언어
에로의 도상』에 수록된 논문들을 중심으로 하여 하이데거가 밝히고 있
는 '언어의 본질'에 관해 검토해 보고자 한다. 이에 대한 우리의 논의는
먼저 "언어가 말한다"라는 명제의 의미해명에서부터 시작된다.

1) 언어의 말하기(Das Sprechen der Sprache)

우리는 흔히 언어를 일상생활 속에서 필요에 따라 자유로이 만들기
도 하고, 또 만들어진 언어가 역사 속에서 소멸되는 것을 목격하기도
한다. 그러나 하이데거가 특별한 의미를 부여하고 있는 이 언어는, 우리
의 일상생활에서 의사소통을 위한 수단으로 사용되는 도구적 의미나
인간의 활동과 관련된 인간학적·문학적 의미의 언어가 결코 아니다.
이를테면 앞에서도 언급했듯이, 이러한 표현이 있다. "인간의 존재는
언어 속에 근거하고 있다. 그러나 이 언어는 본래 대화(Gespräch)에서
비로소 생기한다(HD, 38)." 이처럼 언어는 인간이 자유로이 혹은 임의
로 필요에 따라 만들거나 소멸시킬 수 있는 도구적 의미로서가 아니라
인간 존재의 근본적인 가능성을 보증하는 하나의 근원적인 生起로서
해석된다. 즉 돌이나 식물, 동물의 존재에서처럼, 언어가 있지 아니한
곳에서는 존재지의 개시도 따라서 없으며, 언어가 존재자의 이름을 처
음으로 명명함으로써 비로소 존재자가 언어에게 오게 되며, 그리하여
자신의 모습을 드러내게 된다는 것이다(HW, 60참조). 말하자면 존재
개시성의 터전에서 우리가 관계하는 모든 존재자에 대한 이해의 온갖
내용은 오직 언어의 본질을 통해서만 밝혀지며 개방되는 것이다. 언어
의 본질이 근본적으로는 존재 개시성을 구성할 뿐 아니라, 또한 이렇게
유의미하게 구성된 존재 개시성으로부터 우리가 관계하는 개방 가능한

존재자가 그것의 존재에 있어서 참되게 이해되고 해석된 존재자로서 우리에게 개방되는 것이다.[158] 따라서 그는 "언어가 있는 곳에만 세계가 있다(HD, 38)"고 주장함으로써, 언어는 言明이라는 기능을 통해 세계 안의 모든 존재자를 그 자체에 있어서 드러내 보여준다는 것이다.

그는 이처럼 존재자의 개방성과 이해 가능성을 철저히 언어의 본질적 차원 속에서 규정한다. 이러한 사실은 그의 강연 논문인 「언어」에서도 명확히 드러난다. 그는 이 연구의 서두를 이렇게 시작한다.

> 인간은 말한다. 우리는 깨어있을 때나 혹은 꿈을 꿀 때도 [언제나] 말한다. 우리는 아무 말도 하지 않고 다만 듣거나 혹은 [무언가를] 읽을 때에도 우리는 항상 말한다. 심지어는 우리가 듣거나 읽지도 않고 도리어 가만히 작업을 하거나 한가롭게 쉴 때에도 우리는 말한다. 우리는 어떤 방식으로든지 계속해서 말한다(US, 9).

여기서는 먼저 '인간이 말한다(Der Mensch spricht)'라는 사실에서 출발하지만, 결국 '언어가 말한다(Die Sprache spricht)'라는 명제에 도달하게 된다. 즉 '인간이 말한다'는 그 누구도 부인하지 못할 자명한 사실에서 출발하여, '인간이 말한다'는 것에 대한 가능성의 선험적 조건으로서 '언어가 말한다'는 명제를 제시한다. 이것은 '언어의 말하기'가 '인간적 말하기'의 가능적 조건으로 이해되어야 함을 보여주는, 이른바 언어에 대한 하이데거의 새로운 해석이다. 그는 이러한 해석을 먼저 '주관주의 언어관'과 대비시킨다. 즉 그 당시에 있어서, 말하기(Sprechen)란 무엇을 알리거나 경청하는 것과 같은 도구적인 의미로 간주되거나, 아니면 인간의 감정을 표현하고 의사소통을 하기 위한 수단으로 간주되는 것이 일반적인 관행이었다.

---

158) 신상희, 「말과 언어 - 기초 존재론적인 이해의 지평에서」, 『철학』 제55집 (한국철학회, 1998), 207쪽 참조.

이러한 관행을 하이데거는 크게 세 가지로 나누어 설명한다(US, 12). 첫째, 말하기는 소리로 표현하는 것을 말하며, 하나의 표명 (Äußerung)으로서의 언어라는 관념은 우리에게 가장 익숙한 것이다. 둘째, 말하기는 인간의 활동(Tätigkeit)이다. 셋째, 말하기는 실재하는 것과 실재하지 않는 것을 표상하고 묘사하는 것이다. 말하기에 대한 이러한 세 가지 견해를 종합해 보면, 결국 언어는 주관적인 것의 산물로, 곧 주관의 활동으로 이해된다. 물론 하이데거도 언급하듯이, 언어에 대한 이러한 관행적 이해를 우리는 단적으로 부정하지는 못한다. 그리고 "생물학과 철학적 인간학, 사회학과 정신 병리학, 신학과 시학 등에서도 [이러한] 언어 현상에 대해 더욱 포괄적으로 기술하고 설명할 것을 요구한다(US, 12-13)." 그렇지만 언어에 대한 과학적인 관찰방법 (Betrachtungsweisen)은 언어로서의 언어, 곧 언어의 본질에 별로 주목하지 않는다. 그렇기 때문에 우리는 과학적 인식을 통해서는 결코 언어의 본질에 도달하지 못한다(US, 13참조). 하이데거는 과학적인, 그리고 주관적인 언어이해에 반대해서 새롭게 '언어의 말하기'를 규정하고자 한다. 그가 규정하고자 하는 언어의 말하기는 이미 말해진 것 (Gesprochen) 속에서, 그것도 순수하게 말해진 것, 곧 詩 속에서 찾아질 수 있다. 그래서 그는 다음과 같은 게오르그 트라클[159]의 "어느 겨울 저녁(Ein Winterabend)"이라는 시의 순수함을 통하여 언어의 본질

---

159) 트라클(Georg Trakl, 1887-1914)은 독일의 잘츠부르크에서 상인의 아들로 태어났지만, 27살의 나이로 요절하는 비운의 삶을 살았다. 그는 보들레르, 랭보 계열의 상징주의의 영향을 받았고, 특히 죽을 무렵에는 횔더린의 영향을 많이 받았다. 그는 초기 표현주의(Expressionismus)의 대표 시인이라고 할 수 있는데, 하이데거는 여기서 그의 「겨울 저녁」이라는 시를 날카롭게 분석하면서 '사유와 시의 대화'를 꾀하는 가운데 언어의 본질과 기능을 엄밀하게 해명하고 있다. 자세한 내용은 다음을 참조할 수 있다. 조두환 저, 『게오르그 트라클』(서울: 건국대 출판부, 1996), 11-40쪽 참조.

을 해명하고자 한다.

　창가에 눈이 내리고 / 저녁 종소리(晩鐘)가 은은히 울려 퍼지면
많은 사람들을 위해 식탁이 차려지고 / 집안은 풍요에 넘친다네.

　여행을 떠난 많은 길손들이 / 어두운 오솔길 따라 문간에 이르면
대지의 서늘한 樹液을 마시며 / 은총의 나무는 황금빛으로 피
어 있다네.

　길손이 말없이 들어서면 / 고뇌와 함께 화석이 된 문턱이 있고
식탁 위에는 빵과 포도주가 / 순수한 불빛 속에서 빛을 발하
고 있다네(US, 17).

　언어는 그 본질에 있어서 인간의 표현이나 활동이 아니다. 이제 우리
는 이와 같은 詩 속에서 드러나는 '언어의 말하기'를 찾고자 한다. 우리
가 찾는 것은 말해진 것, 곧 시적인 것 속에 명백히 드러날 것으로 생각
한다. 위의 인용 시 "겨울 저녁"에서 우리는 아마도 어떤 사실적인 것으
로서의 겨울 저녁에 대한 기술·묘사를 기대할지도 모른다.160) 그러나

---

160) 이 시에 대한 문학적 접근은 우리의 논의와는 확연히 구분된다. 아마도 문
　학적인 면에서 접근을 시도해 보면 이 시에 대한 전체적인 내용은 대략 이
　러할 것이다. 우선 이 시는 시제에서 드러나듯이 겨울 저녁을 묘사하는 것
　이다. 풍요롭고 안락한 집을 묘사하면서 여행을 떠났던 사람들이 이 집으
　로 다시 돌아온다. 여행은 고달픈 길이기에, 그 여행길은 어두운 좁은 길을
　지나 끝이 나며, 귀가를 통해 평안과 안락을 얻게 된다. 일단 무사히 귀가
　한 데 대하여 하느님께 감사드리고 빵과 포도주를 마시며 여행을 추억으
　로, 그리고 즐거움으로 기억한다. 물론 대지와 천상의 대비를 통해 종교적
　인 분위기도 표현되고 있다. 이순희, 「트라클의 분열증세와 혼돈의 미학」
　(대구: 경북대 독문학과 박사학위논문, 1995), 42-43쪽 참조. 우리는 여기
　서 이러한 문학적 해석을 보여주고자 하는 것이 아니다. 하이데거의 시에
　대한 해석은 문학적인 해석과 엄밀하게 구분되어야 한다.

이 시는, 하이데거의 견해에 따르면 어떠한 곳에서 가끔 일어날 수 있는 겨울 저녁에 대한 묘사도, 또한 장차 있을 것으로 예상되는 겨울 저녁에 대한 단순한 묘사도 아니다(US, 16참조). 그렇다면 이 시, 즉 말해진 것 속에서의 언어의 말하기는 어떠한 방식으로 生起(Ereignis)[161]하는가?

여기서 우리 논의의 출발점은 먼저 이미 언어가 말을 구성하고 있고 우리 인간은 단지 언어 그 자체가 '말하는 것'을 듣고 난 후, 우리가 말을 하게 된다는 사실이다. 이러한 하이데거의 주장은 이른바 인간이 말하는 것은 언제나 언어의 말함을 경청하는 것을 전제로 하고 있다는 사실을 인정하는 데서 출발한다. 따라서 이제 우리는, 우리 자신이 말할 수 있는 것은 먼저 그 언어의 말함을 들었기 때문이라는 사실을 인정하는 데서 우리의 논의를 개진할 것이며, 이러한 논의의 전개과정은 곧 "언어가 말한다"는 의미를 해명하는 일이 될 것이다.[162] 물론 인간이

---

161) 원래 이 'Ereignis'라는 개념은 사전상의 뜻으로는 '일어난 일'이나 '사건' 이나 '사고'를 의미한다. 그러나 이것은 하이데거 철학의 핵심 용어로서, Er와 eignis를 분리하여 해석해야만 한다. 전철 Er에는 본래 발생이나 개시의 뜻이 있는데, 하이데거는 이것을 '가져다준다(erbringen)', '허용한다 (lassen)' 등으로 이해한다. 그리고 eignis는 고유한 것(Eigenes)이란 뜻이다. 따라서 Er에 초점을 맞출 경우 Ereignis는 생기, 발현, 사건, 일어남 등으로 번역되고, eignis에 초점을 맞출 경우에는 고유화, 전유 등으로 번역되기도 한다. 여기서 우리는 전자의 의미로 사용했음은 물론이다. 하지만 이 용어가 희랍 사상의 중심 개념인 'logos'나 동양 사상의 '道'처럼 한 단어로 고정하여 번역하기는 어려운 것이 사실이다(ID, 24-25참조).

162) '언어가 말한다'라는 이 문장을 코토(T. Kotoh)는 하나의 은유적 표현으로 해석한다. 즉 이 문장에서 '언어'를 인간의 일상 언어로 간주하면서, 단지 인간이 말하기는 하나 다른 사람의 말에 강요되고 있다는 의미로 해석한다. 그러나 비멜(W. Biemel)도 언급하지만, 우리가 보기에 이러한 해석은 설득력이 없어 보인다. Tetsuaki Kotoh, "Language and silence: self-inquiry" in *Martin Heidegger : Critical Assessments* (Ⅲ), Edited by Christopher Macann(London and New York: Routledge, 1992), pp.41-43참조.

먼저 그의 발성기관을 통해 소리를 내지 않으면 언어는 말로 드러날 수 없다는 견해가 일반적인 이해이지만, 그럼에도 불구하고 하이데거는 실제로 "언어 자체가 말한다"는 독특한 자신의 입장을 제시하면서 그것을 해명해 보이고자 한다. 그의 해석에 따르면 우리는 먼저 언어를 경청해야 하고 언어가 그 자신을 우리에게 말하도록 허용해야 한다(US, 9-10 참조). 그것은 우리 자신의 존재양식이 이미 언어의 말함에 개방되어 있다는 것을 전제로 한다. 언어가 그의 말함 속에서 우리에게 자신을 드러내는 영역 속에 우리가 속해 있는 정도로만 우리는 언어의 말함을 들을 수 있다. 따라서 "언어에 관해서 숙고한다는 것은 우리가 언어와 함께 머물도록 하기 위하여, 말하자면 우리 자신 안이 아니라 언어의 말함 안에 머물도록 하기 위하여 언어의 말함 안으로 들어갈 것을 요구받는 것이다(US, 10)." 이렇듯 언어는 오직 언어에 속해 있는 사람에게만 언어의 말함을 들을 수 있는 가능성과 말할 수 있는 가능성을 인정해 준다. 인간이 말하는 모든 행위 속에서 계속되는 이러한 인정은, 궁극적으로 우리가 말할 수 있는 근원적 가능성에 도달하게 하는 것이다. 그러므로 하이데거도 지적하듯이, 언어의 본질은 바로 이런 본래적인 말함을 인정하는 데서 찾아질 수 있다.

그리고 하이데거에 따르면 위의 시에서 드러나는 '언어의 말하기'는 우선 겨울저녁 시간을 명명한다(US, 18참조). 그렇다면 이 命名163)의 의미는 무엇인가? 하이데거는 이에 대해 다음과 같이 대답한다.

命名이란 부르는 것을 뜻한다. 즉 부름은 불리는 것을 더 가까이 부른다. 말하자면 언어는 사물들을 가까이 부르는 것이다.

---

163) 하이데거는 '언어의 말하기(Das Sprechen der Sprache)'를 '명명 (Nennen)', '부름(Rufen)', '초대함(Einladen)', '호명함(Heißen)' 등으로 설명하고 있다. 이러한 표현들은 모두 '존재언어의 말함'을 보여주는 것임은 물론이다(US, 20-22참조).

이 부름은 이미 현존하고 있는 사물들 사이에 현존하도록 부르
는 것이 아니라 부재중에 숨어 있는 것(은폐)을 현존으로 드러
나도록 부르는 것이다(US. 18).

이처럼 하이데거는 언어의 말하기를 '부름(Rufen)'으로 설명한다. 물
론 "부른다는 것은 초대한다(US. 19)"는 뜻이기도 하다. 즉 '부름'으로
써 사물들을 초대하여, 그것들이 인간과 관계 맺도록 하는 것이다. 예를
들면 위의 시 첫째 연에서 눈 내림은 인간을 어두워지는 밤하늘 아래로
인도한다. 그리고 저녁 종의 울림은 可死者로서의 인간을 신적인 것
(Göttliche) 앞으로 인도한다. 집과 식탁은 가사자들을 대지에 묶어 둔
다. 그러므로 명명된 사물들은 부름을 받으면서 자기 자신에게로 하늘
과 대지, 가사자들과 신적인 것들을 모아들인다. 이 넷은 본래적으로 하
나가 되는 상호 지향성(Zueinander)을 지니는, 이른바 '四域(Geviert
)'164)이다. 그래서 언어의 부름을 받은 사물들은 이 사방을 자기에게 머
물게 한다. 그러나 언어의 부름은 특정한 곳, 즉 저기에 있는 사물을 여

---

164) 여기서 '사역'이라 함은 앞에서도 언급했지만, 하늘과 대지, 可死者들과 신
  적인 것이라는 네 가지 사방세계를 일컫는 표현이다. 가사자인 우리 인간
  은 이러한 사중적 방식으로 이 세계에 존재하게 된다. 말하자면 가사자들
  은 땅을 구원하고 하늘을 하늘로서 받아들이고 신적인 것들을 신적인 것들
  로서 기다리며, 가사자들이 인도하는 방식으로 사방세계(사역) 안에 거주
  하는 것이다. 물론 여기서의 거주함이란 가사자들이 이 땅위에 존재하는
  근원적인 방식을 의미한다. 그리고 '방역'이란 다의적으로 사용되지만, 여
  기서는 사역(사방세계)을 구성하는 각각의 개별적인 방식(방역)을 뜻한다.
  하이데거에 따르면 사방세계 안에 거주하는 이러한 사중적인 방식이 전일
  적으로 사유될 때에만, 비로소 사역을 구성하는 개별적 방역들 속에서 다
  른 셋이 함께 사유될 수 있으며, 또 이럴 때에만 넷이 하나로 합쳐지는 근
  원적 통일성으로부터 다른 세 방역들이 함께 사유될 수 있게 된다. M.
  Heidegger, "Bauen Wohnen Denken" in *Vorträge und Aufsätze*, Bd.
  7(Tübingen: Günther Neske, 1954), SS.142-145참조

기에 오도록 부르는 것이 아니다. 그러한 언어의 부름은 언어를 특정한 존재자의 내적 능력으로 보는 언어관이다. 언어는 사물들의 도래를 부르되, 그것이 현존에로 도래하도록 부른다.

물론 언어가 이렇게 사물들을 부른다고 해서 지금 여기에 없던 사물들이 불러짐으로써 그것이 지금 여기에로 막 도래하여 눈앞에 있는 사물(예컨대 나무나 건물)처럼 현존하는 것은 아니다. 그것은, 바로 앞의 인용문에서 언급했듯이, 언어의 부름에서 함께 호출된 도래의 장소는 부재 안에 간직되어 있는 현존이기 때문이다. 그러므로 사물이 그러한 현존에로 호출된다고 함은 사물을 그의 현존 안으로 모음, 즉 사물이 사물로 보임을 의미한다. 그런데 사물 또한 자신에게로 사방세계, 즉 하늘과 땅, 가사자들과 신들을 모은다(부른다). 예를 들어 한 그루의 울창한 느티나무는 땅의 영양분과 하늘의 빛을 받는 데서, 그리고 가사자가 그 밑에서 휴식을 취하거나 신에게 기원을 드리는 데서 하늘과 땅, 가사자들과 신들을 자신에게로 모아서(불러서) 머무르게 한다. 이처럼 사물들이 그것들을 모아서 자신 곁에 머무르게 함이 사물의 사물화(Dingen der Dinge)[165]이다. 따라서 언어가 사물들을 현존에로 부른다고 함은 한 사물이 그 사물로서 드러나게 함을 의미하며, 사물은 사물화됨으로써 자신을 보이게 한다.

이상과 같은 하이데거의 해석에 따르자면, 트라클의 詩는 결코 문학적 접근으로는 이해할 수 없다. '언어가 말한다'는 본래적·근원적 의미의 철학적 접근(인식)으로만 이해될 수 있다. 트라클의 시에서 첫 번째

---

165) 이것은 '사물의 사물성(Dingheit des Dinges)'이라는 의미와는 다르다. 즉 하이데거는 「예술작품의 근원」에서 예술작품의 사물성을 '사물의 사물성'이라는 말로 표현한다. 여기서 그는, 작품이 자연사물이나 도구사물과 엄격히 구별되지만, 작품 자체도 하나의 사물성을 지닌다는 의미에서 이렇게 표현한 것이다(HW, 16-17참조).

연의 두 행을 보면, 이 시는 창, 눈, 종소리를 불러내고 있다. 이렇게 불러냄으로써 불려진 것을 우리들 가까이에 오게 한다. 말하자면 사물들이 와서 사물로서 행동하도록 초대한다. 우리는 평소에 그러한 사물들과 또한 그것들에서 빛나는 아름다움에 별로 관심이 없지만, 시인의 '말'에 의해서 그것들의 존재를 깨닫게 되며, 그것들의 아름다움을 이해하게 되는 것이다. 이런 의미에서 시인의 말이란 존재자들을 더욱더 새롭게 존재하게 하는 것이며, 이때의 언어는 존재자들을 명명함으로써 존재자들(사물들)을 현존하게 하는 역할을 한다.

그리고 두 번째 연은 처음에 마지막 두 행에서 대지를 명명하기 위해서 가사자로서의 인간을 부른다. 그러나 대지는 하늘과 가사자, 그리고 신적인 것과 관련되어 있기 때문에, 실제로는 사역을 부르는 것이다. 물론 여기서 "세계라는 말은 이제 더 이상 형이상학적 의미로 사용되지 않는다. 또한 세계는 세속적으로 표상된 자연과 역사의 영역을 가리키는 것도, 그리고 신학적인 의미의 창조물(mundus)이나, 단지 현존하는 것 전체를 의미하는 것도 아니다(US, 21)." 둘째 연의 두 행(은 총의 나무를 부르고 있는 셋째 행과 넷째 행)은 '세계'를 오라고 부른다. 이쪽에다 대고 세계를 부르고 있고, 또 저쪽에다 대고 사물이 있는 곳으로 가도록 세계를 부른다. 말하자면 첫째 연은 사물들을 세계에 오도록 부르고 있고, 둘째 연은 세계를 사물들로 오도록 부르고 있는 것이다. 이제 언어는 사물과 함께 세계를 부른다. 보다 정확히 말하자면, 언어의 사물부름에는 세계부름이 함께 포함되어 있다. 이처럼 사물과 세계는 부름 안에서 양자가 나뉘어 있으나, 결코 분리된 것은 아니다. 왜냐하면 세계와 사물들은 따로따로 존재하는 것이 아니라 서로 관통하고 있기 때문이다. 이와 같이 사물들은 사물화됨으로써 그것들이 귀속하는 세계를 펼치고, 세계는 사물들에게 그것들의 본질을 허용한다. 양자는 이렇듯 언어 안에서 관통하게 된다. 그렇지만 세계와 사물의 이러한 '내밀성(Innigkeit, 친밀성)'은 서로가 하나로 용해되어 차이가 없어져버리는 것을 의미하지 않는다. 이러한 내밀성 내에서도 세계와 사물은 엄격히 서로 구별되어 있다.

그렇다면 과연 사물과 세계는 어떠한 상관성 속에 있는가? 서로 분리되면서도 불가분적인 이 양자의 관계는 과연 어떠한 것인가? 하이데거는 분명히 사물과 세계가 본질적으로 서로 내밀하게 침투하면서도 또한 구별된다는 점을 강조한다(US, 21-22참조). 그는 이렇게 서로 전혀 다르면서도 서로 내밀하게 연관되어 있는 세계와 사물 사이의 관계를 '사이-나눔(Unter-Schied)'166)이라고 부른다(US, 22참조). 말하자면 세계와 사물이 언어 안에서 관통하는 바로 이 중간이 '사이-나눔'이라는 것이다. 하이데거는 이 '사이-나눔'에 대해 아주 특별하고 중요한 의미를 부여한

---

166) 하이데거에 의하면, 존재의 탈은폐하는 엄습과 존재자의 은폐하며 도래하는 이중적인 작용은 동일한 하나의 과정인데, 이를 일러 '구별' 또는 '사이-나눔'이라고 부른다. 사이-나눔은 그 안에서 엄습과 도래가 서로에서부터 서로에게로 날라지는(auseinander-zueinander getragen), 즉 상호 분리되면서도 상호 융합되는 그 사이(das Zwischen)를 비로소 열어 놓는다. '사이 나눔'은 각 항이 두드러지게 떨어져 있을 뿐인 단순한 구분이나 차이(Distinktion)가 아니라, 분화된 각 항들도 그 '사이'라는 동일한 구조 속에서 비로소 구별된 것으로서의 역할을 할 수 있는 관계 전체를 가리킨다. 이렇듯 사이-나눔이란 존재와 존재자를 구별된 것으로서 드러나게 해 주는 그 동일한 것(das Selbe)임, 존재와 존재자 간의 공속적인 이중성(Zwiefalt) 그 자체를 말한다. 물론 여기서 말하는 이중적 공속성이란, 언제 어디서나 존재는 존재자의 존재이고 이러한 존재와 존재자에 있어서 본질적인 차이를 문제로 삼는 것이 바로 존재론적인 차이이며, 우리가 이렇게 존재를 존재자와의 차이에서 사유하고 존재자를 존재와의 차이에서 사유할 경우에만 존재를 사태에 맞게 사유하는 것이라고 할 수 있다. 그러므로 사이-나눔이란, 존재와 존재자 간의 차이가 순전히 분할될 뿐인 단순한 구분이나 차별이 아니라, 상호 공속성을 전제로 한 구별이라는 점을 나타내기 위한 구조 개념이라고 볼 수 있다(ID, 53, 56참조; WD, 175참조).

다. 그렇다면 왜 그런가? 하이데거가 그토록 강조하는 이 '사이-나눔'이
란 과연 무엇인가? 우선 이에 대한 하이데거의 말을 들어보기로 하자.

> 사이-나눔은 중심으로서 세계와 사물을 추가적으로 매개하는 것
> 이 아니라, 도리어 그들의 상호 지향성에 의해 비로소 확인된다.
> (……) 따라서 사이-나눔이라는 단어는 더 이상 우리의 관념을 통
> 하여 도입되는 하나의 차별도 아니고 사람들이 표상하면서 확정할
> 수 있는 하나의 관계도 아니다. 사이-나눔은 추가적으로 세계와 사
> 물들로부터 그것들의 관계로서 제거되지 않는다. 세계와 사물의 사
> 이-나눔은 세계의 분만(Gebärden) 속으로 사물이 생기하게 하고,
> 사물의 분만(Gönnen) 속으로 세계가 생기하도록 한다(US, 22).

이처럼 사이-나눔은 사물들과 세계의 내밀성이다. 그것은 사물들과
세계를 서로 지탱하면서 그것들을 서로에게 나른다. 그래서 하이데거는,
세계와 사물을 부르는 詩語에서 본래 불리고 있는 것은 결국 이러한 '사
이-나눔'이라고 강조한다. 그리고 그는 세계와 사물을 내밀한 통일로 오
도록 부르는 근원적인 부름이 바로 '본래적인 부름'이며, 이런 부름이 곧
언어의 본질이라고 주장한다.

그런데 "이 사이-나눔은 사방세계의 안식에로 사물들을 잡아넣어 몰
수한다(enteignen)(US, 26)." 물론 이것은 사물에게 사물성을 탈취하
는 것이 아니라 사물을 그의 고유성(eignis)에로 집어넣는 것이다. 이
렇게 사이-나눔이 사물을 세계에로 몰수함에 따라 사물은 사물화되고
또한 그때에 세계도 세계화된다. 그런데 여기에서 사이-나눔의 진정시
킴(Stillen), 곧 부름이 일어난다. 즉 사이-나눔은 한편으로는 사물들을
세계의 은혜 안에 근거하게 하고, 다른 편으로는 세계를 사물 안에 만
족하게 하면서 양자를 서로에게로 진정시킨다. 이 진정시킴에서 '靜寂

(Stille, 고요함)'이 일어난다. 그렇지만 이러한 정적은 단순히 소리나 움직임이 없다는 것을 의미하지 않는다. 이러한 정적은 모든 운동과 不動이 거기에 근거하는 것으로서 모든 운동보다 더 動的인 것이다(US, 26참조). 이제 사이-나눔은 사물로 하여금 사물로서 세계에서 정적을 누리게 한다. 이 정적이, 곧 하이데거가 강조하는 이른바 언어가 말하는(부르는) 본래적인 소리(울림)이며, 이처럼 세계와 사물을 양자의 내밀성으로 부를 때, "언어가 말한다"고 할 수 있다(US, 27참조).

(존재의) 언어는 정적의 울림으로서 말한다. 인간은 가사자로서 이러한 정적의 울림을 들을 수 있는 한에서만 말을 할 수 있다. 이러한 가사자의 말함이 순수하게 말해진 것이 바로 詩이며, 시란 세계와 사물을 사이-나눔으로부터 다가오도록 부르는 것이다. 그러므로 이제 언어는 세계와 사물들 사이에서 일어나는 사이-나눔이라는 사건이 된다. 사이-나눔의 부름은 인간적인 것은 아니지만, 그 반면에 인간이라는 존재는 언어를 통해서 자기의 고유한 바탕에 이르게 된다. 이러한 사건은 언어의 본질이 가사자인 인간의 말함을 필요로 하는 한에서만 일어난다. 가사자인 인간들은 정적의 울림 속으로 聽從하는 한에서만, 자신의 방식대로 말하기를 할 수 있다. 인간의 말하기는 명명하는 부름이고, 사이-나눔의 단순함으로부터 사물과 세계를 부르는 것이다. 인간의 말하기는 실제로 사이-나눔의 정적이 세계와 사물을 오라고 부르는 그 명명에 응답하는 것이다. 사이-나눔의 정적이 부르는 소리를 들을 때만 우리들은 제대로 말할 수 있다. 듣는다(聽從)는 것은 사이-나눔 쪽에서 오라고 부르는 소리를 바탕으로 알아차리는 것이다. 들으면서 알아차려 말한다는 것, 이것이 바로 응답이다(Das hörend-entnehmende Sprechen ist Entsprechen). 가사자인 인간은 알아차리면서 대답한다는 이중의 방식으로 언어에 응답할 때에만 제대로 말할 수 있다. 인간이 말한다고 하

는 것은 인간이 언어에 응답할 때뿐이다(US, 30참조). 이처럼 가사자인 인간의 말하기가 순수하게 명명된 것이 바로 詩에서의 '말해진 것'의 의미이기도 하다. 따라서 본래적인 詩作이란 일상적인 언어의 좀 더 고차적인 방식에 불과한 것이 결코 아니다. 일상적인 언어(말하기)는 망각되어 쓰지 못할 詩이기 때문에, 오히려 그것으로부터는 결코 부름이 울려나올 수 없다. 인간적인 말하기는 아직 본래적인 詩作(언어)이 아니다. 인간의 말하기는 가사자들의 말하기로서 자신 속에 의존하는 것이 아니라 언어의 말하기에 의존하고 근거하는 것이다. 이제 우리는 언어의 말하기가 인간적 말하기의 (가능성의) 조건으로 이해됨을 알 수 있다. 결국 언어 자체의 말하기로부터 비로소 가사자들인 인간의 말하기가 발생하는 것이며, 이와 반대로 언어의 말하기 또한 가사자들의 청종을 알리기 위하여 이러한 가사자들인 우리 인간의 말하기를 필요로 하는 것이다.

  그런데 여기서 하이데거는 '언어의 말하기'로부터 '可死者의 말하기'로, 그리고 '정적의 울림'으로부터 고시(발화)하는 '인간적인 말'로 넘어가는 이행이 어떻게 일어나는지에 대해서는 자세한 해명을 하지 않고 있다. 다만 하이데거는 이 연구 말미에서 "인간은 그가 언어에 응대함으로써만 말한다(US, 30)"고 강조하고 있을 뿐이다. 물론 이러한 '응대로서의 말하기'는 음성적 고시(발화)일 수도, 몸짓일 수도 또 침묵일 수도 있다. 흔히 우리는 음성적 고시로서의 말하기만을 진정한 '말하기'로 간주하고 침묵을 말하기와는 다른 것으로 본다.[167] 하지만 우리가 『존재와 시간』에서 살펴보았듯이, 침묵 역시 존재의 소리 없는, 곧 정적의 울림에 상응해서 말하는 것이다. 이처럼 존재언어의 소리는 인간

167) 염재철, 「하이데거의 존재-언어 경험」, 『후기하이데거와 자유현상학』(서울: 지평문화사, 1997), 81쪽 참조.

적 언어의 소리와는 달리 물리적인 소리를 내지 않는다. 존재언어의 소리는 고요하다. 그렇지만 그 고요함 속에는 거대한 움직임이 있다. 하이데거는 그것을 '세계의 세계화'와 '사물의 사물화'라는 규정을 통해 표현하고 있다. 정적의 소리, 곧 존재의 소리에 의해 세계는 세계화되고, 사물은 사물화되는 것이다. 그러므로 우리 인간은 우선 말하기 전에, 아니 말할 수 있기 위해서는 저 정적의 울림, 곧 존재의 소리를 들어야 한다. 이러한 사실을 하이데거는 이렇게 표현한다.

> 말하기(Sprechen)는 무엇보다도 먼저 듣기(Hören)이다. [존재]언어에의 이러한 듣기는 여타의 모든 [청각적으로] 진행되는 듣기보다 눈에 띄지 않는 방식으로 앞선다. 우리는 언어를 단순히 말하는 것이 아니라, [정적의 울림으로서의] 언어로부터 말한다. 이렇게 할 수 있는 것은 오로지 우리가 그때그때마다 언어를 들었기 때문에 가능하다. 우리는 과연 무엇을 들었는가? 우리는 언어의 말하기를 듣는다(US, 243).

하이데거에 있어서 이러한 시원적 언어는, 곧 존재 자체이다. 존재는 언어로서 우리에게 말을 건네고 우리의 말하기는 이에 대한 하나의 응대이다. 우리의 말하기는 의견을 내놓고 기호로 표시하는 주관의 활동이 아니라, 오히려 그 모든 말하기는 그 최종적인 근거, 곧 시원적 언어에 대한 응답이다. 말하자면 사유가 본질적으로 하나의 응대로서 존재에 상관하듯이, 인간의 언어도 존재의 더 시원적이고 소리 없는 언어에 상관하는 것이다.

이처럼 우리 인간은 존재의 언어가 말하는 것을 들음으로써, 그리고 그러한 방식으로 들려진 말에 따라 언제나 말하는 것이다(US, 243참조). 이제 우리는 비로소 詩에서 말해진 것 속에는 '언어의 말하기'가

生起한다는 하이데거의 표현을 이해할 수 있게 되며, 또한 '언어의 말하기'가 '인간적 말하기'에 선행하는 이유도 이해할 수 있게 된다. 요컨대 하이데거에 있어서 '언어'는 언제나 인간이 먼저 말하는 것이 아니라, 무엇보다도 존재의 언어에 인간이 응답할 수 있어야만, 비로소 스스로 말할 수 있게 되는 것이다. 그리고 이러한 사태를 하이데거는 단적으로 "언어가 말한다"라는 명제를 통해 표현하고 있는 것이다.

2) 낱말168)과 사물(Das Wort und Das Ding)

이미 언급하였듯이, 하이데거는 「언어의 본질」과 「말」이라는 두 강의 논문에서 게오르게(Stefan George)169)가 쓴 "낱말(Das Wort)"이라는 詩로부터 자신의 논의를 시작하고 있다. 이 시는 『예술을 위한 서간들(Blätter für die Kunst, /, 1919)』속에 포함되어 맨 처음 출판되었고, 이어서 『새로운 나라(Das Neue Reich, 1928)』안의 「선율(Das Lied)」이라고 제목 붙여진 章의 한 부분으로 다시 출판되었다. 그러면 먼저 이 '낱말'이라는 시의 내용을 살펴보기로 하자.

　　아득하게 먼 곳으로부터 경이 혹은 꿈을
　　나는 내 영토의 가장자리로 가지고 왔다네.

---

168) 여기서 '낱말(das Wort)'이라는 용어는 단순히 문자 그대로 '단어'나 '어휘'를 나타내는 것이 아니라, 사물이 하나의 사물로서 드러날 수 있도록 존재의 의미를 부여하는 근원적 의미의 '말' 혹은 '언어'의 뜻을 함축하고 있다. 번역상의 어려움으로 인해 그냥 '낱말'로 옮겼으나 이 용어 속에 내재되어 있는 이러한 근원적인 의미를 파악하는 것이 무엇보다도 중요하다.

169) Stefan George(1868-1933)는 예술에다 종교적인 의미를 부여하고자 한 시인으로서 문예지『藝術草紙』를 주재하였고, 초기에는 니체에게서 강한 영향을 받았으며, 이어서 보들레르나 말라르메 등의 프랑스 상징파의 영향을 받아 '예술지상주의'를 주창한 인물이다.

그리고 나는 간절히 기다렸다네. 백발을 한 운명의 여신이
그녀의 샘 속에서 그 이름을 발견할 때까지 –

그 후 나는 그것을 면밀하고 강하게 파악할 수 없었기에
이제 그것은 이 땅 모든 곳에서 화사하게 꽃피어 빛나고 있을지니 –

언젠가 나는 훌륭한 여행을 끝내고는
귀중하지만 부서지기 쉬운 보석을 지닌 채 그곳에 찾아가겠지.

운명의 여신은 오래 찾다가 나에게 일깨워주었네:
"여기 깊은 심연에서는 그런 것이 아예 잠들어 있지 않아"

그러자 보석은 내 손에서 빠져나가 버렸고
나의 영토는 더 이상 그 보물을 얻지 못하였다네…….

그래서 나는 슬프게도 체념을 배웠다네:
낱말이 결여된 곳에는 그 어떤 사물도 없을 것이라는 체념을
(US, 152-153, 208).

이러한 게오르게의 詩를 하이데거는 시인이 언어와 함께 겪는 경험,
곧 언어의 본질을 깨닫는 과정으로 해석하고 있다.[170] 특히 이와 관련하
여 그는 「언어의 본질」 머리말에서 "언어와 더불어 경험하는 것(US,
149)"이 무엇보다 중요하다는 점을 지적하고 있다. 그렇다고 이러한 말
이 곧 우리가 언어를 가지고 그것을 실험대상으로 삼는다는 것을 의미하
는 것은 아니다. 오히려 그것은 "우리가 한번쯤 언어에 대한 우리의 관
계에 주목해 본다는(US, 149)" 태도를 의미한다. 말하자면 여기서 '경험

---

170) Robert Bernasconi, *The Question of Language in Heidegger's History
of Being*(Atlantic Highlands: Humanities Press, 1985), p.51참조.

한다는 것'은 하나의 길에 의해서 어떤 것을 획득하는 것, 또는 그것에 도달하기 위해서 "낱말의 정확한 의미를 따르는 것(US, 149)"을 의미한다. 또한 우리가 우리 자신을 언어 속에다 머무르게 함에 대해 반성해 본다는 사실을 의미한다. 즉 우리는 우리의 존재와 관계하는 그 어떤 것에 대하여 우리 스스로 분명해지길 원한다. 메타언어나 메타언어학의 의미에서 언어에 관한 그 어떤 지식을 모아들이는 일은 여기에서 중요한 것이 아니다. 처음부터 하이데거는 언어의 본질에 대한 그 자신의 물음이 근대 형이상학의 입장에서는 단 한 번도 제기된 적이 없으며, 또 메타언어라는 의미에서의 그런 연구조차 이러한 형이상학의 입장에 머물러 있을 따름이라는 사실을 분명히 밝히고 있다. 즉 "메타언어학(Metalinguistik)이란 모든 언어를 철저히 기술화함으로써 오직 범세계적으로 기능하는 이른바 정보도구로 환원시키는 하나의 형이상학인 것이다(US, 150)."

그리고 언어와 더불어 경험하게 될 때, 우리는 먼저 언어 자체가 스스로를 언어로 이끌고 있다는 사실에 주목해야 한다. 비록 우리는 일상적으로는 제대로 언어에 주의를 기울이지 못하고 따라서 언어 자체를 이해하지 못한 채 그렇게 있다고 할지라도, 우리는 그 언어 속에서 살아가고 있으며, 또 그 언어를 신뢰하는 매우 독특한 양식으로 존재하고 있다. 이러한 상황을 지적하기 위해, 하이데거는 시인을 불러들인다. 그 이유는 시인이 언어와 어떤 특별한 관계를 가지고 있기 때문이 아니라, 그가 언어와의 관계를 가장 잘 드러내는 일에 종사하고 있기 때문이다. 시인은 이러한 관계를 고유하게 언어화한다. 그러나 앞에서도 언급했듯이, 횔더린을 비롯한 많은 시인들에 대한 하이데거의 이러한 각별한 관심은 여하한 모든 시인들에 대한 관심이 아니다. 즉 일반적으로 시인들은 '언어'를 자신이 원래 가지고 있던 훌륭한 표상을 표현하는 도구로서 생각하고 있다. 따라서 이러한 견해에 따르자면, 詩作이란 자신이 이미 표상하고 있는 것을 드러내고 표현하는 것이다. 이렇게 드러내고 표현하는 것을 통해서 詩的 대상들은 아름답게 빛나게 된다. 그러므로 시적 대상들은 언어와는 별개의 것이며, 언어 없이도 존재하는 것처럼 보인다. 하이데거가 관심을 가지는 시인들은 결코 이러한 견해를 견지하는 사람이 아니다.

하이데거에 의하면 이러한 견해를 가진 시인들은, 진정으로 '소중한 것(사물)'에 부여할 적당한 이름을 발견할 수 없을 때, 결국 그 사물도 잃어버리게 되며, 바로 이러한 사실을 통해 언어와 사물의 관계에 대해서 새로운 사실을 깨닫게 된다. 즉 시인들은 낱말이 없이는 사물도 존재할 수 없다는 체념을 배우는 것이다. 이 체념은 부정적 의미의 어떤 것을 말하는 것이 아니다. 언어를 다루는 전혀 다른 방식의 이름이 바로 '체념(Verzicht)'이다. 그것은 회상적 사유(Andenken) 속에서 '낱말'이라는 보물을 보존하는 하나의 방식이다.[171] 그리고 하이데거는 "詩作의 근본 원천은 사유되어야 할 것에 대한 회상(WD, 7)"이라고 주장한다. 여기서의 '회상'이란, 이미 도처에서 미리부터 사유되고 싶어 하는 그것, 즉 '말함'에로 모여짐이자 거기에로의 눈짓이다(US, 191참조). 물론 도처에서 미리부터 사유되고 싶어 하는 그것은 다름 아닌, 본래적인 언어 곧 '존재의 언어'를 의미한다.

하이데거도 강조하듯이, 이 '낱말'이라는 시에서 드러나는 시인의 보물은 결코 사물이 아니다. 그것은 '낱말로서의 낱말(das Wort als Wort)'이다. 아마도 게오르게가 찾고자 한 것도 바로 이 '낱말로서의 낱말'이었을 것이다. 위의 시에서, 시인이 적합한 말을 발견할 수 없었던 보물이란 결국 '낱말' 자체를 뜻한다. 시인은 바로 이 '존재의 말(언어)'에 대한 '낱말

---

171) Ibid., p.53참조.

의 결여'를 깊이 느끼게 된다. 베르나스코니에 따르면, 게오르게에 대한
해석에서 하이데거는 자신이 「형이상학이란 무엇인가」에서 표현한 無의
경험, 즉 '존재에 대한 낱말의 결여를 느끼는 경험'을 새로운 방식으로
표현하고 있다.172) 그렇지만 존재에 대한 낱말의 결여를 자각한다는 것
은, 시인이 이제 더 이상 어떠한 말도 할 수 없다는 것을 의미하지는 않
는다. 시인은 체념의 방식으로 말할 수 있는 것이다. 이때 체념되는 것은
시인이 언어에 대해서 가지고 있던 '관계(Verhältnis)'이다. 이 관계에서
는 사물은 낱말에 우선하는 것이었으며, 시인은 사물에 대한 내적인 경
험에 단지 낱말을 부여하는 것이었다. 이 경우에 낱말은 사물에 대한 시
인의 표상을 표현하는 도구에 지나지 않는다. 그렇지만 이제 시인은 낱
말을 자신의 통제 하에 있는 도구로서 생각하던 기존의 입장에서 언어에
청종하는 입장에로 나아간다. 체념되는 것은 언어에 대한 주체로서의 입
장, 즉 주체로서의 인간이며, 그 인간이 존재의 언어를 청종하는 현존재
로 변화되는 것이다. 시인은 드디어 언어의 요구, 즉 말 건넴(Zusage)에
자신을 내맡기는 것이다(US, 220참조).

베르나스코니도 밝히고 있듯이, 하이데거의 「낱말(Das Wort)」이라
는 이 강의논문의 원래 제목은 「詩作과 사유(Dichten und Denken)」였
다. 그리고 이 연구에서는 '시인과 사유가'가 근원적인 사유에 있어서는
서로 '가까움(동근원성)'을 가지고 있음을 보여준다. 이 근원적인 가까
움은 바로 하이데거가 강조하는 이른바 〈관계(Verhältnis)〉의 의미로
서, 일종의 공속성의 의미이다.173) 그러나 여기에서 시인과 사유가는
대화의 사건 속에 존재하는 이웃일 뿐만 아니라 '낱말'이라는 詩의 주
제에서처럼 '낱말과 사물 사이의 관계'174) 속에 존재하는 이웃이기도

---

172) Ibid., p.54참조.
173) Ibid., p.52참조.

174

하다. 말하자면 시인과 사유가 사이의 대화는 낱말과 사물에 대한 그들의 근본적인 경험들 사이에서 발생하는 하나의 가까움이며, 모든 위대한 시작품들이 이러한 사유의 영역 안에서 움직이고 있다는 사실을 우리는 경험할 수 있다. 이런 의미에서 하이데거는, 사유가 분명히 참된 시의 '이웃함(Nachbarschaft, 인접성)'에서 그 길을 가고 있다는 사실을 다음과 같이 강조한다.

> 말함의 탁월한 두 방식인 시작하는 일과 사유하는 일은 각각 고유하게 탐구되어야 하는 것이 아니고 엄밀히 말하면 그들의 이웃함에서 탐구되어야 한다(US, 175).

앞에서도 언급하였듯이, 시작과 사유는 서로를 필요로 한다. 말하자면 사유와 시작은 '동근원적'이라고 할 수 있다. 그들의 공통된 뿌리는 언제나 언어의 영역 안에서만 움직인다.175) 횔더린에 대한 하이데거의 많은 논문들이 그러하듯이, 마찬가지로 게오르게에 대한 그의 논문들도 이른바 "시인과 사유가 사이의 대화"에 관한 것이다. 그렇지만 베르나스코니도 언급하듯이, 여기서 우리가 유념해야 할 것은, 시인과 사유가의 대화는 하나의 시를 단지 철학적 언어로 해석한다거나, 한 시인의 내면적 뿌리를 특정 철학적 관점을 통해서 보여준다는 것은 아니라는

---

174) 비멜(W. Biemel)이 강조하듯이, "낱말은 단지 사물에 관계하는 것이 아니라 사물이 사물로서 유지되는 그것에 관계한다." Walter Biemel, "Poetry and Language in Heidegger", Edited by Christopher Macann, *Martin Heidegger : Critical Assessments*(Ⅲ)(London and New York : Routledge, 1992), p.238.
175) M. Heidegger, "Denken und Dichten-Überlegungen zur Vorlesung" in *Nietzsche*, Bd. 50(Frankfurt a. M. : Vittorio Klostermann, 1990), S.139참조. 이하에서 이 책은 'N'으로 약칭하고 본문 안에 곧바로 면수를 표기함.

점이다.[176] 언어는 사물들의 만남의 기초이고 그래서 그 만남을 가능하게 한다. 또한 언어는 사물들이 현전하는 것으로 또 의미 있는 것으로 만나질 수 있는 자리를 개방시킨다. 즉 "언어는 최초로 존재자들을 명명함으로써 비로소 존재자들을 말과 현존 속으로 가져다준다(HW, 61)." 그렇다면 이러한 낱말(언어)과 사물은 도대체 어떤 관계를 맺고 있는 것인가? 이것이 바로 여기서 우리가 해명해야할 주요 과제이자 논의의 핵심주제이다.

먼저, '낱말(das Wort)이란 무엇인가'라는 물음을 제기해 보자. 사람들은 일반적으로 낱말을 순전히 외적인 표명들로, 즉 주로 들을 수 있고 또 표현할 수 있는 것으로만 간주하여, 그것이 자신의 본질을 가지지 않는 것으로 생각한다. 달리 말하면, 사람들은 말을 순수 표상적 특성만을 가진 것으로 보고 있다. 그런 입장에 의하면, 말 자체는 어떤 정보도 드러낼 수 없고, 오직 말은 의미 있는 결합을 통해서만 어떤 정보를 드러내거나 전달할 수 있을 뿐이다. 이것이 의미하는 바는, 곧 낱말 자체에 있어서는 그 어떤 논리적인 정확성도 기대할 수 없으며, 그것은 단지 실재에 대한 암시나 지시의 의미로서 가설적인 정보만을 드러낼 수 있다는 것이다. 하지만 사실 우리는 모든 실재를 낱말로써 완전히 나타낼 수는 없다. 낱말들은 자신을 드러내면서 또한 동시에 감추기도 한다. 즉 낱말들은 암시들이지, 문자적인 記述은 아니다.[177] 다시 말해 "낱말들은 눈짓(Wink, 신호)이지 단순한 지시(Bezeichnung)의 의미를 가진 기호들은 아니다(US, 113)." 하이데거에 따르면 이러한 기술적인 기능은 언어의 근본적이고 본래적인 기능이 아니다. 언어는

---

176) R. Bernasconi, op. cit., p.52참조.
177) L. M. Vail, *Heidegger and Ontological Difference*(New Jersey: The Pennsylvania State Univ. Press, 1972), pp.172-173참조.

인간 실존과 존재하는 모든 것들의 거처이자 집이다.[178)

여기서 하이데거는 꽃이 피는 것과 같은, 이른바 언어의 生起的 기능을 강조함으로써 우리의 관심을 이끌고 있다. 그런데 이렇게 생기하는 언어의 본질을 우리는 어떻게 경험하는가? 이러한 물음은 또 다시 게오르게의 「낱말」이라는 시의 마지막 연으로 우리의 관심을 이끈다. 즉,

　　그래서 나는 슬프게도 체념을 배웠다네.
　　낱말이 결여된 곳에는 어떠한 사물도 없을 것이라는 체념을
　　(US, 162).

---

178) 게다가 인간은 이러한 본래적인 드러남 속에서 하나의 역할을 가지고 있다. 이런 인간의 역할은 여러 분야, 예컨대 과학적 발견, 수학, 시, 심지어 상업과 기술 등에 이르기까지 아주 넓은 방식으로 나타나고 있다. 밝힘(지시함, 나타나게 함, 생기하게 함)의 과정은 그의 이해력과 구조를 획득하는 데 인간을 필요로 한다. 심지어 자연(Physis)도 이런 점에서 인간을 필요로 한다. 자연적인 사물에 의미를 줄 수 있는 일종의 이해력이 없다면, 자연 그 자체는 너무나 맹목적일 수밖에 없다. 그러나 구체적인 대상은 그 자체가 되기 위해서는 이것 또는 저것으로 드러나야 한다. 자연 자체를 단순히 나무, 동물, 돌 등으로 구성된 존재로만 생각해서는 안 될 것이다. 오직 소박한 실재론자들만이 그런 입장을 받아들일 수 있을 것이다. 지렁이는 그 자신은 지렁이지, 굼벵이가 아니라는 점을 알고 있을 것이라는 어떠한 증거도 우리는 가지고 있지 않다. 그 점은 그다지 문제가 되지 않을 것이다. 그러나 한 대상이 바로 그 자신으로 있기 위해서는, 그 대상은 이것 또는 저것으로서 (자기) 동일성(identity)을 가지고 있어야 한다. 그 대상은 바로 그 자신으로서 나타나야 하고, 최소한 이런 점에서 자기 결정적이어야 한다. 물리적인 자연 그 자체는 기껏해야 단지 동일성의 가장 소박한 형태로 이해될 수 있을 뿐이다. 그러나 하이데거의 지적에 의하면, 자연은 그 자체 내에 자기 결정적인 힘을 가지고 있다. 그 이유는 자연은 인간을 포용하고 있기 때문이다. 인간은 자연 그 자체이다. 가사자인 인간의 말함 그 자체는, 그것이 인간 실존의 자리에 충만하게 퍼져 있다는 점에서 자연에 속해 있다고 할 수 있다. 자연과 언어가 전개하는 힘은 하나이며 동일한 것이다. L. M. Vail, op. cit., p.174참조.

우리는 이 시의 마지막 연을 어떻게 이해해야 하는가? 하이데거는 "사물들은 말, 언어 안에서 사물들이 되고 비로소 존재한다(EM, 16)" 고 말한다. 이 시에서도 바로 "낱말이 없는 곳에는 어떤 사물도 존재할 수 없다"는 사실에 주목한다. 이러한 그의 해석에서 우리는, 낱말은 사물을 그 사물로 부르고 또 명명하는 것이라는 사실을 알게 된다. 말하자면 부르고 명명하는 것은 '이름을 부르는 것'이고, 이름이란 단순히 어떤 것에 붙여진 지시 기호가 아니라, 가령 "왕의 이름으로", "신의 이름으로"라고 하듯이(US, 154참조), 이것은 일종의 명령이다. 이처럼 언어의 부름이 사물(존재자)로 하여금 그 사물로 있게 한다. 즉 사물은 언어(낱말)로 인하여 비로소 그 사물로서 존재하게 되는 것이다.

또한 여기서 '체념(Verzicht)'을 배운다는 것은 낱말과 사물의 이러한 조화를 인정한다는 것이다. 하이데거에 의하면 이 마지막 연은 시인이 체념함으로써 잊어버려야 할 그 무엇을 가리키는 것이 아니라, 체념이 관여해야 할 저 영역을 말해 주는 것이다. 즉 "시인이 체념해버려야 할 것은 사물과 낱말의 관계에 대한 종래의 견해이다(US, 157)." 말하자면 시인은 그의 인간적인 태도를 단념해야만 하고, 그가 언어를 사용하는 것이 아니라 오히려 언어가 그를 사용한다는 것을 우선 인정해야 하며, 또한 그가 사물에 대한 말의 숨겨진 능력을 인정해야만 한다. 이러한 사실을 인정함으로써, 시인은 말을 통해 멀리 있는 사물을 가까운 데로 가져올 수 있고 반대로 가까운 데 있는 사물을 멀리 떨어진 곳으로 가져갈 수 있다. 시인은 이름을 사용함으로써 그러한 일을 할 수 있다.[179] 즉 시인은 이름을 사용하여 사물들을 부르며, 그리고 그가 부르는 사물들은

---

179) 하이데거에 의하면 '이름을 부르는 것', 곧 '命名(Nennen)'은 '말속으로 불러들인다'는 뜻이다. 부름(Rufen)을 통해 부름받은 것(Gerufene)은 더 가까이 다가온다. 그래서 '불러들인다는 것'은 가까움으로 부른다는 뜻이다(US, 18참조).

현존하게 되는 것이다. 하이데거는 이처럼 시인들이 부른 사물들은 물질
적 사물들보다 더 참되게 현존한다[180]고 강조하면서, 다시 이렇게 묻
는다. "어느 현존성(Anwesenheit)이 더 높은 현존의 바탕이 되는가,
우리 눈앞에 놓여 있는 현존성인가 아니면 부름받은 것의 현존성인가
(US, 18)?"

그러나 하이데거에게 있어서 언어는 이러한 현존, 즉 '드러냄'뿐만 아
니라 숨김(은폐)을 그 자체 안에 가지고 있다. 물론 이러한 특징은, 시인
이 모든 것에 대해 반드시 적절한 낱말을 찾을 수 있는 것은 아니라는
사실에서 극명하게 드러난다. 시인은 오직 이름이 그에게 허용하는 사물
들만 불러낼 수 있을 뿐이다. 그때 낱말은 시인에게 그러한 사물을 부를
수 있도록 허용한다. 그러나 때때로 그러한 것을 허용하지 않고 유보하
기도 한다. 그래서 그는 언어의 부름을 경청해야만 하는 것이다. 이제 다
시 물어보자. 낱말이란 무엇인가? 낱말들은 어떻게 현존하는가? 낱말들
도 사물들인가? 먼저 하이데거의 해석에 의하면 "낱말과 사물은, 비록
분리되어 있는 것은 아니라 할지라도 다른 것이다(US, 181)." 그렇다면
낱말과 사물은 과연 어떻게 다른가? 하이데거도 지적하듯이, 낱말은 사
물과 다른 지위를 가지고 있다. 그러므로 언어학자들이 본래적인 의미의
낱말에 대해서 언급한다는 것은, 하이데거가 '낱말사물(Wörterdinge)'이
라고 불렀던 것, 즉 낱말의 감각적이고 물질적인 흔적에 대해서만 이야
기하고 있는 것이다. 메타언어학자 또한 이러한 낱말을 대상 또는 사물

---

180) 여기서 언어와 사물의 현존에 대해서 취하는 하이데거의 이러한 입장은
여타 철학자들과 크게 다를 것이 없어 보인다. 잘 알려져 있는 바와 같이,
많은 철학자들은 물질적 대상보다는 (이성적) 사유의 대상이 원칙적으로
더 접근 가능하고 더 투명하다고 주장한다. 플라톤이나 흄도, 비록 다른 이
유가 있을지라도, 이 주장에 대해 별로 유감을 나타내지 않을 것이다. L.
M. Vail. op. cit., 175-176참조.

로서만 다루려고 한다. 즉 언어학자나 메타언어학자는 '드러남'의 본래적 인 의미에서부터 언어에로 접근하지 못하고 있다. 언어를 대상이나 사물 로 다루려는 것은, 낱말의 역동성을 충분하게 설명하지 못하는 것일 뿐 만 아니라 역동적인 면을 숨기고 있는 낱말들에게 정적인 특징을 부여하 려고 하는 것이다. 낱말은 사물과는 다른 특별한 기능을 가지고 있다. 이 를테면 "낱말(das Wort)이란, 시인으로 하여금 그가 사물을 그 사물의 존재 속에 간직하고 유지하는 자가 되도록, 그에게 말을 건네 오는 것 (sagen)이다(US, 158)."

이러한 논의에서 드러나듯이, 이제 하이데거에게 가장 중요한 것은 바로 언어의 말 건넴을 듣는 일이다. 즉 "언어는 그의 방식으로 자기 자신을, 곧 그의 본질을 우리에게 말 건네고 있다(US, 169)." 그렇다면 언어가 건네는 것은 과연 무엇인가? 하이데거도 언급했듯이, 시적인 경 험과 가장 오래된 사유의 전승에 따르면, 말, 곧 언어가 건네주는 것은 바로 '존재'이다(US, 182참조).[181] 비멜(W. Biemel)은 만일 이처럼 말 이 존재를 건네는 일이 이루어진다면, 우리는 언어와 더불어 사유하는 경험을 할 수 있다고 강조한다. 물론 그러한 경험을 하기 위해서는, 우 리가 詩作과 사유함의 이웃관계를 직시하여 그 이웃관계 속에 스스로 머무르는 준비가 필요하다.[182]

또한 하이데거는, 언어에 관한 중요한 진술이 사유의 영역 안에서 펼쳐지고 있음에도 불구하고, 또 시가 언어로 지어지고 있음에도 불구

---

181) L. M. Vail, op. cit., p.76참조. 또한 하이데거는 게오르게의 시 "낱말"에 대 한 해석에서 이렇게 단언한다. 즉 게오르게의 시처럼, 낱말이 결여된 곳에 는 아무것도 없다. 즉 제 마음대로 쓸 수 있는 낱말이란 것이 있어야 사물 은 비로소 존재를 얻게 되는 것이다. 그래서 사물이 존재하자면 낱말이 필 요하다. 따라서 여기서 존재라는 것은 낱말로부터 사물에게 주어지는 것이 다(US, 209참조).

182) Walter Biemel(신상희 역), 『하이데거』(서울: 한길사, 1997), 248쪽 참조.

하고, 언어의 본질은 "그 어디에서도 스스로를 본질(존재)의 언어로서 그 언어로 이끌어 오지 못하고 있다(US, 175)"는 사실을 지적한다. 바로 이러한 그의 지적에는 언어의 비밀이 고스란히 담겨져 있다. 이를테면 그는 「언어에의 길」이라는 논문에서 노발리스(Novalis)의 다음과 같은 문장을 상기하면서 논의를 시작하고 있다. 즉 "언어는 단지 그 자신만을 염려한다. 이것이 바로 언어의 고유한 점이다. 그러나 사람들은 아무도 그 사실을 모른다(US, 229)." 하이데거는 언어의 본질에 관한 이 수수께끼 같은 문장 속에 바로 언어의 비밀이 있다고 생각한다. 그리하여 그 비밀을 다음과 같이 풀이한다. 즉 "언어는 오로지 자기 자신과만 고독하게 이야기한다(US, 229)." 이러한 하이데거의 말에서 드러나는 사실은 바로 '말함(Sprechen)에서 언어 자체는 '그 말함 속에서 말해진 것(언어로 표현된 것)'에 대해 물러나 버린다는 점이다. 여기서 언어 자체의 물러남(Zurücktreten)은 곧 "언어가 자신의 유래와 더불어 그 자신에 머물러 있기 때문에, 언어의 본질은 표상되기를 스스로 거부한다(US, 175)"는 사실에 기인한다. 결국 이러한 언어, 곧 시원적인 말함은 은폐되어 드러나지 않게 되고 인간의 말만 표상되어 드러나게 되는 것이다. 말하자면 인간의 말함이 이루어지는 그 순간에, 본래적인 말함, 곧 존재의 언어는 언제나 그 배경으로 사라지는 것이다. 이것이 사물에 대한 낱말(언어)의 본래적인 기능이다. 그렇다면 이러한 본래적인 낱말(언어)은 어떠한 '방역(Gegend)'을 가지는가?

3) 언어의 방역(Die Gegend der Sprache)171)

하이데거에 의하면 우리가 사물을 경험하게 되는 것은, 사물이 우리에게 엄습해 와서 우리에게 자극을 주고 또 우리를 변형시킬 때이다.

따라서 이때의 경험은 우리 자신이 만드는 것이 결코 아니다. 우리는 사물이 우리에게 자극을 주는 만큼 사물을 수용하는 것이고, 또 사물이 사건으로 발생할 때, 사물을 경험하는 것이다. 이처럼 우리가 사물을 경험하듯이, 언어라는 사태 또한 경험 가능하다는 것이 하이데거의 주장이다. 그렇지만 오늘날 우리가 언어에게서 그러한 경험을 갖는다는 것은 쉬운 일이 아니다. 비록 우리가 언어와 참된 경험을 갖도록 자극을 받게 되고, 또 어느 정도 우리와 언어의 관계에 주목한다고 할지라도 말이다. 그렇다고 하더라도 우리는 이러한 물음을 제기할 수는 있다. 즉 우리는 도대체 우리가 말하는 언어와 어떤 관계 속에서 살아가고 있는가? 아마도 우리는 그것을 단순한 문제로 간주하여, 우리가 "언어를 말한다"라고 간단하게 대답할지도 모르지만, 그러한 대답이 결국 언어와 우리의 관계를 애매하고 불투명한 채로 남겨 놓는 것이다. 더 나아가서, 언어를 경험한다는 것은 단순히 언어에 대한 지식 (Kenntnisse)을 모으는 차원이 아니다. 오늘날 다양한 언어를 다루는 언어학이나 문헌학 혹은 심리학이나 분석철학은 그러한 지식을 우리에

---

183) 앞서 언급했듯이, 하이데거는 『존재와 시간』 제 22절에서 우리가 배려된 관계 내에서 '둘러봄'으로 도구에 미리 부착되어 있는, 이른바 귀속의 '어디에로'를 '方域(Gegend)'이라고 부르고 있다. 말하자면 현존재가 그의 존재를 문제 삼으면서 존재자를 개시하는 터를 '세계'라고 하듯이, 도구적 존재자가 귀속하여 장소를 정립하는 터를 방역이라고 한다(SZ, 138참조). 그러나 그의 후기사유에서, 특히 이 '방역'이라는 개념이 언어와 연관성을 가질 때는 그 의미가 바뀌게 된다. 예를 들면, 베일(L. M. Vail)은 세계와 존재자, 그리고 방역과 존재자 사이의 구별을 엄밀히 하지 않고 세계는 방역과 존재자라는 도식으로 세계와 존재자의 문제를 설명하고 있다. 심지어 그는 모든 개별적 세계들이 공통적으로 가지는 초세계를 '방역(Region)'으로 파악하기도 한다. 이러한 것은 베일이 하이데거의 전기사유는 무시한 채, 주로 후기사유에서 등장하는 '사역(Geviert)'개념만으로 해석해서 빚어진 결과이다. 따라서 이러한 베일의 해석은 『존재와 시간』에서는 잘 맞지 않는다. L. M. Vail, op. cit., pp.138-140참조; VA, 149-155, 171-182참조.

게 끊임없이 제공하고 있다. 또 언어에 대한 과학적, 그리고 철학적 탐구는 메타언어(Metasprache)를 산출하려는 목표로 향하고 있다. 이런 탐구들은 그 자신의 정당성을 나름대로 지니고 있지만, 그럼에도 불구하고 언어를 경험하는 것은 언어에 대한 과학적 또는 철학적 지식을 모으는 것과는 전혀 다른 차원인 것이다(US, 149-150참조).

그렇다면 이제 우리는 어떤 길을 통해 언어를 경험할 수 있는 곳으로 갈 수 있는지를 다시 한 번 물어보자. 사실 우리는 말을 하면서, 그리고 말과 함께, 말 안에서 살고 있다. 우리는 이러한 일상적 삶이라는 우리 자신의 길에 너무 익숙해져 있기 때문에, 과연 우리가 언어를 경험할 수 있는 곳으로 나아갈 수 있을지에 대한 의구심이 생긴다는 것은 당연한 일이다. 우리는 대체로 사물이나 사건의 문제에는 즉각적으로 우리의 관심을 집중시키지만, 정작 언어를 경험하고자 할 때, 즉 언어의 말함에 대한 관심에는 소홀히 하는 경향이 있다. 그렇다고 하더라도 우리는 일상적으로 말하고 있는 데서, 심지어 우리가 우리와 관련되어 있는 사태에 대해 적절한 말을 찾을 수 없을 때조차도, 우리는 언어의 말함과 이미 만나고 있다. 그때의 우리는, 아직 우리가 생각하고 있는 것을 말로 표현하지 않은 채로 남겨두고는 있지만, 언어 자체가 스스로의 본질로 우리와 멀리, 그리고 빠르게 접하고 있는 그러한 계기들은 이미 경험하고 있는 셈이다(US, 151참조).

이런 의미에서 본다면, 누군가 아직 말해지지 않은 것을 말로 표현하고자 할 때, 그 모든 것은 언어 자체가 적절한 말을 선사하느냐 아니면 거절하느냐에 달려 있게 된다. 언어로부터 적절한 말을 선사 받은 경우의 한 예가 바로 '시인의 경우'이다. 시인은 자신의 언어적 경험을 시적으로 표현하고 있다. 그 좋은 예가 앞에서 살펴본, 게오르게(S. George)의 「낱말」이라는 시이다. 이 시의 마지막 연의 마지막 행에는 "낱말이 결여된 곳에는 어떤 사물도 없을 것"이라는 표현이 있다. 이 행이 주는 의미에서 볼 때, 언어는 '낱말과 사물의 관계'에 대해 어떤 명백한 것을 말해 주고 있다. 그것은 바로 고유한 낱말이 결여된 곳에는 어떤 사물도 존재할 수 없다는 것이다. 그러나 여기서 게오르게는 이름(Name)과 낱말(Wort)이라는 단어들을 기호나 신호의 의미로 사용하고 있지는 않다. 오히려 그는 이 단어들을 매우 사려 깊게 사용하고 있으며, 사물에 대한 적절한 낱말이 발견되는 곳에서만 사물은 오직 사물로 있게 된다고 주장한다. 말하자면 게오르게는 오직 낱말만이 사물에게 존재를 증여한다는 사실을 주장하고 있는 것이다(US, 154참조).

그러나 우리는 게오르게가 사유가가 아니라 시인이라는 점을 염두에 두어야 한다. 물론 하이데거 역시 詩가 우리들에게 언어적 경험을 제공하고 있다고 강조한다. 시인은 언어를 경험함으로써, 오직 낱말만이 사물을 사물 자체로서 나타나게 한다는 것을 배운다. 그리고 낱말은 사물을 그의 존재 안에서 유지하는 것으로써 자신을 시인에게 선사한다. 이러한 체험을 하기 전까지 시인은 낱말이나 언어의 아주 다른 관계에 위치해 있게 된다. 그런데 언어의 본질을 고찰함에 있어서, 그것에 대해 물음을 제기하는 사람들은, 우리가 언어와 그 본질이 의미하는 바에 대한 모종의 선이해를 가지고 있다는 사실에 우선 주목해야 한다. 즉,

우리가 언어에 대해, 곧 언어의 본질에 대해 물음을 던질 때, 그때 언어 자체가 이미 우리에게 말을 걸어오고 있어야 한다. 즉 우리가 언어의 본질에 대해 묻는다면, 본질의 의미가 이미 우리에게 말을 걸어오고 있는 것이다(US, 164).

이것은 언어와 그 본질 양자가 우리에게 허용되어 있다는 사실을 의미한다. 모든 물음은 언어 안에서 물어지는 것을 허용하는 한에서 일어

난다. 그런 일이 가능하지 않다면, 우리는 언어에 대한 최소한의 것도 이해할 수 없을 것이다. 따라서 만약 언어의 본질적 특징이 우리에게 불투명한 것이라고 한다면, 그때의 언어는 사물들을 드러내지도, 그것들을 전달하지도 못할 것이고, 또한 그들의 현존도 나타낼 수 없을 것이다.

그렇다면 '어디'에서 언어가 그것의 가장 시원적이고, 은폐되지 않은 형태로 드러날 수 있는가? 이러한 물음은 우리에게 '언어의 방역 (Gegend)'을 찾는 일이 무엇보다도 중요함을 일깨워준다. 물론 그러한 방역을 찾기 위해, 우리는 먼저 언어의 방역과 우리 사유 간의 관계를 더욱 엄밀하게 이해해야만 한다. 하이데거는 먼저 과학에서 사용된 방법과 언어의 방역을 대비시킨다. 그러나 과학에서의 방법은 형식적인 것이며, 또한 무차별적으로 다양한 주제에 적용될 수 있는 것이다. 따라서 그것은 그 자신의 방법과 주제에 무차별적이기 때문에, 자신의 내용을 창출하지 못한다. 이와는 달리, 언어의 방역은 사유에게 길을 제시하고, 또 사유가 유익한 노력을 기울이도록 은폐되지 않은 내용을 제공한다. 다시 말해서 하이데거는 과학적 방법으로 탐구하는 활동을 만족스럽게 여기지 않는다. 그것은 우리가 드러남의 고유한 영역에 있지 않다면, 세상에서 가장 좋은 방법이라고 할지라도 그것은 우리에게 무익한 결과만을 제공할 뿐이기 때문이다.[184]

---

184) 하이데거는 이러한 '과학적 방법'과 '언어의 방역' 사이에 관한 비교설명에서 다음과 같이 주장한다. 즉 우리는 여기서 언어를 경험하려고 시도한다. 어떤 것을 경험하는 것은 계속 그 길로 나아감으로써 그것에 도달하는 것을 의미한다. 여기서 길에 의해 의미되는 것은 현대 과학의 방법이라고 부르는 것과 동일시될 수 없음은 자명하다. 현대 과학에서 통용되고 있고, 또 의미로 받아들여진 방법은 과학들에게 봉사하는 하나의 단순한 도구가 아니다. 오히려 이러한 방법에 현대 자연과학이 봉사해야 하는 것이다. 니체가, 19세기를 특징짓는 것은 과학의 승리라기보다는 과학에 대한 과학적

이제 우리는 다시 한 번 물음을 제기해 볼 수 있다. 하이데거가 주장하는 '언어의 방역'이란 무엇이며, 그것은 어디에 있는가? 먼저 이에 대한 하이데거의 직접적인 표현을 들어보기로 하자.

> 언어로서의 언어(Sprache) 그 자체는 어디에서부터 낱말(Wort)로 오는 것인가? 이상하게도 그곳, 즉 우리는 우리와 관련이 있는 어떤 그곳에, 다시 말해 우리를 잡아당기고, 압박하며, 우리를 자극하는 어떤 그곳에 대해 적절한 말을 찾을 수가 없다. 그래서 언어 자체가 그의 본질과 함께 더욱 멀어져 가고, 미끄러져 가는 순간을 겪게 되고 만다(US, 151).

이러한 말에서 드러나듯이, 언어 자체가 그의 본질과 함께 드러나는 곳, 그리고 적절한 말을 찾을 수 없는 바로 그곳을, 하이데거는 '언어의 方域'이라고 주장한다. 낱말의 본질은 그 자체 내에서 존재를 증여하는 어떤 것을 숨기고 있다. 따라서 우리는 낱말 자체가 존재한다고 단순히 말할 수는 없다. 그래서 하이데거는 '낱말이 있게 한다(Es gibt das Wort)'라는 표현을 사용한다. 그리고 그는 이 표현을 낱말이 자신을 선사하는 것을 의미하는 것으로 해석하고자 한다.

그런데 만일 우리가 어떠한 사물에 대해 그 낱말을 찾지 못한다면, 즉 낱말이 결여되어 있다면, 그러한 '낱말의 상실'은 존재적 차원에서

방법의 승리라고 강조했을 때, 그는 그것을 깨달았던 첫 번째 사람이었다. 현대 과학에서 방법은 탐구되어야 하는 주제를 결정한다. 오늘날 지식의 전체 힘이 방법에 놓여 있다. 그래서 탐구되어야 하는 주제는 방법에 속해 있다. 그러나 사유 안에서 이러한 상황은 전적으로 달라진다. 왜냐하면 여기에는 방법도 주제도 없고 단지 방역(Gegend)만이 있기 때문이다. 사유는 이 방역 안에 머무르고 단지 이 방역의 길을 따라 걸을 뿐이다. 그러므로 과학의 관점으로부터 이러한 상황을 이해하는 일은 어려운 것이 아니라, 아예 불가능한 것이다(US, 167-168참조).

해결할 수 있는 단순한 심리적 현상이 아니다. 그런 상실은, 우리가 사용하고 있는 언어의 기존 관계에서 흔히 일어날 수 있다. 그렇지만 언어는 언제나 이미 우리에게 말을 건네고 있다. 다만 그러한 점을 우리가 알아차리지 못하고 있을 뿐이다. 이러한 사실을 하이데거는 "언어 자체가 우리에게 말을 걸어오는(US, 164)" 경험으로, 이를테면 게오르게의 시적 경험으로 계속해서 강조하고 있는 것이다. 이것은 언어의 본질에 대한 표상으로부터 언어가 본질로 다가오는 것을 듣는 경험에로의 변형, 곧 '언어의 본질'이 '본질(곧 존재)의 언어'로 변형되는 경험인 것이다. 말하자면 여기서 하이데거는 우리가 말을 듣는 것의 가능 전제로 이미 말을 건네는 언어를 강조하면서, 이러한 언어를 '본질의 언어'라고 부른다. 그래서 그는, 사유의 본질적인 태도는 묻는 행위일 수 없고, 오히려 언어가 건네주는 말함을 경청하는 행위야말로 사유의 본질적인 태도라고 주장한다(US, 166참조). 하지만 이런 언어의 말 건넴(Zuspruch)은 자신 안에 은폐성을 지니고 있다. 앞에서 언급했듯이, 언어는 '존재를 밝히면서 감추며 오는 도래'이다. 그렇다면 이러한 일이 어떻게 가능한가?

먼저 우리는 이러한 물음에 대해 언어 자체의 본질 외에는 어느 곳에서도 충분한 대답을 구할 수가 없다. 물론 이러한 언어 자체의 본질은 언어가 그 자신을 가장 순수하게 드러내는 그런 영역(방역)에 있다. 즉 "언어는 '일체를 가-동하는(길을 트는) 그것(dem alles Be-wëgenden)'에게 그것의 가장 고유한 자산(Eigenstes)으로서 고유하게 속해 있다(US, 190)." 그렇다면 여기서 하이데거가 말하는 '일체를 가-동하는 그것'이란 무엇을 의미하는가? 이것은 그의 논문 「사물(Das Ding)」에서 '四域(das Geviert)'으로 이해되었던 네 가지 세계방역(Weltgegenden), 곧 하늘과 대지, 그리고 가사자들과 신들이 함께 어우러져 일어나는 세계이

다.185) 즉 이 네 가지의 '서로 마주 봄(Gegen-einander-über)'의 영역이
하이데거가 강조하는 이른바 '언어의 방역'이다.186)

하이데거는 이 '방역'이 잘 드러나는 예로 횔더린의 시 「빵과 포도주
(Brod und Wein)」의 다섯 번째 연을 해석하면서, 여기서의 '낱말이 마주
하는-영역(Gegend)'이라는 말에 주목한다. 즉 하이데거는, 횔더린의 시
에서 '낱말(Wort)'은 땅과 하늘을, 그리고 심연의 흐름과 지상의 힘을 서
로서로 친밀하게 마주 대하게 하면서, 이 하늘과 땅을 세계방역으로 규정
하는 저 '마주하는-지역'으로 나타나고 있다고 간주한다(US, 195참조).
말하자면 하이데거가 강조하는 이른바 '언어의 방역'은 언어가 네 가지
사방세계의 어우러짐(조화)을 떠받들어주는 바로 그것이다. 그리고
이러한 어우러짐에서 '가까움(Nähe)'이 스스로 生起하게 된다. 즉 언어
의 방역은 사유함(Denken)과 시작(Dichten)의 이웃함, 즉 가까움에 놓여
있는 것으로서, 이 가까움과 나타나게 함으로써의 말함이 곧 언어의 본질

---

185) 이 '사방세계'에 대해 하이데거는 구체적으로 다음과 같이 설명한다. 먼
저, '하늘'은 태양의 운행, 달의 진행, 별들의 광채, 한 해의 계절들, 낮의
빛과 여명, 밤의 어둠과 밝음 등이고, '대지'는 하천, 암석, 식물, 그리고
동물을 돌보고 보호하면서 건립하며 떠받치고 있는 것, 자양분을 공급
하며 열매를 맺게 해 주는 것이며, '신적인 것'은 신성을 눈짓하는 심부
름꾼(使者)을 말한다. 이 신성의 은닉된 성함으로부터 신이 자신의 본
질 속에 나타나는 것이다. 그리고 '가사자'는 죽을 수 있는 인간들을 말
한다. 죽는다는 것은 죽음을 죽음으로서 받아들일 수 있음을 말한다. 그
렇지만 이 넷은 결코 자기 자신만을 위해 있는 것이 아니라, 언제나 다
른 것과 함께 존재한다. 즉 그것들은 함께 어우러짐, 곧 세계놀이를 통
해서 존재할 따름이다(VA, 176참조).
186) 하이데거는 일상적으로 통용되는 이 '방역(Gegend)'이라는 말 대신
에, 古語인 'Gegnet'라는 말을 사용하기도 한다. 이것은 주로 사방으
로 트인 영역, 즉 '환히 트인 터(freie Weite)'를 의미한다. M. Heidegger,
Gelassenheit(Tübingen: Neske, 1959), S.42참조. 이하에서 이 책은 'G'로
약칭하고 본문 안에 곧바로 면수를 표기함.

을 이루고 있다. 이러한 맥락에서 하이데거는, 먼저 언어란 인간의 단순한 능력이 아니라, 하늘과 대지, 가사자로서의 인간과 神이라는 사역이 '서로 마주 봄(Gegen-einander-über)'으로써 길을 트는 것(가동하는 것)이라고 강조한다. 또한 그는 "언어란 사방세계의 말함이며, (……) 언어는 세계를 움직이는 말함이고, 모든 관계 중의 관계(US, 203)"라고 주장하기도 한다. 결국 하이데거는 바로 이러한 사방세계의 방역에서 '언어의 본질'을 찾고자 한 것이다. 그렇다면 이러한 '언어의 본질'은 무엇이며, 또한 그가 강조하는 '본질의 언어'란 과연 무엇인가? 이제 우리의 논의는 바로 이러한 가장 근원적인 물음에로 나아간다.

4) 언어의 본질과 본질의 언어175)

하이데거는 세 가지 강연(Vorträge)을 싣고 있는 자신의 논문 「언어의 본질(Das Wesen der Sprache)」에서 "언어의 본질은 곧 본질의 언어이다(Das Wesen der Sprache: Die Sprache des Wesens)"라는 주도 명제 하에서 언어를 사유적으로 경험하고자 한다. 그래서 그는 먼저 앞에서 우리가 검토했던 게오르게의 詩를 통해 '낱말과 사물의 관계'에 대한

---

187) 우리는 흔히 '본질'이라는 말, 이를테면 예술의 '본질', 자유의 '본질', 진리의 '본질', 종교의 '본질' 등과 같은 말을 자주 사용한다. 물론 여기서의 언어의 '본질'이라는 말도 형식적인 의미에서는 이러한 표현들에서 사용한 의미와 크게 다르지 않다. 하지만 내용적으로 보면, 여기서의 '언어의 본질' 내지 '근거'란, 언어를 비로소 가능하게 해 주는 '언어의 존재'를 일컫는 말이다. 그러므로 역으로 '언어의 존재'는 언어를 비로소 가능하게 해 주는 언어의 본질 내지 근거가 되는 셈이다. 그런데 본질의 언어는 '존재의 언어'를 말하는 것으로서, 언어의 존재가 하나의 사건으로서의 말로 증여되는 사건적 언어라고 할 수 있다. 그러한 의미에서 본다면, 존재의 언어는 곧 본질의 언어라고 할 수 있다(US, 164참조).

시적인 체험을 숙고하는 데서부터 자신의 논의를 시작한다. 사실 이러한 우회적인 설명은 필요한 것이다. 왜냐하면 사유는 詩作과 직접적인 '이웃함(Nachbarschaft)'으로 관계하기 때문이다. 앞에서 언급했듯이, "말함의 탁월한 두 가지 방식인 詩作과 사유함은 각각 저마다 고유하게 탐구되는 것이 아니라, 이들의 이웃관계에서 탐구되어야 하는 것이다(US, 175)." 그렇지만 사유와 詩作은 가까움(Nähe) 속에서 서로 관계함으로써, 이웃함이 생성되는 것은 아니다. 오히려 선행적인 가까움이 그들의 가까움 속에서 이웃함을 발생시키는 것이다. 그리고 여기서의 가까움은 거리상으로 '약간 떨어진 것'을 의미하는 것은 물론 아니다. 왜냐하면 상호 간에 거리상으로 별로 떨어지지 아니한 곳에 자신을 이주시킨다고 해서 그 자신과 이웃이 되는 것도 아니며, 또한 거리상으로 상호 간으로부터 상당히 멀리 떨어져 있는 곳에 자신이 체류한다고 해서 이웃이 될 수 없는 것도 아니기 때문이다. 이러한 점을 하이데거는 이렇게 표현한다.

> 고립된 두 채의 농가는, 비록 한 시간 이상 들판을 가로질러 가야 도달할 수 있을 정도로 그렇게 거리상으로 멀리 떨어져 있지만, 가장 아름다운 이웃이 될 수 있을 것이다. 그에 반하여 도시의 두 가정은, 그들이 같은 거리에서 맞은편에 살고 있을지라도, 또는 심지어 같은 건물에 살고 있을지라도 결코 이웃처럼 살지 못할 수도 있을 것이다(US, 198).

여기서 우리는 '이웃함'이란 시간과 거리의 의미, 즉 시·공간적인 관계를 의미하는 것이 아니라는 사실을 알 수 있다. 만일 이처럼 '이웃함'이 시·공간적인 관계를 의미하는 것이 아니라면, 과연 그것은 어떠한 종류의 관계(Verhältnis)를 의미하는 것일까?

하이데거에 있어서 '이웃함'을 특징짓는 것은, 앞서 언급했던 "서로-마

192

주-봄(Gegen-einander-über)(US, 176, 199)"이라는 개념과 관련이 있다. 이 '서로-마주-봄'은 결코 인간과 인간 사이의 관계에만 한정되는 것은 아 니며, 四域(Geviert) 전체와 마찬가지로 세계사물의 관계에도 해당되는 것이다. 가까움은 그것들이 이웃해 있는 '서로-마주-봄'에서 詩作과 사유 뿐만 아니라 四域(하늘, 대지, 가사자로서의 인간, 신들)까지도 발생시킨 다.[188] 하이데거는 가까움이 이렇게 길을 트고 있는 것(Be-wëgend)[189] 을 '인접성(Nahnis)'이라고 부른다. 그리고 그는, 인접성으로서 가까움 (die Nähe als die Nahnis)의 본질이 "거리(Abstand)에 있는 것이 아니 라 사방세계의 영역이 서로 마주 볼 수 있도록 길을 트는 데에 있다(US, 200)"[190]고 강조한다. 그런데 여기서 만일 우리가 '가까움'에 대해 말하 면서, 그러한 가까움을 '조금 떨어짐'으로, 멂을 '많이 떨어짐'으로 간주한 다면, 그때의 우리는 아마도 이러한 '인접성으로서의 가까움'에 결코 접근

---

188) 비멜(W. Biemel)이 강조하듯이, 하이데거는 휠더린의 시 「빵과 포도주」의 다섯째 연을 해석해 나가면서, 휠더린 詩의 경우에는 이미 '낱말이 마주하 는 방역(Gegend)'이 잘 표현되고 있음을 지적하면서 이렇게 말한다. "낱 말(Wort)은, 땅과 하늘을 그리고 심연의 흐름과 지상의 힘을 서로서로 친 밀하게 마주 대하게 하면서, 이 하늘과 땅을 四域으로 규정하는 저 마주하 는 영역으로 드러나고 있다(US, 195)." Walter Biemel, op. cit., p.241참조.
189) 하이데거에 따르면 'bewegen'이라는 동사는 '운동하다', '움직이다'는 뜻 으로, 어떤 것이 장소를 바꾸거나 혹은 늘이거나 줄이는 것으로 자신을 변화시키는 것을 의미한다. 그런데 슈바벤-알레만어의 방언에 의하면 'wëgen'에는 '길을 개척하다', '깊게 갈라진 땅을 통해 길을 트다'는 뜻이 있다. 이 점에 착안하여 하이데거는 bewegen의 명사형인 Bewëgung을 'Be-wëgung'로 표기하면서, '어떤 영역에 길을 트다'라는 의미로 독특하 게 사용하고 있다(US, 186참조).
190) 마치 하이데거의 「언어」라는 논문에서 '사이-나눔', 곧 사물과 세계의 지 배·관장이 상호 간에 그리고 상호 간으로부터 발견되고 불려지게 되듯이, 여기서는 가까움이 길을 트는 것으로서 계속해서 사유되고 있는 것이다. Emil Kettering, *NÄHE: Das Denken Martin Heideggers*(Pfulling: Neske, 1987), S.286참조.

할 수 없을 것이며, 그러한 가까움은 아마도 우리에게 가장 멀리 떨어져 있는 것으로 여전히 남아 있게 될 것이다. 다시 말하면 우리가 가까움과 멂을 일반적인 공간이나 시간의 척도에서, 또 잘 알려진 의미에 있어서 3차원적인 공간이나 현재와 같은 시간 개념으로 생각한다면, 가까움은 결코 나타나지 않을 것이다. 여기서 우리는 사유의 방향을 전적으로 전환시킬 필요가 있다. 말하자면 가까움과 멂이 시간과 공간의 규정된 양식으로서 파악되는 것이 아니라, 오히려 시간과 공간이 인접성인 가까움의 본질로부터 파악되어야 하는 것이다. 그래서 시간은 시간화(Zeitigen)로부터, 공간은 공간들과 공간화(Einräumen)로부터 이해되어야 한다(US, 201참조). 하이데거는 바로 이러한 의미로 "시간이 시간화한다(die Zeit zeitigt)"거나 "공간이 공간화한다(der Raum räumt)"라는 표현을 사용하고 있는 것이다(US, 201참조). 그리고 시간과 공간의 공속성도 시간과 공간을 제시하는 바로 이러한 가까움으로부터 이해해야만 한다. 왜냐하면 가까움은 '공속하게 함'인 生起(Ereignis)에 속하는 것이기 때문이다.

그런데 하이데거도 강조했듯이, 언어의 본질은 '말함'에 있다(US, 241참조). 물론 이 말함은 "보여줌(Zeigen), 나타나게 함(Erscheinen lassen), 세계를 제시해 주는 것으로서 밝히면서 감추는 관계에서 자유롭게 함(lichtend-verbergend-freigebend)"을 의미한다(US, 188, 202, 241참조). 그런데 이 언어의 본질로서의 말함은 결국 '가까움의 본질'로 되돌아간다. 그 이유는 '가까움의 본질'이, 앞에서 언급했듯이 四域의 것들(곧 하늘과 대지, 가사자인 인간들과 신들) 사이에서와 마찬가지로 '詩作과 사유'[191] 사이의 이웃함을 가능하게 하기 때문이다. 즉 '가까움'과

---

191) 하이데거에 의하면 詩作과 사유는 말함의 탁월한 두 가지 양식들이며, 시작과 사유를 통해 존재의 부름에 응답하는 것이 곧 언어의 성립과정이지만, 존재의 부름 그것 자체는 아직 현상적인 형태를 갖는 것이 아니다. 존재가 밝혀지고 드러나는 것은 말의 수행, 즉 언표에 의해서 가능하게 된다.

'나타나게 함으로써의 말함'은 언어의 현존자(das Wesende)이다. 그러므로 가까움과 나타나게 함으로써의 말함은 언어의 본질을 이루고 있으며, 이런 점에서 양자는 동일하다고 말할 수 있다. 말하자면,

> 언어란 사방세계의 말함(die Sage, 언명)이며, 이것은 인간과 언어 사이에 존립하는 그 관계 – 우리가 말하는 과정 속에서 언어와 맺게 되는 그런 관계 – 의 단순한 하나의 관계축이 아니다. 언어는 세계를 움직이는 말함이며, 모든 관계 중의 관계(das Verhältnis aller Verhältnisse)이다. 언어는 세계방역에 대하여 '서로-마주-봄(das Gegen-einander-über)과 조화'를 이루어내면서 풍성하게 만든다. 언어는, 언어 스스로가 (곧 말함이) 자신에게 머물고자 함으로써, 세계방역을 간직하며 또 보호한다(US, 203).

이와 같이 언어는 사방세계를 벗어나서는 결코 그 어떤 식으로도 존재할 수 없으며, 따라서 언어는 오직 사방세계 내에서 이 사방의 관계로서만 존재한다. 즉 언어는 형이상학적으로 표상되듯 그 어떤 초월적인 힘이 아니라, 이미 하이데거가 '인접성'이라고 표현하였듯이, 사방 안에 편재하는 가까움(Nähe)이다. 이것을 좀 달리 표현해 보면, 언어란 '근원적인 모음(ursprüngliche Versammlung)'이다.[192] 그리고 사방세계의 '서

'언표'는 사물로 하여금 그 본질 안에, 즉 존재의 트임 안에 나서게 함으로써 다른 것이 아닌 바로 그 사물로서 드러나도록 하는 것이다.

192) W. Biemel. op. cit., p.91참조. 좀 더 부연 설명해 보면, 비멜도 지적하듯이 하이데거는 헤라클레이토스와 그의 로고스 사상의 영향을 많이 받았다. 즉 하이데거는 이미 오래전부터 헤라클레이토스의 로고스 사상을 '근원적인 모음'의 사상으로 해석하였다. 근원적인 모음으로서 이 언어는 소리가 없다. 언어를 통해서 인간에게 '있다'라는 말을 하게 된다. 모으면서 소리 없는 저 정적(Stille)의 언어가 곧 본질의 언어이다. 물론 이때의 언어는, 비멜의 적절한 지적대로, 우리가 형이상학을 벗어나 생각한다면, 곧 '존재의 언어'를 말한다고 할 수 있다.

로-마주-봄'이 길을 트고 있는 이른바 '인접성으로서의 가까움'은 언제나 언어적인 말함(Sage)으로써 완성된다. 그리고 정적의 울림(das Geläut der Stille)이 또한 가까움 속에서 사방세계를 위한 길을 만들어 준다. 여기서 언어의 본질에 대한 물음은 이제 다음과 같은 '변형(Wendung)'이 일어난다. 그리고 만일 이러한 변형을 우리가 통찰하고 있을 경우에는, 아마도 이 변형이 우리를 새로운 언어의 경험으로 인도하게 될 것이다. 그렇다면 이 '변형'이란 과연 무엇인가?

하이데거가 제시하는 '변형'은 그의 주도적 명제인 〈언어의 본질은 곧 본질의 언어〉라는 말에서 명확하게 드러난다. 우선 이 명제의 첫 번째 문구에서 표현된 '본질'이란 말은 '그 무엇임(to ti estin)'을 뜻한다. 이 문구에서는 '언어'가 주어이며, 이 주어의 '본질(essentia)'을 이해하는 것이 아주 중요하다. 물론 여기서 "그와 같이 이해된 '본질'은, 사태가 무엇인지 파악하려고 할 경우에 우리가 필요로 하는, 저 개념이나 혹은 저 표상 속에 한정되어 있는 것이다(US, 189-190)." 말하자면 본질에 대한 이러한 이해로 말미암아 우리는 여전히 형이상학적인 표상 영역 속에 갇혀 있게 된다. 그러나 이 명제의 두 번째 문구에서는 단순히 낱말의 뒤집음(Umschlag)만이 진행되고 있는 것이 아니다. 즉 단순히 본질이 주어로 뒤바뀌고 또 언어가 이 주어에 의해 서술되듯이 사유되고 있는 것이 아니다. 여기서의 뒤바꿈은, 형이상학적인 표상으로부터 더 이상 형이상학적이지 않은 그런 사유로 나아가는 변형이어야 한다.[193] 다시 말해 첫 번째 문구에서 콜론(Doppelpunkt) 앞에서의 '본질'이 그 무엇임(Was-sein, 무엇으로-있음)을 가리키는 낱말, 곧 인간 언어의 본질적인 것이었다면, 두 번째 문구에서의 본질은 '존속함(Währen, 참되게 머물러 있음)'과 '머무름(Weilen)'으로 사유되어야

---

193) Ibid., p.89참조.

하는 것이다. 즉 콜론 뒤의 변형은 체류함(Weilenden), 현존함
(Anwesend), 또는 지속함(Während) 등의 소리 내지 않는 말함과 관계
가 있는 것으로, 이것들은 우리에게 다가와서 우리의 정서를 휘젓는 그
러한 것으로서 사유되는 것이다.

하이데거에 있어서 이제 '언어의 본질'이라는 공식화는 그 강의의 진
행 속에서 '본질의 언어'라는 공식화로 바뀌고 있다. 그러나 그런 변형
은 결코 단순한 전회를 의미하는 것이 아니다(US, 189참조). 케터링(E.
Kettering)이 지적하듯이, 이 주도적 명제는 언어의 일반적인 본질 내
용에 대해 더 이상 형이상학적으로 묻기보다는, 오히려 하이데거가 여
러 논문들에서 사용한 방식에 따라서 언어의 사건에 대해 묻고 있는
그러한 지침으로서 이해될 수 있을 것이다.[194] 물론 '언어의 본질'에
대한 하이데거의 근본입장이 바로 이러한 길을 선택하고 있다. 즉 그
길은 바로 밖으로부터 언어에 대해서 말하는 것도, 그리고 언어의 일반
적 특징을 묻는 것도 아니다. 오히려 언어 자체로부터 언어의 본질을
알릴 수 있게 하는 것이다. 말하자면 언어의 본질은 오직 언어 자체의
'말함' 속에서 알려지는 것이다. 따라서 그 외에 다른 접근 통로는 불가
능하다. 하이데거는 그러한 의미에서 이렇게 강조한다. 즉 "언어의 본
질은 발언(Spruch)으로서, 곧 그 본질의 언어로서 알려진다(US, 170)."
이처럼 우리는 '언어의 본질'과 '본질의 언어'라는 이런 순환구조로부터
결코 벗어날 수 없다. 그렇기 때문에 오히려 우리는 그 순환구조 속으
로 들어가, 그 순환구조에 따라 고찰하는 것이 필요하다. 그리고 이 주
도 명제는 '언어'와 '본질'의 풀 수 없는 공속성을 우리에게 알려주고
있으며, 그러한 공속성은 다시 '가까움'과 '말함'의 공속성 속에서 구체
화될 수 있을 것이다. 특히 가까움과 말함의 공속성은, 우리가 앞에서

---

194) Emil Kettering, op. cit., SS.288-289참조.

보았듯이 게오르게의 「낱말」이라는 시의 마지막 연에서 잘 나타난다. 즉 여기서 하이데거는 우리가 일상적으로 흔히 신뢰하고 있는 그 낱말을 파기하도록 시적으로 암시하고 있으며, 그 대신에 언어를 '소리 없는 靜寂'으로 파악하도록 사유적으로 암시하고 있다. 이것은 시작과 사유함이 가까움으로서의 언어에서 서로 이웃관계를 맺고 있기 때문에 가능한 것이다.[195]

이제 우리는 하이데거의 저서 『언어에로의 도상』 속에 실린 논문들 중 가장 나중에 발표되었던 「언어에로의 길(Der Weg zur Sprache)」이라는 논문을 통해, 인간의 말함 즉 인간의 언어가, 위에서 언급했던 '정적의 언어'에 과연 어떠한 방식으로 관계를 맺고 있는가하는 문제를 다루어 보고자 한다. 그런데 여기서 논의를 시작하기 전에, 우리는 먼저 '生起(Ereignis)'[196]라는 개념을 이해해야만 한다. 그 이유는, 이 연구에서 하이데거는 '말함(Sage)'을 생기의 토대로서 사유하고 있기 때문이다. 그리고 이 연구에서 반복되면서 나타나고 있는 주도 명제는 바로 이것이다. 즉 "언어가 언어로서 언어로 가져온다(Die Sprache als die Sprache zur Sprache bringen)(US, 230, 250)." 그렇다면 이러한 명제의 의미는 과연 무엇일까?

---

195) W. Biemel, op. cit., p.91참조.
196) 앞에서 살펴보았듯이, 이 개념은 일의적이지 않다. 베르나스코니는 이 개념을 다음과 같이 다양한 의미로 해석한다. 즉 언어가 스스로 언어의 존재를 말한다는 사실을 느낄 수 있을 정도로 언어를 듣게 되려면, 우리는 '언어의 존재 보류'를 기꺼이 받아들여야 한다. 그러나 스스로를 이미 앞서 보류하고 있는 언어의 존재를 보류 자체로서 나타내주게 하는 '生起'는 존재의 역운 속에서 일어나는 사건이다. 이 사건은 우리 인간이 스스로 일으킬 수 있는 단순한 것이 아니다. 이 사건은 알레테이아를 아-레테이아(A-letheia)로 들리게끔 해 주는 생기이자, 존재의 역사에 대한 인식 속으로 진입하는 생기이며, 동시에 존재에 대한 낱말들 속에 내재된 존재의 언어로서의 생기이다. R. Bernasconi, op. cit., p.65참조.

하이데거에 따르면 말하는 자(인간)는 그가 말을 듣고 있기 때문에 오직 말할 수 있으며, 또 그는 말에 속해 있기 때문에 오직 들을 수 있다. 말하자면 "언어에 귀속해 있는 자에게만, 말함은 '언어에 귀 기울임'과 '그 말함'을 허용해 준다(US, 244)." 여기에서 하이데거는 언어의 중요한 특성으로서 '허용해 줌(Gewähren, 보증함)'을 강조한다. 즉 모든 말함은 허용해 주는 말함 속에 연관되어 있다. 그 이유는 '말함(Sage)'이 말하기(Sprechen)를 음성적 告示(Verlautbarung)로 가져오기 때문이다. 즉 말하는 자와 언어의 관계는 하이데거에 있어서 '현존재와 존재의 관계'와 매우 유사하다. 여기서 하이데거는 현존재는 오직 존재의 은총에 의해서만 존재할 수 있으나, 다른 한편에서는 존재야말로 현존재를 필요로 한다고 강조하고 있다. 즉 언어는 '인간의 말함'을 필요로 하는데, 그렇다고 이러한 말이 언어가 우리의 언어활동에 의해 만들어진 단순한 어떤 것이라는 뜻은 물론 아니다(US, 244참조).

하이데거는 이러한 '말함(Sage)'을 그리스적 사유에 따라서 '나타나게 함', '듣고 보게 함'의 의미에 있어서 '가리킴(Zeigen)', 즉 알레테이아(비은폐성)의 한 방식으로 규정하고 있다. 말하자면 말함은 '가리킴'으로서[197] 드러난다는 것이다. 하이데거에 있어서 이 '가리킴'은, 현대 언어철학의 입장과는 달리, 기호에 근거하고 있는 것이 아니라, 오히려 그 반대로 모든 기호들이 이러한 가리킴을 통해 나타나게 되는 것이다. 또한 이러한 '가리킴'은 인간에게만 한정되는 것이 아니라, 모든 종류와 단계에 속해 있는 현존과 현존하는 것의 부재를 특징지우고 있다. 언어는, 그 언어가 (무엇인가를) '가리킴'으로서 말하는 것이다.[198] 즉 "가

---

197) 여기서 '으로서'의 조사는 문자 그대로 '~를 가지고'라는 부사격 조사(~으로써)가 아니라, 어떤 동작이 일어나거나 시작되는 출발점을 뜻하는 부사격 조사이다.

198) 그러므로 "언어의 현존은 가리킴으로서의 말함이다(US, 254)."

리킴으로서의 언어가, 현존함의 그 모든 마주하는-방역들에 도달해 있으면서, 그때마다 현존하는 것들을 이 방역들로부터 나타나게도 하고 사라지게도 함으로써(US, 243)", 언어는 말하는 것이다. 물론 여기서 말함은, 일반적으로 생각하듯이 들음과 대립하는 것이 아니라, 본질적으로 들음과 관계를 맺고 있는 것이다. 그래서 앞에서 언급했듯이, 모든 말함은 먼저 듣는 것이 중요한 것이다.

하이데거에 의하면, 우리가 어떤 것을 '가리키는' 그 수많은 가능성들은 '가리킴'으로서의 저 말함을 지시하고 있으며, 또 이 말함은 다시금 저 生起를 지시하고 있다. 그런데 여기서 우리가 염두에 두어야 할 것은, 이 생기를 '존재 너머에 있는 저 세상의 그 어떤 힘'으로서 가정해서는 안 된다는 사실이다. 여기서의 생기는 '언어 안에 편재하고 있는 어떤 것'으로서 이해해야만 하는 것이다. 이처럼 '언어 안에 편재하고 있는 것'으로서의 이러한 생기를 우리는 '언어의 가리킴을 되물어가는 과정에서' 직면하게 된다. 그렇다면 여기서 가리킴은 어디에서 유래하는 것인가? 만일 그것이 인간은 아니라면 과연 누가 가리킬 수 있는가? 이러한 물음에 답하기 전에, 우리는 먼저 가리킴 속에 있는 저 영역을 고찰해 볼 필요가 있다. 말함의 가리킴에서 저러한 영역은, 하이데거가 언급하듯이, 모든 장소들의 자리(Ortschaft)이자 시간-유희-공간(Zeit-Spiel-Räume)을 나타내고 있는 것으로서 바로 생기의 고유함이다(US, 246참조). 이때 고유함은 현존하는 것과 부재하는 것을 그때그때마다 자신의 것으로 가져오며, 또한 거기에서부터 고유함은 그 자신을 가리키면서 그의 방식에 따라서 머무르는 것이다. 결국 '가리킴으로서의 말함'을 그의 가리킴 속에서 움직이게 하여 그 자신에게로 가져오는 고유함이 곧 생기(사건)이다. 다시 말해 우리가 "그것이 생기한다(Es ereignet)"고 하는 말은 바로 다음과 같은 의미이다. 즉,

현존하는 것이 그 안에서 참되게 머물 수 있고, 부재하는 것이 거기로부터 벗어날 수 있으며, 또 이러한 벗어남의 과정 속에서도 자신의 참다운-머무름을 그대로 유지할 수 있는, 저 트임의 자유가 일어나고 있다(US, 247).

그렇지만 하이데거도 지적하듯이, "생기가 어디로 귀착되는 것이며, 또 어디에서부터 이 생기가 밝혀질 수 있는지는, 그 어디에도 주어져 있지 않다(US, 247)." 우리가 보기에 분명한 사실은 바로 이 점이다. 즉 우리의 본래적인 말함 속에서 일어나는 것은, 말하는 자 자신에게는 감추어져 있는 저 '생기의 드러남' 이외 다른 것이 아니다. 그 때문에 하이데거에게서 언어의 본질을 사유하는 그러한 경험은 생기로부터 인간의 말함으로 나아가는 그 움직임을 가동시키는 일 이외에 그 어떤 것도 아니다. 언어는 이처럼 밝히는 트임을 수여할 수 있다. 왜냐하면 언어는 그 본질상 이렇듯 허용해 주는(보증해 주는) '생기' 그 자체이기 때문이다. 그래서 하이데거는 바로 이러한 의미를 강조하여 다음과 같이 단언하고 있다.

인간의 모든 언어는 '말함' 속에서 생기되고 있으며, 이러한 것으로서의 (인간의) 언어는 엄밀한 의미에서 본다면 본래적 언어이다. 비록 이 언어가 과연 얼마만큼이나 저 생기에 가까이 머물러 있느냐 하는 척도에 따라 조금씩 달라지기는 할지라도 말이다. 무릇 본래적인 언어는 그 모두 역운적(geschicklich)이다. 왜냐하면 그 언어는 저 말함의 길트기(Be-wëgung)를 통해 인간에게 수여되고 보내진 것이기 때문이다(US, 253).

그런데 생기로서의 언어가 우리에게 주는 허용(Gewähren, 보증)은 결코 인과율의 체계에 따라 사유해서는 안 된다. 사실 생기가 어디로

귀착되는지 혹은 그것이 어디에서 밝혀질 수 있는지는, 그 어디에도 주
어져 있지 않다. 이러한 문제를 하이데거는 새로운 표현어법을 통해 해
결한다. 즉 그는 "일체의 '있다(Es ist)'로부터 결별(US, 146)"을 선언
하고서, 바로 '있게 한다(Es gibt)'라는 어법을 도입한다. 하이데거 자
신이 다른 저서에서도 존재의 의미를 드러내기 위하여 '그것이 있게 한
다(es gibt)'라는 어법을 사용하고 있듯이, 저 생기가 '있게 한다'고 함
으로써 바로 이 사태를 허용(보증)한다는 뜻이 된다. 이처럼 "사태에
알맞게 사용할 경우, 우리는 말함에 관하여 '그것이 있다'라고 말해서는
안 되며, 오히려 '그것이 있게 한다'라고 말해야 한다(US, 182)."[199]
그리고 여기서 "그것이 있게 한다"라는 이 사태는 '존재'가 현존으로서
자신의 고유함에 이르도록 하기 위하여 이 '존재'를 필요로 하는 것이
다(US, 247참조). 그러므로 결국 우리 인간이 말한다는 것은, 곧 이러
한 본래적 말함과 生起에 응대해서 말하는 것이다. 즉,

> 生起는 가까움의 가장 가까움(das Nächste des Nahen)이고
> 멂의 가장 멂(das Fernste des Fernen)이다. 가사자인 우리는
> 한평생을 거기에서 체류하고 있는 것이다(US, 247).

---

199) 비멜에 의하면, 'Es gibt'는 흔히 사람들이 "Es gibt dieses Jahr schöne
Äpfel(금년에는 사과가 잘도 익었군)"과 같이 말하듯이 단순히 눈앞에-놓
여져-있음(사물존재)의 의미에서가 아니라, 주고-있음(Geben), 즉 줌
(Gabe)이라는 의미로 사용해야 하는 것이다. 그리고 말함이란 그 본질에
입각해 볼 때, 주로 '주는 것'을 의미하며, 여기서의 '주고 있는 그것'은 바
로 '존재'를 나타낸다. 그런데 우리가 보기에, 이 'Es gibt'에서는 'geben' 동
사의 의미만을 강조하여 '주는 것'이라고 해석하는 것보다 존재 그 자체의
특성대로, '존재하게 하다', 혹은 '있게 하다'로 해석하는 것이 더 적절해 보
인다. 이것은 곧 '사태(존재)가 스스로를 나타내 보인다(Die Sache zeigt
sich)'는 점에 초점을 둔 것이다. W. Biemel(신상희 역), 『하이데거』(서울:
한길사, 1997), 252쪽 참조.

이상과 같은 하이데거의 말에서, 우선적으로 생기가 가까움(인접함)
의 가장 가까움이 되는 것은, 그것이 바로 우리가 언제나 그 안에 살고
있는, 또한 그와 더불어 살고 있는 밝힘과 모든 현존을 허용하기 때문이
다. 그리고 다른 한편으로 생기가 멂의 가장 멂이 되는 이유는, 일반적으
로 우리가 그것을 선뜻 받아들이는 것이 아니기 때문이다. 생기로 인해
서 인간은 말함 속에서 듣는 자가 되고, 그 정도만큼 그 자신의 것을 넘
어설 수 있게 된다. 따라서 인간은 언어에 대해 말하는 자로서 대응한다.
우리들에 의해 말해진 모든 말은 대답(Antwort), 즉 경청하는 말함
의 의미에서 곧 '대꾸(Gegensage)'가 된다(US, 249참조). 말하자면
본래적인 의미에 있어서 인간의 말함은 대응해서 말함(Ent-sprechen)이
다. 이것은 하이데거가 『존재와 시간』에서 말함의 양태로서 간주했던 침
묵에도 해당된다. 그리고 生起는 말함이 언어에 이를 수 있도록 길을 만
들어 준다. 따라서 "언어를 언어로서 언어로 가져온다"라는 주 명제는
다음의 의미로 해석될 수 있다:

> 길을 트는 것(Be-wëgung)은 언어(즉 말함)로서 언어(즉 언
> 어의 본질)를 언어(즉 고시된 말)로 가져온다(US, 250).[200]

이러한 표현에서 드러나듯이, 본래적인 말함에 있어서만 生起가 드
러나고 있으며, 이 生起는 말하고 있는 사람에게는 여전히 은폐되어 있
다. "왜냐하면 인간은, 그가 언어의 말 건넴에 말 건네진 채, 이 언어를

---

200) 하이데거는 여기서 동일한 '언어(Sprache)'라는 표기를, 각각 괄호로 표시
하여 그 의미를 자상하게 밝히고 있다. 따라서 괄호 안은 하이데거 자
신이 직접 표기한 것이며, 원문은 다음과 같다 : "Die Be-wëgung bringt
die Sprache(das Sprachwesen) als die Sprache(die Sage) zur
Sprache(zum verlautenden Wort)."

위해 이 언어를 말하도록 요구되는 한에서만 인간일 수 있기 때문이다
(US, 185)." 말하자면 인간의 말함은 언제나 본래적인 말함, 곧 존재언
어가 그의 방식으로, 자신의 본질을 우리에게 말 건네고 있을 때만 우
리는 말할 수 있는 것이며, 또한 인간일 수 있는 것이다. 스테판 게오
르게의 시 「낱말」에서 시인은 그의 체념 속에서 그의 말에 대한 이전
의 관계를 바꾼다. 그리고 그는 슬프게도 체념을 배운다고 말한다. 이
본래적 체념은 가장 친숙한 것과의 근원적인 관계를 말하는 것으로써,
시인은 바로 이러한 체념을 배움으로써 근원적-전달(Ur-Kund)을 받아
들이게 된다(US, 159참조). 이러한 경우에만 언어의 본질은 그것의 본
질의 승낙, 즉 본질의 말(언어)로 바뀌게 된다(US, 166참조). 이처럼
언어의 변형, 즉 언어의 본질로부터 본질의 언어(존재언어의 生起)에로
의 변형 속에서 말(언어) 자체와 세계가 드러나는 것이다. 말하자면 언
어의 본질은 우리에게 이미 알려진 것, 허용되어 있는 것이며, 언어는
그 본질이 우리에게 귀속되는 것으로 말 걸어와야 한다. 언어는 이러한
'말 걸어옴(Zuspruch)'으로서 참으로 존재하게 되며, 언어의 '말 걸어
옴'의 본질이 바로 근원적-전달인 것이다(US, 170참조). 그런 의미에서
하이데거는 이러한 '근원적-전달'이 곧 詩作과 사유의 본질이 되기도
한다고 주장한다.

　이제 우리의 논의는 근원적인 전달자이자 존재의 집인 '언어'가 존재
그 자체와는 어떠한 관계에 있는지를 해명해 볼 차례이다. 과연 하이데
거에 있어서 '존재와 언어'는 어떠한 상관성이 있는 것인가?

204

3. 존재와 언어[201]

하이데거에 의하면 '언어는 존재의 집'인 까닭에, 존재는 바로 이러한 언어 속에서 살며, 또한 언어는 존재가 자신을 인간에게 드러내는 거처가 된다. 그리고 언어가 말하는 한에서 사물은 우리에게 사물로서 존재한다. 즉 "존재하는 모든 것의 존재는 낱말 안에 거주한다(US, 156)." 그러나 낱말이 우리에게 주어져 있음은 우리가 그것을 창조하는 데서 유래하는 것이 아니다. 오히려 우리의 모든 창조 행위가 언어의 이미 주어져 있음에서 시작된다. 언어가 이미 우리에게 주어져 있다는 것은 언어가 이미 우리에게 무엇을 말하고 있음을, 그래서 그것이 우리에게 무엇을 보이게 함을 의미한다. 우리는 그러한 언어에 속해 있는 한에서만 말할 수 있다. 그러한 의미에서 하이데거는 "사물에 대한 낱말(Wort)을 발견했을 때, 비로소 그 사물은 하나의 사물이 된다(US, 164)"고 주장한다. 이러한 그의 주장은 사물에 대한 낱말의 단순한 관계를 표현하는 것이 아니라, "낱말은 각각의 경우에 있어 그 사물이 사물일 수 있도록 사물을 그 자신 안에 보존해 주는 관계(US, 170)"라는 뜻이다. 물론 여기서 언어는 사물을 만들어 내는 것이 아니라 단지 사물로 하여금 스스로 존재하게 할 뿐이다. 그런 의미에서 하이데거는 이렇게 주장한다. 즉 "언

201) 여기서 '존재와 언어(Sein und Sprache)'의 관계문제는 사실 서로 다른 두 주제를 연결한다는 의미보다는 '존재의 언어(Sprache des Seins)'나 '언어로서의 존재(Sein als Sprache)'에 관해 검토한다는 것이 더 적확한 표현일 것이다. 하이데거는 이처럼 '존재와(und) 시간', '존재와(und) 사유' 등과 같은 표현을 사용할 때, '와(und)'를 상이한 두 개의 낱말을 병렬식으로 단순히 나열하기 위해 사용한 것이 아니라, 여기서의 존재는 시간, 사유와 동근원적이며 상호 공속적인 연관관계에 있음을 강조하기 위해 und라는 접속사를 기울임 꼴의 형태(*und*)나 따옴표("und")를 사용하여 그 의미를 드러내고자 한 것이다.

어가 결핍된 곳에서는 아무것도 없다. 언어가 결핍되지 않는 곳에서만 사물은 존재한다(US, 191)."

　이상에서 우리는 '언어가 존재의 집'임을 다시 한 번 확인하였다. 하이데거의 주장대로, 우리가 사물이나 존재자에 도달하는 것은 언제나 언어라는 '존재의 집'을 통하는 한에서이다. 이를테면 샘(Brunnen)이 있는 숲 속을 통과할 때, 우리는 언제나 '샘'과 '숲(Wald)'이라고 하는 말을 통해서 간다. 설령 우리가 이러한 말들을 하지 않고, 또한 이러한 말을 언어로서 머리에 떠올리지 않았을지라도, 우리는 숲을 걸어갈 때 '숲'이라고 하는 말을 경험하게 된다(HW, 310참조). 왜냐하면 언어의 경험은 "우리가 말을 건네는 언어와 관계를 맺고 언어의 요구에 맞춤으로써 언어가 고유한 방식으로 우리에게 말을 건넬 수 있도록 하는 것(US, 160)"을 의미하기 때문이다. 다시 말해 인간의 존재경험이 고유한 방식으로 언어를 통해 표현될 때, 우리는 '인간이 말한다'기보다는 '언어가 스스로 말한다'는 경험을 하게 되는 셈이다. 결국 인간 언어의 근원이 '존재의 언어'에 있다고 생각하기에, 하이데거는 인간의 언어 속에 숨어 있는 존재의 근원적인 언어를 해명하는 일이 중요한 과제가 된다고 주장한다. 물론 이러한 사실은 언어를 통해서 존재와 인간이 불가분적 관계를 이루고 있다는 것을 보여주는 것이기도 하다. 이제 우리의 논의는 이러한 언어와 존재의 관계를 좀 더 구체적으로 살펴보지 않을 수 없게 된다. 그리하여 우리는 먼저, 고대 그리스적 의미의 '퓌지스(physis)와 로고스(logos)'개념의 관계에 대해 간략히 검토한 다음, 이를 근거로 하여 '로고스와 언어'라는 주제로 '로고스로서의 언어' 혹은 '언어의 로고스적 성격'에 대해 살펴보자 한다. 이어서 '존재와 언어의 공속성'과 '언어의 존재론적 성격'에 대해 차례로 검토해 봄으로써, 존재와 언어의 상호 공속적인 관계를 해명해 보고자 한다.

1) 퓌지스와 로고스

하이데거 사유의 본질은 너무나 자명하게도 '존재'에 관한 것이다. 그
는 장구한 서양 철학사가 본질적으로 '존재망각(Seinsvergessenheit)'의
왜곡된 역사였음을 역설하면서, 오늘날 존재의 의미가 왜곡되고 변질된
까닭은 바로 이 '존재망각'에 그 원인이 있다고 주장한다. 그리고 존재를
근원적·본질적으로 사유하였던 소크라테스 이전의 초기 희랍 철학자들,
이를테면 헤라클레이토스, 파르메니데스, 아낙시만드로스 등의 시원적
사유로 되돌아가는 것만이 존재를 참되게 사유하는 방법이라고 강조한
다.[202] 이러한 하이데거의 사유에서 존재는 '퓌지스(Physis)'와 가장 가
까운 개념이며, "퓌지스가 바로 존재 자체(EM, 11)"로 간주되기도 한다.
그렇다면 여기서 하이데거는 왜 퓌지스를 존재 자체로 간주한 것일까?
퓌지스의 본래적 의미는 과연 무엇인가?

일반적으로 희랍어 퓌지스(Physis)는 '자연(Natur)'으로 번역된다.
그렇지만 하이데거는 이러한 초기 희랍의 퓌지스개념을 오늘날 우리가
'자연'이라는 개념을 통해 머릿속에 그리는 여러 표상들, 예컨대 '이런
저런 자연물들의 총화'라든가 또는 '시공간의 좌표 속에 위치시킬 수
있는 이런저런 자연물'이라고 하는 등의 표상들과 엄격히 구분하고자
한다. 말하자면 이러한 자연에 대한 일상적인 표상들은 중세 초기에,
초기 희랍의 퓌지스개념에 담긴 본래적 의미는 빠진 채, '태어나다' 혹

---

202) 이에 관한 하이데거의 대표적인 저작은 다음과 같다: M. Heidegger,
"Logos(Heraklit, Fragment 50)", "Moira(Parmenides, Fragment Ⅷ,
34-41)", "Aletheia(Heraklit, Fragment 16)" in *Vorträge und Aufsätze*,
Bd. 7(Tübingen: Günther Neske Pfullingen, 1954); *Heraklit*, Bd.
55(Frankfurt a. M.: Vittorio Klostermann, 1979); *Einführung in die
Metaphysik* Bd. 40(Frankfurt a. M.: Vittorio Klostermann, 1983).

은 '탄생하다'라는 의미의 '나투라(Natura)'라는 라틴어로 번역되었고,
그 이후에 수학적·물리학적인 근대 자연과학의 '자연'에 대한 해석이
덧붙여지면서 잘못 형성된 개념이라는 것이다. 그리하여 이 '퓌지스'개
념이 '나투라'라는 라틴어로 번역된 이후로 초기 희랍어의 본래적·철
학적 의미는 사라진 채, 왜곡·변질되어 오늘날까지 이르게 되었다는
것이 하이데거의 주장이다(EM, 15참조). 그렇다면 희랍 초기에 '퓌지
스'의 본래적 의미는 어떠하였을까? 이러한 물음에 대해 하이데거는 다
음과 같이 말한다.

> 그것(Physis)은 자기 스스로 열어 피어오름203)(예컨대 장미
> 의 피어남), 스스로를 열치면서 펼침, 이러한 펼침 속에서 자신
> 을 나타냄, 그리고 그러한 펼침에서 스스로를 유지하면서 머무
> 름, 한 마디로 말하자면, '피어오르면서 머무르는 섭리(攝理, 주
> 재하는 힘)'를 의미하는 것이다(EM, 16).

하이데거는 이와 같이 퓌지스의 본질적 의미를 '자기 스스로 열어
피어오름(發現)'이나 '피어오르면서 머무르는 섭리'라고 해석한다. 이때
'발현(열어 피어오름)'으로서의 퓌지스는 흔히 우리가 천체의 움직임
(해의 떠오름)이나 바다의 물결침, 초목의 성장, 혹은 짐승들과 사람들
이 모태로부터 출생하는 것을 통해서도 경험할 수 있는 것이다. 말하자

---

203) 독일어 'Aufgehen'은 '열림', '트임', '피어남' 등을 의미하며, 흔히 '發現'이
나 '現出' 등으로도 번역된다. 그런데 여기서 우리가 주목할 것은, 하이데거
가 이 'Aufgehen'이라는 용어를 통해 보이지 않던 것, 숨겨져 있던 것, 눈
에 띄지 않던 것이 어떤 보이지 않는 (주재하는) 힘에 의해 서서히 열리면
서 피어나고 있는 현상 전체를 보여주고자 한다는 점이다. 여기서 우리는
이 용어를 주로 '발현'으로 번역하고자 하며, 필요에 따라서는 '열어 피어오
름'으로도 풀어서 번역하고자 한다.

면 해가 솟고, 장미꽃이 피듯이 끊임없이 스스로를 열고 피어나는 것으로서의 퓌지스는 태양과 달, 산과 바다, 나무와 새 등을 주재하고 관장하는 것을 의미한다. 하이데거는, 고대 희랍인들이 퓌지스로서의 자연, 즉 삼라만상에 숨겨져 있는 어떤 힘을 바로 이러한 의미로 이해하였다고 생각한다.204) 요컨대 그것은 보이는 것, 현존하는 것, 드러나 있는 것205)과 비교할 때 '감추어져 있는 어떤 것'이며, 이 감추어진 것의 드러남 속에서 희랍인들은 자연의 보이지 않는 힘과 그 힘의 '발현'을 보았고, 그것을 'Physis'라는 개념으로 이해하였던 것이다. 하이데거는 바로 이러한 초기 희랍인들의 퓌지스 개념에서 '존재의미'의 진면목을 발견하였던 것이며, 그리하여 "퓌지스는 존재 자체"라고까지 간주하였던 것이다. 그렇다면 이 퓌지스는 로고스와 어떠한 관계에 있는 것인가?

하이데거에 따르면, 이 양자는 근원적 의미에서 본질친화적인 연관성을 가진다. 그는 퓌지스와 로고스 사이의 본질연관을 헤라클레이토스

---

204) 물론 이때 하이데거는 이미 동양적 사유, 곧 도가적(Taoism) 의미의 '自然'개념을 알고 있었고 그의 사유에는 이러한 영향도 있었을 것으로 짐작된다.

205) 여기서 퓌지스 개념과 관련하여 언급된 '드러나 있음'은, 먼저 '감추어져 있음'과 대비되는 것으로서, 진리를 나타내는 희랍어 'Aletheia'와도 깊은 관련성을 지닌다. 잘 알려져 있듯이, 희랍어 'A-letheia'는 '缺如'를 뜻하는 A라는 부정접두사와, '망각(lethe)', '은폐되어 있다(lanthano)'라는 의미의 letheia가 결합된 용어이다. 따라서 이 용어는 문자 그대로 해석하면, '망각되어 있지 않음'이나 '은폐되어 있지 않음', 곧 '비은폐성(Unverborgenheit)'을 뜻하게 된다. 이는 알레테이아라는 용어가 그 근원적 의미에 있어서 퓌지스와 결코 다르지 않음을 보여주는 것이다. 아리스토텔레스도 언급한 바 있듯이, 알레테이아는 '존재를 은폐하고 있는 것에서 드러나게 하는 것', '자신을 열어서 피어나도록 비은폐시키는 것'을 의미하며, 희랍적 의미의 '퓌지스'개념에도 이러한 알레테이아(비은폐성, Unverborgenheit)가 이미 경험되고 있는 것이다. 따라서 퓌지스와 알레테이아는 본질적으로 '동근원적'이라고 할 수 있다.

의 단편들에 대한 해석을 통해 밝히고자 한다. 그리하여 원래 퓌지스와 로고스는, 존재와 사유가 형이상학에 의해 분리되기 전인 희랍 초기 사유에서는 대립되지 않고 서로 깊은 연관성을 가지고 있었음을 보여주고자 한다. 사실 발현으로서의 퓌지스는 인간 존재를 점유하고 근거짓는 '로고스'를 필요로 한다. 그 이유는 존재자 전체를 주재하고 관장하는 퓌지스를 은폐로부터 이끌어내는 것이 '로고스'이고, 이러한 로고스 속에 나타난 퓌지스를 언표하기 위한 (퓌지스에 대한) 숙고가 바로 희랍 초기 철학을 형성했다고 하이데거는 보기 때문이다. 이처럼 헤라클레이토스에 있어서 로고스는 '모음(Sammlung)'에 상응하는 것으로, 마치 독일어의 '모음(das Sammeln)'이나 '모아놓는 것(die Gesammeltheit, 집약)'이 의미하는 것처럼, 그 원래적·본질적인 의미는 '모으는 집약(die sammelnde Gesammeltheit)'을 뜻한다. 따라서 로고스는 뜻(Sinn)이나 낱말(Wort), 혹은 가르침(Lehre)을 의미하는 것이 아니라 스스로 그 안에 끊임없이 주재하고 있는 원천적으로 모으는 집약을 의미하는 것이다(EM, 136-137참조). 이러한 의미에서 하이데거는 퓌지스와 로고스의 연관성을 이렇게 단언하기도 한다.

> 퓌지스와 로고스는 동일한 것이다. 로고스는 존재를 또 다른 하나의 새로운 안목으로 보여준다: 여하한 존재는, 다시 말해서 그 자신 안에 똑바로 그리고 뚜렷하게 서 있는 그와 같은 것은, 그 자신 그 자체로부터 자신을 모으는 것이며, 스스로를 이와 같은 모음 속에 두고 있는 것이다(EM, 139).

이상의 말에서 알 수 있듯이, 퓌지스는 곧 로고스이다. 그것도 존재(의 진리)를 모으는 한, 로고스는 퓌지스와 동일한 것이다. 그런데 사람들은 이러한 로고스를 전혀 파악하지 못하고 있다. 이러한 사실을 하이데거는 헤라클레이토스의 '단편 72'를 통해 이렇게 표현한다: "사람들은 그들이 언제나 접촉하는 것, [즉] 로고스에 등을 돌리고 그들이 매일매일 부딪치는 그것이 그들에게는 낯설게만 보인다(EM, 139)." 이렇듯 하이데거가 보기에, 로고스는 사람들이 언제나 끊임없이 접촉하는 것이지만, 그들은 그것으로부터 늘 멀리 떨어져 있어서, 그것을 이해하지 못하는 자로 늘 머물러 있는 것이다(EM, 139참조).

그리고 근원적인 집약으로서의 로고스는 모든 것을 두루 주재하고 관장하는 성격, 즉 퓌지스의 성격을 함께 지니기 때문에, 로고스나 퓌지스는 근원적으로 일치하고 있음을 알 수 있다. 따라서 헤라클레이토스가 강조하는 '로고스'는 생성 변화하는 만물, 곧 모든 존재자들을 조화, 통일, 결합시키고 한데 모으는 집약적·주재적 원리로서 '퓌지스'와 동일하다. 물론 이러한 의미에서 본다면, 하이데거의 사유 역시 헤라클레이토스와 결코 다르지 않다. 다만 여기서 하이데거가 강조하는 로고스는 '언어'로서 존재자를 한데 모으는 집약적인 원리로 작용하며, 이 원리는 현존재의 근원적 사유 속에 언제나 깃들어 있는 것으로 이해되고 있다. 그렇다면 오늘날 이 양자의 일치성(Einheit)이 갈라지게 된 그 내적 필연성과 가능성은 어디에 있는 것인가? 오늘날 우리의 인식은 항상 사유와 존재, 즉 사유는 '주관적인 것(das Subjektive)'으로, 존재는 '객관적인 것(das Objektive)'으로 파악하여 이들 양자 간의 이분법적 도식으로 인식이 성립하는 것처럼 생각한다. 말하자면 사유가 존재에 대해서 지니고 있는 관계는 주체가 객체에 대해서 지니고 있는 관계처럼 파악되고 있는 것이다. 과연 이러한 도식은 어디에서 나왔을까?

파르메니데스는 그의 '단편 5'에서 "τὸ γὰρ αὐτὸ νοέιν ἐστίν τε καὶ εἶναι(토 가르 아우토 노에인 에스틴 테 카이 에이나이)"라고 말한다. 이것은 일반적으로 "그러나 사유와 존재는 동일한 것이다"로 번역되는

데, 사실 이러한 해석에는 그 본래적 의미가 크게 왜곡되어 있다고 하이데거는 주장한다. 즉 여기서의 '노에인(νοεῖν)'은 사유, 즉 주관의 작용으로서의 사유로 이해되고 있다. 말하자면 주관의 사유가 존재란 무엇인가를 규정하고 있으며, 따라서 존재란 단지 사고 작용에 의해서 생각된 것에 불과하게 된다. 그렇게 되면 결국 사유는 주관적 작용에 지나지 않고, '사유와 존재는 같은 것'이기 때문에, 모든 것은 주관적인 것으로 되고 마는 것이다(EM, 144참조). 그리하여 결국 스스로 그 자체로 존재하는 것은 그 어디에도 없는 셈이 된다. 그러나 하이데거는 레게인을 '앞에 놓여 있도록 내어 두다(Vorliegenlassen)'로 번역하고, 노에인을 '보살핌-안으로-영접하다(In-die-Acht-nehmen)'로 번역하면서, 노에인이 '보살핌-안으로-영접하는 그러한 것'을 레게인이 다시 집장(集藏)하는 동시에 집약된 것으로 간수한다고 보고 있다(WD, 125-126참조). 이처럼 레게인이나 노에인이 사유의 근본특성으로 간주된 것은 플라톤과 아리스토텔레스에 의해서 희랍적 사유가 완성되던 무렵이다. 그 이전의 희랍인들의 존재경험에 따르면, 노에인은 무엇인가를 보살피고자 '앞에-잡아 둔다(Vor-nehmen)'는 의미를 지니고 있었다. 그래서 하이데거는 노에인을 '보살핌-안으로-영접하다'로 옮기는 것이며, 이것은 무엇인가를, 즉 앞에 놓여 있는 것을 보살핌 안에서 간직하고 존재하고 있는 그대로 존재할 수 있도록 내버려 둔다는 것을 의미하는 것이다. 바로 이러한 것이 노에인의 희랍적 의미이다. 예를 들면 우리가 바다를, 그것이 놓여 있는 그대로 우리 앞에 놓여 있도록 내어 둘 때, 우리는 이미 레게인에서부터, 앞에 놓여 있는 그것을 보살피기 위하여 그것을 영접하기 시작한 것이며, 따라서 이때의 레게인은 암묵적으로나마 노에인과 맞닿아 있는 셈이다. 이와 같이 앞에 놓여 있는 그것을 보살핌 안으로 영접하는 것이 바로 파르메니데스의

'단편 5'에서 '노에인'이 나타내는 본래적 의미이다.

그런데 여기서 우리는 노에인을 단지 인간의 '사유'로만 이해해서는 안 된다. 납득(Vernehmung, 알아들음)이란 하나의 (생기)사건이며, 그 사건 속에서 생기하면서 인간이 처음으로 존재자로서 역사 속에 들어와 현상하는 것이다. 즉 말 그대로 스스로 존재에로 도래하는 것이다. 이와 같이 존재와 인간본질이라는 상관성 속에서 '존재와 사유'의 상호분리가 드러나게 되는 것이다(EM, 137참조). 그런데 여기서 문제로 등장하는 것이 바로 인간의 본질규정, 그것도 '존재 그 자체의 본질로부터의 인간의 본질규정'이다(EM, 110참조). 주지하다시피 전래 주관주의 형이상학의 입장에서는 존재를 '사유와 이성'의 입장에서 규정지으려고 하였다. 물론 하이데거는 이러한 입장을 단호히 거부하면서 일반적으로 '사유와 존재는 동일하다'는 파르메니데스의 말을 '앞에-잡아둠(Vor-nehmen, 곧 노에인)'과 존재는 서로 상관적이다'로 바꾸어 해석함으로써 존재와 인간의 본질규정에 새로운 빛을 던져주고 있다. 결국 그는 파르메니데스의 이 말이 왜곡됨으로써, 희랍적으로 경험된 인간의 본질규정이 오해를 받았던 것이기에, 이를 벗어나고자 한 것이다. 하이데거의 로고스개념은 바로 이러한 배경에서 이해되어야만 한다. 이제 우리의 논의는 이러한 로고스와 언어가 과연 어떤 관계에 있는지 밝혀보고자 한다.

2) 로고스와 언어

하이데거는 그의 사유 초기부터 '로고스(logos)'개념[206]에 대한 연구

---

206) '로고스'개념은 동사적 명사로 그 원초적 의미에 있어서는 동사 '레게인(legein)'과 불가분적이다. 즉 레게인의 고전적 의미는 '말하다'이며, 따라

에 깊이 몰두하였다. 이것은 그의 관심이 처음부터 존재와 언어의 상관
성 문제에 있었다는 사실과 무관하지 않다. 그에 있어서 '언어'개념은
근원인 이 '로고스'개념과 결코 분리될 수 없는 것이기에, 그는 헤라클
레이토스의 '단편(50)'에 착안하여, 로고스개념에 대한 자신의 논의를
개진하기도 하고, 또한 앞서 보았듯이, 『존재와 시간』에서는 현상학
(Phänomenologie)이라는 명칭을 '현상'과 '로고스'라는 개념으로 구분
하여 설명하기도 하였다(VA, 199-221; SZ, 43-46참조). 특히 그는
1943년과 1944년 여름 학기 동안에 헤라클레이토스에 관한 강의를 하
면서, 「논리학, 로고스에 관한 헤라클레이토스의 이론」이라는 강의논문
을 발표한 바 있다.[207] 여기서 그의 연구목적은 전통적인 형식 논리학
이나 혹은 현대의 기호 논리학의 입장을 새롭게 설명해 보려는 것이
아니다. 오히려 그는 그와 같은 기존 논리학의 토대를 뒤흔듦으로써 사
유의 새롭고 본래적인 형식을 찾고자 하였다. 이 일은 바로 지금까지
우리가 살펴본 것처럼 '언어의 본질'을 탐구함으로써만 수행될 수 있는
것이었다. 그 이유는 언어의 법칙과 사유의 법칙은 처음부터 분리될 수

서 로고스는 '말', '언표', '연설' 등을 의미한다. 물론 처음에는 '레게인'이
주로 고대 희랍의 서사시에서 '모으다', '수집하다', '세다', '열거하다' 등의
의미로 사용되었으나, 이것이 일상적인 용어로 사용되면서부터 점차 그 쓰
임이 다양하게 확대되었다. 거드리(W. K. C. Guthrie)에 따르면, 이 로고
스의 의미는 대략 다음과 같이 정리해 볼 수 있다: a) 수집(collection)의
의미, b) 말(word)과 관련된 의미, c) 존경·존중·명성·가치로운 것, d)
자문자답·혼자서 생각하는 것·질문에 대한 답변, e) 계산·셈, f) 산술적
이고 수학적인 의미(비율·비례·측량·척도 등), g) 열거하다·총계를
내다·일일이 세다, h) 원인·이유·추론·논증, i) 일반적인 원리·규
칙·법칙, j) 인간의 이성·정신·사고, k) 공식·定義·사물의 본질에 관
한 규정 등. W. K. C. Guthrie, *A History of Greek Philosophy*, Vol. Ⅰ
(London: Cambridge University Press, 1976), pp.420-424참조.

207) M. Heidegger, *Heraklit*, Bd. 55 (Frankfurt a. M.: Vittorio Klostermann,
1979), S.183-387참조.

214

없는 것이었고, 언어개념이 그러하듯이, '논리학'이라는 용어 또한 로고스(logos)개념에서 유래한 것이기 때문이다(EM, 128-129참조).[208] 즉 사유에 관한 학설을 논리학이라고 부르는 것은 바로 사유가 로고스의 레게인(legein)에서 스스로를 전개시키기 때문이다(WD, 105참조). 따라서 하이데거에 따르면 논리학에 대한 물음은 그 안에서 사유의 변화하는 생기로서의 비은폐성에 응답할 수 있는 그런 언어에 대한 물음과 긴밀히 연관되어 있다.

이런 이유로 인해 하이데거는 1934년 여름 학기에 행해진 '논리학(Logik)'[209]이라는 강의 이래로 논리학이라는 명칭 뒤에는 '언어의 본질에 대한 물음으로서의 변화(die Verwandlung der Logik in die Frage nach dem Wesen der Sprache)'가 숨어 있다고 단언하면서(WD, 100참조), 이렇게 주장한다. "논리학이란 그리스어로 '에피스테메 로기케(ἐπιστήμη λογική)', 즉 로고스에 관계되는 앎이라고 하는 완전한 명칭의 축약어이며, 로고스는 레게인이라는 동사의 명사이다. 그리고 논리학은 레게인을 '레게인 티 카타 티노스(λέγειν τι κατά τινος)', 즉 무엇에 관하여 무엇을 언명한다는 의미로 이해해야 한다(WD, 100)." 그러므로 여기서 로고스에 관한 학설로서의 논리학은 사유를 무엇에 관한 무엇의 진술로서 규정할 수 있게 되며, 이러한 진술, 곧 말하기(Sprechen)가 사유의 근본특성을 이루게 된다. 그리고 그러한 말하기가 일반적으로 가능하기 위해서는 무엇에 관하여 무엇이 진

208) 물론 하이데거는 이러한 점을 이렇게 강조한다. 즉 "논리학이라는 것은 자신의 기원에 대해서, 그리고 그 자신이 사유를 측정하는 표준이 된다고 주장할 수 있는 권리에 대해서, 그 자신으로부터의 하나의 설명과 근거를 필요로 하고 있다(EM, 130)."
209) 이 강의논문은 다음과 같은 제목으로 간행되었다. M. Heidegger, *Logik als der Frage nach dem Wesen der Sprache*, Bd. 38(Frankfurt a. M.: Vittorio Klostermann, 1998).

술된다고 할 때의 전자의 무엇, 즉 주어와 진술된 것, 즉 술어가 말하기에서 일치될 수 있어야 한다. 하이데거는 이와 같이 일치될 수 없는 것들은 진술에서 함께 말해질 수 없다고 강조한다. 예를 들면 '삼각형과 웃음'이 그것이다. 우리는 통상 삼각형을 정의할 때, 그것을 '세 개의 직선에 의해 둘러싸인 평면'이라고 정의한다. 그런데 만약 우리가 '삼각형은 웃는다(das Dreieck lacht)'라는 명제로 언표한다면, 이것은 올바른 표현이라고 말할 수 없을 것이다(WD, 100참조). 특히 여기서 하이데거는 언어의 본질을 소리나 발설, 또는 기호나 의미화에 초점을 맞추어서는 안 된다고 지적한다. 사실 의미화나 표현은 언어의 특징들에 불과하다. 그러므로 언어 자체가 관련되어 있는 한, 의미화나 표현을 통해서는 그러한 시원적이고 본질적인 것의 영역에 이를 수 없는 것이다.

하이데거에 따르면 우리가 언어의 본질에 이를 수 있는 유일한 길은 희랍어 '로고스(logos)'와 '레게인(legein)'의 본래적인 의미를 경청하는데 있다. 다시 말해 그는 '언어'에 대한 고대 희랍인들의 사유를 추적하여, 언어의 본질을 이해하고 또 희랍어 '로고스'에 간직되어 있는 본래적 의미를 되찾고자 한다(WD, 148참조). 여기서 그는 먼저 희랍어 'logos'의 뜻을 그 동사형 'legein'에서 찾는다. 잘 알려져 있듯이, 이 '레게인'은 '수집하다(lesen)', '모으다(Sammeln)', '말하다(Sprechen)', '나타나게 하다(erscheinenlassen)' 등의 뜻을 가진다. 그렇지만 레게인은 주로 말하다(reden), 언표하다(sagen), 이야기하다(erzählen) 등의 의미로 이른바 '말하다'의 뜻으로만 널리 사용되었다(VA, 200참조). 이러한 사실에 주목하여 하이데거는 초기 희랍인들이 간과했던 '레게인'의 본질적 의미를 새롭게 밝혀보고자 하며, 특히 여기서 그가 주도적인 관심을 보인 것은 바로 초기 희랍인들이 어떤 맥락에서 '레게인'을 주로 '말하다'의 의미로 사용하게 되었는가 하는 점이었다.[210] 이 물음과 관련하여 그는 무엇보다도 '레게인'이라는 희랍어가 지녔던 일차적인 의미에 관심을 기울인다. 즉 그가 생각하는 '레게인'의 일차적 의미는 성대와 혀를 떨어 울려내는 음성적 발화(고시)작용이 아니었다. 그에 의하면 이 '레게인'은 원래 "함께 가져온다(Zusammenbringen)"의 의미를 가진 '수집하다(lesen)'을 뜻했다(VA, 201참조). 여기서 '수집하다'의 말은 '이삭줍기(Ährenlese)', '포도따기(Traubenlese)' 등에서도 드러나듯이, '가리거나 떼어내거나' 혹은 '주어서 모은다'는 의미이다. '수집한다'라는 말에는 이처럼 '모으다(sammeln)', 그것도 '간직하면서 모아들이다(eine bergende Versammlung)'라는 뜻이 담겨져 있다(VA, 201참조; EM, 132참조).

그런데 이 '레게인'의 다의적인 의미에는, '놓다(legen)'라는 뜻도 있다. 말하자면 라틴어 '레게레(legere)'나 독일어 '레겐(legen)'에는 이러한 레게인의 의미가 아직도 여전히 간직되어 있다(WD, 121참조). 따라서 아래에 놓든 앞에다 놓든 간에, 나란히 놓는 것은 '함께 놓는 것'이고 그래서 '모음' 혹은 '집합'의 의미로서 '레게인'은 '함께 모으는 것'을 뜻하기도 한다(VA, 200참조). 물론 이러한 '모음(Sammeln)'은 단지 일시적인 축적이 아니라 함께 모여진 것이 그 모음 속에서 지속적으로 보존되고 지켜진다는 것을 암시한다(HT, 492참조). 앞서 말했듯이, 이 레게인의 의미에는 '말한다'라는 뜻이 분명히 있다. 그러나 그것의 본래적인 의미에는 '어떤

---

210) 하이데거는 희랍어의 어원적 의미에 특히 주목하면서, 심지어 희랍어만이 로고스적 언어라고 강조하기도 한다. 즉 "그리스 언어는 우리에게 알려진 유럽의 언어들과 같은 한갓된 언어가 아니다. 그리스의 언어는, 그리고 그것만이, 로고스(logos)이다. (……) 그리스 언어에 있어서는 '그 언어에서 말해진 것'과 '이 말해진 것이 명명하는 바'가 탁월한 방식으로 동일한 것이다(WP, 12)."

것을 앞에 놓다(제출하다, vorlegen)', '내어놓다(진술하다, darlegen)', '머리 위에 놓다(숙고하다, überlegen)' 등에서처럼, '놓다(legen)'라는 의미도 있음을 염두에 두어야 한다. 이것이 바로 레게인의 참된 의미이며, 우리는 로고스[211)개념을 바로 이러한 레게인의 의미에서 이해해야만 한다. 하이데거는 바로 이러한 맥락 하에서 '레게인'을 그것의 공통성에 따라 '근원적인 집약(ursprüngliche Versammlung)', 즉 언어로 "집약하여 앞에 제시함(beisammen-vor-liegen-Lassen; VA, 204, 207)"이라고 해석하였던 것이다.

이와 같이 본래적 의미에서의 '레게인'은 '앞에 놓다'와 '말하다'라는 양자 모두를 의미하는 것이었다. 그렇다면 이 '앞에 놓음'이란 어떠한 의미인가? 사실 우리는 앞에서 하이데거의 '언어가 말한다'라는 명제를 통해 보았듯이, 이 '앞에 놓음' 역시 인간의 행위가 아니다. 우선 이에 대한 하이데거의 말을 직접 들어보기로 하자.

---

211) 고대 이래로 헤라클레이토스의 로고스는 다양한 방식으로 해석되어 왔다. 즉 지성(Ratio), 동사(Verbum), 세계법칙(Weltgesetz), 논리적 필연성과 사유의 필연성(das Logische und die Denknotwendigkeit), 의미(Sinn), 이성(Vernunft) 등으로 해석되어 왔다(VA, 200참조). 뿐만 아니라 로고스에는 '투쟁(Polemos)'이라는 뜻도 있다. 즉 하이데거는 헤라클레이토스의 '단편 53'을 통해 이렇게 말한다: "폴레모스는 모든 것(현존하는 것)의 아버지(Erzenger)이다. 그래서 모든 것을 (역시) 다스리며 보존한다. 그것은 어떤 것을 신들처럼, 어떤 것은 인간처럼, 어떤 것은 노예처럼, 어떤 것은 자유인으로 나타나게 한다(EM, 66)." 이처럼 폴레모스, 곧 투쟁은 밝음과 어두움, 나타남과 은폐함의 싸움이다. 이 싸움에 의해 비로소 밝음은 밝음으로 제 구실을 다하고, 어두움은 어두움으로써 제 구실을 다한다. 뿐만 아니라 밝음은 어두움 속에 자신을 보장시키고, 어두움은 밝음 속에 자신을 보장시킨다. 말하자면 폴레모스는 밝음과 어두움의 모음(Sammlung)으로서, 곧 로고스이다. 그것은 이 폴레모스가 밝음과 어두움이라는 양자의 통일을 성립시켜 주는 모음이기 때문이다(EM, 66참조).

218

지금 [우리가] 숙고하고 있는 놓기(Legen), 곧 'legein'은 애
초부터 다음과 같은 주장을, 즉 [놓아두는 인간의 행위] 스스로
가 앞에 놓여 있는 저것을 비로소 지금의 그러한 상태 속에 처
음으로 가져왔다는 주장을 포기했으며, 심지어 그 같은 주장을
한 번도 생각해 본 적이 없다. '레게인'으로서의 놓기에서 유일
하게 중요한 점은, 스스로 모여 앞에 놓인 저것(von-sich-her-
beisammen-vor-Liegende)을 바로 그렇게 앞에 놓인 것으로 어
떤 보존터(Hut)212)에 머무르도록 내버려두는 일이다. 그런데 이
보존터는 무엇일까? 모여서 앞에 놓인 저것은 비은폐성 한 가운
데로 넣어지고 떠밀려서 그 속에 맡겨지는, 말하자면 그 속에
간직되는 것이다(VA, 203).

그런데 이러한 하이데거의 주장처럼, 만일 '놓기'가 인간의 행위가
아니라면, 그래서 앞에 놓인 것이 '비은폐성'의 보존터에 떠밀려 맡겨지
고 그 속에서 밝혀진다면, 그렇게 해 주는 근원적인 자는 도대체 누구
일까? 바로 이러한 물음이 이제 우리를 '로고스'와 '존재'의 비밀스런
관계에로 이끈다.
하이데거에 의하면 "모으면서 앞에 놓이게 해줌으로써의 말함
(Sagen)이 그 자신의 본질적 방식을 받아오는 곳은, 모여서 앞에 놓
이는 저것이 머무르는 '비은폐성'이다. 그런데 은폐되어 있었던 것을
비은폐된 것에로 들춰내는 일을 하는 것은 현존자의 현존 자체(das
Anwesen selbst des Anwesenden)뿐이다. 우리는 이것을 '존재자의 존
재'라고 부른다(VA, 204). 모든 은폐되어 있는 것, 그래서 아직 밝혀지
지 않은 것을 트임(Lichtung)으로 가져와 비은폐된 것으로 만드는 것

---

212) 이에 대한 英譯의 표현은 'protection'이다. D. F. Krell & F. A.
Capuzzi(trans), *Early Greek Thinking: Martin Heidegger*(San
Francisco: Harper & Row, 1984), p.62참조.

은, 밝히는 것 자체로서의 존재이다. 말하자면 존재야말로 근원적인 비은폐로서, 모이면서 앞에 놓이는 모든 것이 바로 그런 것으로 놓이고 밝혀지도록 해 주는 근원인 것이다. 다시 말해 "말함(Sagen)이란 'legein'이다. 깊은 성찰을 통해 나온 이 명제는 이제 모든 일상적이고, 또 닳아버린 텅 빈 의미를 말끔히 씻어버렸다. 이 명제는 아무리 깊이 성찰해도 다 파헤칠 수 없는 [언어의] 비밀, 곧 언어의 말함은 현존자의 비은폐성으로부터 고유하게 생기며, 따라서 언어의 말함은 현존자가 앞에 놓이게 되는 방식에 알맞게 모여서 앞에 놓이게 해줌으로 규정될 수밖에 없다는, 이 언어의 비밀을 부르고 있다(VA, 205)." 사실 이러한 하이데거의 해석에 따르자면, 결국 로고스는 원래 존재의 본래적인 말함, 말함으로서의 존재, 언어로서의 존재를 의미한다고 할 수 있다. 이에 반해 인간의 말함은, 그 말함이 올바른 것이 되려면 존재의 본래적인 말함에 응답해야 한다. 그러므로 현존재가 '말함으로서의 존재'에 복종하고, 거기에 자기를 위임하고 또 그 자신의 본래성을 성취해 나갈 때, 비로소 본래적인 언어가 생기하게 된다. 다시 말하면, 인간의 언어가 존재의 본래적인 말함에 전적으로 일치할 때 본래적인 말함이 생기한다. 존재자들의 본질인 개시성 속에서 존재자들을 앞에 놓음으로써 현존재는 로고스의 과정을 따른다. 그 로고스의 과정은 존재자들을 그들 자신에게로 그리고 본래적인 말함인 자신에게로 모으는 과정이다(VA, 204참조). 본래적인 언어는 바로 그런 일치 속에서만 발생하는 것이다.

또한 하이데거에 의하면, 로고스는 '모음(Sammeln)'의 전 과정이 진행되어 나오는 본래적인 근원을 의미하기도 한다. 이를테면 헤라클레이토스의 유명한 명제인 '헨 판타(Hen Panta)'는 로고스가 기능하는 방식을 기술한다. 즉 헨은 '하나(Eines, 一)'로, 판타는 '모든 것(Alles, 全)'으

로 풀이되어, 헨판타는 '하나가 만물인 것(一卽全)'이나 '만물의 하나인
것(全卽一)' 혹은 '만물에 동일적인 것'으로 해석되기도 한다(WP, 13참
조). 하이데거의 해석에 의하면 이처럼 만물에 동일한 것은 만물을 각기
하나 되게 하는, 만물 하나하나가 바로 자기 동일적인 일물(一物)이 되
게 하는 것이다. 그리고 그것은 다름 아닌 '존재'이다. 즉 하이데거는 여
기서 헨을 '존재'로, 판타를 '존재자'로 이해하여, 이 '존재'를 근원적인 의
미의 로고스와 동일하게 해석한다. 물론 여기서의 로고스는 단순히 물리
적ㆍ대상적 의미에서 여러 존재자를 모으고 통일한다는 뜻이 아니라 그
것이 무엇이라고 하더라도 하나의 사물로 존재하게 하는 '하나의 모음
(Versammlung)'이, 곧 모든 것을 하나 되게 하는 자, 一卽全이나 통일
자로서 '로고스'라는 것이다. 이와 같이 로고스는 통일 속에 있는 존재자
들의 존재이며, 현존(Anwesen) 속에 모든 현존하는 것을 모으고 그럼
으로써 앞에 놓여 있게 하는 것을 명명하는 것이다. 하이데거는 이처럼
로고스, 곧 존재가 그 자신을 존재자들 속에서 모으는 사건을 "운명적인
것(VA, 218)"이라고 강조하며, 비은폐성으로서의 존재야말로 모든 현존
자와 부재자를 바로 그것으로 모아두는 그래서 밝혀주는 이른바, 근원적
인 로고스, 곧 언어라고 주장한다. 요컨대 그는 초기 희랍에서의 근원적
인 로고스개념을 통해 바로 이러한 본래적인 언어의 근원을 추적해 보고
자 한 것이다.

3) 존재와 언어의 공속성

앞에서도 언급하였듯이, 하이데거의 후기 사상에서는 '로고스'개념이
아주 중요하고 본질적인 역할을 한다. 왜냐하면 전회이후, 하이데거의
후기사유에 있어서 '존재의 비밀(Geheimnis)'은 바로 '언어의 본질'에

대한 반성을 통해 수행되기 때문이다. 물론 그에 있어서 이러한 존재의 문제, 곧 '존재란 무엇인가'라는 존재의 의미에 관한 문제는 존재자의 의미에 관한 문제와는 엄격히 구별되어야 한다. 왜냐하면 존재는 어떠한 존재자도 여하한 대상도 아니며, 일체의 대상적 존재자와는 단적으로 다른 것이기 때문이다. 만일 우리가 존재자를 우리 앞에 '있는 것'으로 표현할 수 있다면, 이러한 존재자가 아닌 '존재(Sein)'는 결코 '있는 것'이 아니다. 말하자면 존재는 존재자처럼 존재할 수 없는 것이다. 따라서 만일 존재가 '어떠어떠하게 존재한다'고 말한다면, 그것은 더 이상 존재에 대한 규정이 아니라 하나의 존재자에 대한 규정이 되고 만다. 그래서 하이데거는 바로 이러한 '존재와 존재자의 존재론적 차이'를 염두에 두고서, 다음과 같이 '존재'를 규정한다.

> 그렇다면 존재-도대체 그것은 무엇인가? 존재는 존재 그 자체이다. 미래의 사유는 이러한 점을 경험하고 말할 줄 알아야 한다. '존재'-그것은 신도 아니고 세계의 근거도 아니다. 존재는 모든 존재자보다 더 멀리 있으면서도 인간에게는 어떠한 존재자들보다도 더 가깝다. (……) 존재는 가장 가까이에 있다. 그러나 이 가까움은 인간에게는 가장 먼 것이기도 하다(BH, 331).

이처럼 존재는 존재 그 자체이지, 다른 어떠한 존재자가 아니다. 그래서 존재의 의미는 이해의 대상이 아니라 바로 존재자의 존재가 이해될 수 있는 '지평'이라고 간주되는 것이다. 하이데거는 '존재와 존재자의 존재론적 차이'를 분명히 하기 위해서, 일체의 '있다(Es ist)'로부터 결별을 선언한다(US, 154참조). 그리고 나서 도입한 어법이 바로 '존재하게 한다(Es gibt)'[213]라는 표현이다. 이를테면 "존재가 존재하게 한

---

213) 하이데거는 이러한 표현은 『존재와 시간』의 9, 97, 281, 283, 299, 300, 302,

다(Es gibt Sein)", "세계가 존재하게 한다(Es gibt Welt)(SZ, 72)", "낱말이 존재하게 한다(Es gibt Wort)(US, 193)" 등과 같은 말이 하이데거가 자주 사용하는 표현이다. 즉 그는 바로 이러한 표현들을 통해서 존재의 의미를 나타내고자 한다. 그리고 이 표현들에서 'es'는 존재 자체를 지칭하는 것이며, 'gibt'는 존재가 그 자신을 세계로서 존재자에게 주는 것을 말한다. 그러므로 '존재하게 함(sein lassen)'은 결국 개시성(비은폐성)의 영역으로 가져오거나 드러내는 것을 뜻한다고 할 수 있다.[214]

그러나 만약 동사형을 가진 경우에는 명사를 주어로 하고 同形의 동사를 술어로 사용함으로써 존재를 표현하기도 한다. 이처럼 하이데거는 스스로 용어를 독자적으로 변형시킴으로써 이른바 존재자와 존재론적으로 구별되는 존재의 의미를 표현하고자 하였다. 이미 앞에서 언급한 "언어가 말한다(Die Sprache spricht)"거나 "시간이 시간화한다(Die Zeit zeitigt)", 그리고 "세계가 세계화한다(Die Welt weltet)"라는 어법들도 모두 다 존재의 의미를 표현하는, 이른바 '있다'고 표상되는 것이 아니라 스스로 있게 하는 것, 있는 것이 있는 대로 나타나게 하는 것으로서의 '존재'를 지칭하는 표현들이다. 언뜻 생각한다면, 이러한 표현들은 단순한 동어반복(tautology)에 불과한 명제이거나 아니면 불합리한 명제로 취급될 수도 있겠지만, 하이데거가 그토록 강조했던 '존재와 존재자의 존재론적 차이'에 입각해서 이러한 표현들의 의미를 분석·해명해 본다면, 결코 그렇지 않다는 사실을 확인할 수 있게 된다.

그런데 바로 앞의 인용문에서 언급한 것처럼, 왜 존재는 존재자들보

304, 419쪽 등에서 반복적으로 사용하고 있다.

214) M. Heidegger, "Vom Wesen der Wahrheit" in *Wegmarken*, Bd. 9(Frankfurt a. M.: Vittorio Klostermann, 1976), S.193참조. 이하에서 이 책은 'WW'로 약칭하고 본문 안에 면수를 곧바로 표기함.

다 인간들에게 멀리 있기도 하고, 또한 가까이 있기도 한 것인가? 이러한 물음에 대해 우리는 존재자로부터 구별되는, 이른바 존재이해의 관점에서 우리의 논의를 시작해 보고자 한다. 먼저 존재란 과연 무엇인지 물어보자. 하이데거에 따르면 존재의 發現은 존재자를 통해서만 나타난다. 예를 들어 "한 떨기의 백합, 스치는 바람 소리, 흐르는 물결, 꼬리치는 강아지, 아가의 미소들은 그때그때마다 그 나름으로 '있음(존재)'이 보는 시선, 듣는 귀에 따라 나타날 뿐이고 '말씀'에 따라 말 속으로 깃들어 올 뿐이다."215) 존재는 이처럼 존재자를 통해서만 자신을 나타낸다. 따라서 우리는 존재자만을 존재하는 것으로 확인할 뿐 결코 존재를 인식할 수는 없다. 존재자처럼 인식할 수 없기에, 존재는 인간들에게 아주 멀리 존재하는 것처럼 여겨질 수 있다. 말하자면 존재는 시·공간의 규정을 받고 범주에 의해서 기술될 수 있는 어떠한 존재자가 아니다. 즉 유기물도, 무기물도, 암석도, 강도, 산도 아니고, 식물도 동물도 아니다. 그렇다고 초시간적, 초공간적인 존재자, 즉 신이나 靈物도 아니다. 또한 세계의 배후적인 근거도 아니요, 세계에 내재하는 로고스나 무슨 '원리' 같은 것도 아니다. 하이데거에 따르면 존재는 內在者도 超越者로 아닌 단적인 '초월 그 자체'이다.216) 그러므로 과학 기술이 어떠한 수단을 동원한다 하더라도, 이 존재를 결코 묘사하거나 설명할 수는 없을 것이다. 그리고 존재자가 존재한다는 말은 곧 내가 존재이해의 방식으로 존재한다는 말과 동일한 것이다. 따라서 나의 존재이해는 나 자신의 존재 그 자체이기 때문에, 존재는 인간에게 가장 가까이에 있다고 말할 수 있는 것이다.

---

215) 신오현, 『철학의 철학』(서울: 문학과 지성사, 1988), 63쪽.
216) 신오현, 『자유와 비극: 사르트르의 인간 존재론』(서울: 문학과 지성사, 1979), 70쪽 참조.

존재는 이렇듯 존재이해의 지평에서 드러나고, 존재이해는 곧 존재의 부름에 순응함으로써 나타나는 것이다. 그리고 이때의 '존재함'은 존재와 인간의 양자 관계로는 결코 파악될 수 없으며, '존재함'이 언어를 통해 존재자의 세계에 모습을 드러낼 때만이 파악 가능한 것이다. 말하자면 언어는 말로 드러나게 되는 한에서, 존재자의 세계에 있게 되며, 또한 존재자의 세계에서 말로 드러나는 한에서, 언어에 의해 지시되는 것들은 존재자로 파악될 수 있는 것이다. 이와 같이 존재는 언어 속에 이미 언제나 깃들어 있으며, 또 동시에 언어로 오는 도상에 있다. 여기서 '언어 속에 깃들어 있다'는 것은 존재가 언제나 이미 사유된 것, 즉 언어로 존재한다는 말이며, '언어로 오는 도상에 있다'는 것은 이미 사유된 존재가 여전히 사유되어야 할 것으로 존재한다는 말이다. 이러한 점에서 하이데거는 「휴머니즘에 관한 서한」에서 '존재와 언어의 상관성'을 다음과 같이 밝히고 있다.

> 사유는 존재가 인간의 본질과 관계되는 것을 수행한다. 그러나 사유는 이러한 관계를 조직하거나 산출하지는 못한다. 존재가 사유 자체에게 이러한 관계를 맡겼을 뿐이고, 사유는 이러한 의미의 관계를 존재에 제공하는 것이다. 이와 같이 제공한다는 것은 사유 안에서 존재가 언어(Sprache)로 된다는 점에서 알 수 있다. **언어는 존재의 집이다. 언어라는 거처에서 인간은 살고 있다.** 사유하는 사상가나 詩作하는 시인은 이 거처를 지키는 사람들이다. 그들이 그들의 언표를 통해 존재의 모습을 언어로 드러내고 언어 속에 간직하는 한, 존재는 그들이 지켜줌으로써 자기 모습을 완전히 열어서 보여준다(BH, 313; 필자의 강조).

여기서 너무나도 유명한 '언어가 존재의 집'이라는 표현은 하이데거의 논문 「무엇을 위한 시인인가(Wozu Dichter)」에서 처음으로 등장한다. 하이데거는 이 논문에서 언어를 존재 자체가 나타나고 드러나는 영역으로 표현하면서 이렇게 주장한다.

> **언어는 존재의 집이다.** 그러기에 우리는 끊임없이 이 집을 통해서 존재자에 도달할 수 있다. 우리가 샘으로 가거나 숲을 통과할 때, 항상 이미 '샘'이나 '숲'이라는 낱말을 통해서 가고 있는 것이다. 설령 우리가 그러한 낱말들을 전혀 말하고 있지 않을 뿐만 아니라 언어에 관련된 어떠한 것도 떠올리지 않는다고 할지라도 말이다(HW, 310; 필자의 강조).

그런데 언어는 이처럼 '존재의 집'인 동시에, "인간본질의 거처(BH, 361)"이기도 하다. 하이데거에 의하면 식물과 동물은 각자 그때그때의 환경세계 속에서 살기는 하더라도 결코 '존재의 빛(Lichtung des Seins)' 안으로 자유로이 들어서지는 못한다. 왜냐하면 식물과 동물에게는 언어가 없기 때문이다. 식물과 동물에게는 언어가 거부되었으므로, 그들은 세계가 없이 환경 속에서만 살아가더라도 별로 개의치 않는 것이다. 따라서 언어는 그 본질에 있어서 모든 생명체의 표현방식도, 그렇다고 유기체의 외적 표현방식도 아니다. 그런 점에서 우리 인간은 동물이기도 하고 생명체이기도 하지만, 언어를 가진 동물이기에 여하한 다른 동물이나 생명체와는 극명한 차이를 보인다. 인간의 본질이 이성적 동물, 곧 신체-마음-정신의 통일체로 간주되는 한에서, 우리는 흔히 '언어'를 인간의 본질에 의한 하나의 응답이라고 생각한다. 그러나 존재의 진리가 탈존을 통해서 인간에 관계하는 것이 동물적 본성 속에는 은폐되어 있듯이, 언어의 형이상학적-동물적인 해석은 그 존재사적인 본질을 은폐하고 있는 것이다. 이처럼 존재의 담지자인 언어는 존재를 발현시킬 뿐만 아니라 존재를 감추는 역할도 한다.

이러한 점에서, "언어는 밝히면서-감추며 오는 존재의 도래(BH, 326)"인 것이다. 그런데 존재가 현존재 안에서 자신을 드러내는 사건은 존재를 발언하는 사상가의 언어로 표현되어야 한다. 이런 방식으로 사상가는 자신의 존재의 집안에 거주하게 된다. 하지만 이 집을 건립하는 것이 현존재의 임무는 아니다. 존재 자체가 이미 언어의 도상에 있기 때문에, 현존재는 단지 이러한 존재의 사유를 통해 이 집을 완성시키는 것뿐이다.[217] 이렇듯 현존재는 자신의 사유를 통해 존재를 언어에로 가져오는 것이며, 이때 사유의 목적은 당연히 존재를 근원적인 차원에서 드러내는데 있지만, 이러한 언어 없이는 결코 사유할 수 없는 것이다. 그런데 이미 언급했듯이, 언어는 존재를 드러내기도 하지만, 때론 그것을 은폐시키기도 한다. 이러한 언어적인 이중성으로 인해, 현존재의 사유가 부딪치는 언어적 문제가 발생한다. 그래서 하이데거는 서구 사상을 지배해 온 합리적인 사유가 아닌 다른 사유, 곧 근원적인 사유 (존재사유)를 요구한다.

미래의 사유는 더 이상 철학일 수 없다. 그것은 이른바 철학을 의미하는 형이상학보다도 더 근본적으로 사유하는 것이기 때문이다. 그러나 미래의 사유는 더 이상 헤겔이 요구하듯이, '지혜의 사랑(Liebe zur Weisheit)'이라는 이름을 포기하고 절대지 (absolute Wissen)의 형태로 지혜 자체가 되어 있는 것일 수도 없다. 이러한 사유는 그 앞서 달려가는 본질의 빈곤 속으로 떨어지는 도중에 있다(BH, 364).

사유는 그의 발언을 통해 존재의 침묵의 말을 언어로 나타내

---

217) J. J. Kockelmans, *On the Truth of Being: Reflection on Heidegger's Later Philosophy* (Bloomington: Indiana University Press, 1984), p.150 참조.

는 것이다. 여기서 '언어로 나타낸다'라는 말은 지금은 말 그대
로 받아져야 한다. 존재는 자신을 밝히면서 언어로 응답한다. 존
재는 언제나 언어에 도달하는 도상에 있다. 이와 같이 도상에
있는 존재는 본재적 사유의 발언을 스스로 언어로 나타내며, 따
라서 언어 자체가 존재의 빛 속으로 고양된다. 이때 비로소 언
어는 저 비밀에 가득 찬 방식, 우리들을 항상 지배해 나가는 방
식으로 존재하게 된다(BH, 361-362).

　하이데거에 있어서, 존재의 도래를 책임지고 있는 사유는 존재가 말을
걸어오는 것을 언어를 통해 드러내어야 하며, 또한 사유를 통해 언어는
존재의 언어가 되어야 한다. 즉 존재의 발언 속에서 사유는 존재의 말해
지지 않은 말을 언어로 가져오는 것이다. 물론 이때 "언어로 가져온다"
는 표현은 문자 그대로 이해되어야 한다. 존재는 자신을 밝히면서 언어
로 오며, 또한 끊임없이 언어의 도상에 있는 것이다. 그리고 이런 도상에
있는 것은 탈존적인 사유를 그의 발언 속에서 언어로 가져오는 것이며,
바로 이때 언어 자체가 존재의 빛 속으로 고양되는 것이다. 그리하여 이
제 비로소 언어는 저 비밀스러운 방식, 인간을 항상 지배해 나가는 방식
으로 존재하게 된다(BH, 361-362참조). 따라서 인간은 스스로 말하기
전에 존재가 말을 걸어오도록 해야 하며, 이렇게 존재가 먼저 말을 걸어
와야 만이 인간의 말에는 비로소 그 귀중한 본질이 새로이 주어지게 되
고, 또 인간에게 존재의 진리 속에 살 수 있는 집이 새로이 주어지게 되
는 것이다(BH, 319참조). 이와 같이 하이데거는 그의 후기사유에서 '존
재와 언어'를 본질적인 상호 공속성 속에서 이해하면서, 이러한 사실을
다음과 같이 강조한다.

　언어는 마치 구름이 하늘의 구름인 것처럼, 존재의 언어이다.

사유는 자신의 말을 가지고 언어 속에다 눈에 띄지 않는 이랑
(Furche)을 내는 것이다. 이 이랑들은 농부가 천천히 걸어가면
서 들을 통해 만드는 이랑들보다도 더욱더 눈에 띄지 않게 소박
한 것이다(BH, 364).

이와 같이 생물이건 동물이건, 인간이건, 또는 그 무엇이건 간에, 그것
이 언어에로 오고 있지 않다면, 우리는 과연 어떤 의미에서 저들이 '존
재한다'고 말할 수 있는가? 그것이 살아 움직인다면, 죽어 있지 않고 살
아 있는 현상 그 자체로 나타나고 언어화되지 않는다면, 어떻게 그것이
죽어 있지 않고 살아 움직인다고 말할 수 있을 것인가? 존재 자체는 생
물도 무생물도 물질도 정신도 아닌 존재하고 현상하면서 언어화되고 있
는 '화생(Wesen)' 이외 다른 아무것도 의미하지 않는다.218) 존재의 드
러남은 언제나 언어라는 길을 통해서 하나의 세계로서 드러나는 것이며,
또한 언어는 구름이 하늘의 구름인 것처럼, 언제나 '존재의 언어'인 것이
다. 이러한 의미에서 우리는 '존재와 언어'가 본질적으로 상호 공속적인
관계에 있다고 간주하는 것이다.

4) 언어의 존재론적 성격

잘 알려져 있듯이 희랍 철학자들은 존재의 본질을 발견하여, 그것으
로 생성 변화하는 경험적 세계를 설명하고 이해하였다. 그들은 경험적
인 세계 위에 보편적이고 확실한 세계, 예를 들면 플라톤의 '이데아
(idea)'나 아리스토텔레스의 '에이도스(eidos)'와 같은 세계를 확보하였
고, 그 세계를 통해서만 경험적 세계는 비로소 존재하게 되고, 또 의미

---

218) 신오현, 『절대의 철학』(서울: 문학과 지성사, 1993), 294쪽 참조.

있게 된다고 주장하였다. 그렇지만 우리는 눈앞에 보이는 나무나 자동차와 같이 경험 가능한 세계가 아닌, 이른바 영원불변하는 보편적·이념적 세계를 어디에서 찾을 수 있는가? 설령 그런 세계가 존재한다고 한들 경험적 세계에 살고 있는 우리가 어떻게 그러한 세계를 인식할 수 있다는 말인가? 이러한 문제에 직면했을 때, 결국 우리는 우리 자신의 '인식(앎) 능력'을 되돌아볼 수밖에 없게 된다. 말하자면 인식의 문제는 언제나 존재의 문제와 결부되어 있는 것이다. 물론 여기서의 '존재'는 존재자(대상존재)가 아니라 존재자를 가능하게 하는 근거로서 작용하며, 존재는 곧 모든 존재자를 존재자로서 존재하게 하는 힘이다. 따라서 우리가 '존재란 무엇인가'라고 물음을 제기할 때, 이 물음은 한갓된 물음이 아니라 모든 물음의 원형이며, 또한 모든 인식의 출발점이 되는 셈이다.

먼저, 이러한 존재의 의미에 대한 물음을 검토하기 위해 하나의 비유를 살펴보기로 하자. 플라톤은 지식의 최고 대상으로서, '善(agaton)'을 설명하면서, '태양'에 비유한다.219) 이를테면 어떤 대상을 인식할 때, 우리는 눈으로 그 대상을 본다. 이때 과연 우리의 인식은 눈과 대상의 관계만으로 성립하는 것일까? 말하자면 눈이 눈으로서 기능하고 대상이 대상으로서 나타나는 것이 오직 그들 자신의 힘만으로 그렇게 되는 것일까? 플라톤은 눈이 눈답게 되고 대상이 대상답게 나타나는데 결정적인 것은 바로 '태양'이라고 주장한다. 눈이 무엇인가를 볼 수 있는 것은 태양이 밝게 비출 때이며, 보이는 것은 태양으로 말미암아 자신의 모습을 훤히 드러낸다는 것이다. 말하자면 태양으로 말미암아 보는 것(주관)과 보이는 것(대상) 사이에 관계가 이루어지는 것이다. 즉 태양이 없다면, 그리하여 빛이 없다면 보는 눈도 보이는 대상도 결코

219) Platon, "Republic(507c-509b)", op. cit., pp.742-744참조.

나타나지 못한다. 따라서 눈과 대상은 그들에 의해 상대적 · 대립적으로 마주 서 있는 것이 아니라 태양의 빛 아래서만 서로 마주서게 되는 것이다. 이 비유를 존재에 그대로 적용해 보면, 인식주관과 대상은 '존재의 빛(Licht des Seins)'220) 속에서 비로소 마주 서게 되는 셈이다. 그런데 우리는 이처럼 명백한 존재를 왜 그렇게 파악하기 어려운가? 그것은 우리가 눈으로 어떤 대상을 지각할 때, 우리는 대상만을 인식할 뿐 빛과 그것의 원천인 태양을 거의 인식하지 못하듯이, 존재도 존재자(대상존재)에 가려있어 우리에게 거의 알려지지 않기 때문이다. 보이는 존재자(대상존재) 속에 빛이 존재하듯이, 존재는 그렇게 존재자와 더불어 있다. 그리고 우리의 논의는 바로 이러한 '존재'의 문제에 초점이 맞추어져 있다. 경험적인 대상을 인식하듯이 인식할 수는 없는 것, 경험적인 대상을 인식하는 관점에서 보면 '없음(無)'와 같은 이러한 것이 바로 논의의 핵심 주제가 된다. 하이데거도 강조했듯이, 존재자의 있음(存在)으로 나타나는 '존재'는 이처럼 주-객의 이분법적 도식 가운데 존재하지 않기에, 어떠한 대상적 · 경험적 · 실증적 인식방법으로는 그것을 알 수 없다. 하이데거는 이러한 존재를 경험하기 위해서는 오로지 우리가 존재언어의 부름에 귀 기울여야 한다고 주장한다. 존재언어의 부름과 이에 대한 응답 속에서만 우리는 존재를 이해하고 경험할 수 있는 것이다.221)

이러한 맥락에서 보자면, 하이데거의 언어개념도 존재와 같이 대상

---

220) 이것은 플라톤의 의미에서는 '善의 이데아'를 말한다. 즉 선의 이데아에 다름 아닌 이 존재의 빛은 '존재자에 대한 모든 인식에 근원적으로 빛을 주는' 이른바 존재이해의 빛이기도 하다. M. Heidegger, *Metaphysische Anfangsgründe der Logik im Ausgang von Leibniz*, Bd. 26(Frankfurt a. M.: Vittorio Klostermann, 1978), S.144참조.

221) 이성환, 「제일철학의 이념으로서 〈절대〉」, 『철학연구』 제 68집(대한철학회, 1998), 261-262쪽 참조.

적·경험적·실증적 인식방법으로는 그것을 파악할 수 없다. 말하자면 그의 (존재)언어개념은 비주관적·비도구적·비지시적인 성격을 갖는다. 언어는 존재의 드러남이기에, 그것은 그 존재를 지시하기 위해서 임의로 만들어 내거나 다른 임의의 기호를 통해서 대체할 수 있는 것이 아니라 하나의 필연성을 갖는 것이며, 또한 존재는 언제나 언어를 통해서 현존하는 것이다. 아리스토텔레스 이래로 언어에 관한 탐구는 주로 '지성(사유)과 대상(사물)의 일치'라는 진리의 문제에만 너무 집착한 나머지 '존재의 언어(die Sprache des Wesens)'는 제대로 드러내지 못하고 있음을 하이데거는 지적한다. 또한 그는 언어란 인간 정신이나 마음의 드러남(표현)이 아니라 존재의 드러남(개시)임을 거듭 강조한다. 이러한 그의 주장을 바꾸어 말해 보면, 결국 그의 언어개념은 철저하게 존재론적 성격을 지닐 수밖에 없으며, 또한 존재론적 관점 하에서 파악되어야만 하는 것이다. 이제 우리는 하이데거의 이러한 존재론적인 언어개념을 기존 언어개념과의 비교를 통해 크게 세 가지 성격, 즉 첫째로 언어의 비주관적 성격, 둘째로 언어의 비도구적 성격, 셋째로 언어의 비지시적 성격으로 나누어 차례로 검토해 보고자 한다.

가. 언어의 비주관적 성격

훔볼트는 언어를 인간 정신의 특수한 활동으로 간주하면서, 언어는 인간에 의해 만들어진 세계관의 표현수단이라고 주장한다(US, 247참조). 또한 그는, 모든 언어는 각 민족이 세계로부터 부여받은 내부형식에 대한 창조적 생성이라고 간주한다. 이처럼 세계관으로서의 언어, 혹은 언어의 세계관을 강조하는 훔볼트의 언어관[222] 역시 헤겔적 의미의

---

222) 훔볼트(Wilhelm von Humboldt, 1767-1835)는 초기에 헤르더(Johann

232

이성이나 정신에 그 기반을 두고 있기에, 근대 주관적 형이상학이라는 틀을 벗어나지 못하고 있다.[223] 그러므로 하이데거가 보기에, 훔볼트가 주장하는 언어개념 또한 주관적 형이상학의 범주에 머물러 있는 것이다. 왜냐하면 훔볼트의 말대로 각 민족마다 부여받은 다양한 내부형식이 외부로 표현된 것이 언어라면, 언어는 결국 다양한 형태의 존재자이며, 그 민족의 주관적 산물이라는 한계를 넘어설 수 없기 때문이다. 그

Gottfried Herder)의 언어관으로부터 많은 영향을 받았고, 이를 더욱 체계화시키고자 많은 노력을 기울였다. 이러한 훔볼트의 언어관을 대변해 주는 가장 유명한 구절은 다음과 같다: "언어란 그 실제적인 본질의 측면에서 파악해 보면 매 순간마다 끊임없이 지나가 버리는 어떤 것이다. 문자를 통한 언어의 보존마저도 언제나 불완전하며, 미이라와 같은 모습을 보여주는 어떤 보존에 불과한데, 이 보존은 다시금 생생한 말투로의 구체화를 필요로 한다. **언어 자체는 소산물(Ergon)이 아니라 활동(Energeia)이다.** 그렇기 때문에 언어에 대한 참된 정의는 오로지 발생적일 수밖에 없다. 요컨대 **언어는 분절된 음성을 사상의 표현으로 만들 수 있는 영원히 반복되는 정신활동이다.** 직접적으로, 그리고 엄격히 말해서 이것은 그때그때의 말하기에 대한 정의이다. 그러나 본질적인 실제의 의미에서 보면, 이 말하기의 전체만을 언어로 간주할 수 있다(필자의 강조)." 하이데거는 이러한 훔볼트의 언어개념을 "분절된 목소리가 사상을 표현할 수 있게끔 만드는 정신의 활동(US, 235)"으로 이해한다. 그리하여 이렇게 말하기도 한다. "훔볼트의 언어에로의 길은 인간에로 향하는 방향을 취하며 언어를 관통해서 어떤 다른 것에로 이끈다. 즉 인류의 정신사적 발달에 대한 근거제시와 묘사에로 이끈다(US, 238)." 여기서 우리는 언어가 인간 정신의 활동으로 설명되고 있다는 점에 주목할 필요가 있다. W. von Humboldt, "Über die Verschiedenheiten des menschlichen Sprachbaues", in *Gesammelte Schriften*, Bd. 6(Berlin: de Gruyter, 1968), S.45.

223) 훔볼트와 하이데거는 모두 다 '언어와 사유'의 상관성에 주목하였다는 공통점이 있으나, 하이데거가 보기에, 훔볼트는 여전히 근대의 주관적 형이상학이라는 한계를 벗어나지 못하고 있었다. 이에 대한 자세한 내용은 다음을 참조할 수 있다. 졸고, 「M. 하이데거와 W. v. 훔볼트의 언어개념 비교연구(1) - 언어와 사유의 상관성을 중심으로」, 『철학연구』제 98집 (대한철학회, 2006), 143-170쪽 참조.

렇지만 하이데거에게서의 '언어'란 그 본래성에 있어서 여하한 '인간 정
신의 표현'도, '인간만의 (유일한) 활동'도 아니며, 오히려 언어가 언제
나 스스로를 드러내는 것이다. 다시 말해 언어는 인간에 의해 수행된
'내적 정신의 활동'이나 이러한 정신활동을 주도하는 '세계관'의 표현으
로서 스스로를 드러내는 것이 아니다(US, 19참조). 이러한 사실을 하
이데거는 「언어에로의 길」에서 분명히 지적하고 있다.

> 정신의 활동은 근대 관념론의 학설에 따라 정립되는 것이다.
> 왜냐하면 정신은 주관으로서 파악되고 그래서 주-객 도식 속에서
> 표상되기에, 정립(Thesis)은 주관과 그것의 대상(객체) 사이의 종
> 합(Synthesis)이어야 하기 때문이다. 그렇게 정립된 것은 대상(객
> 체) 전체에 대한 입장을 제공한다. 주관의 힘이 얻어내는 것은 자
> 신과 대상(객체) 사이의 작업을 통해 훔볼트가 말하는 하나의 '세
> 계'를 정립한다. 그러한 '세계견해(곧 세계관)' 속에서 한 인간상
> 이 그것의 표현을 통해 드러난다(US, 237; 필자의 첨가).

> 훔볼트는 언어를 인간의 주관성 속에서 언어의 세계관을 통해
> 만들어진 하나의 양식이나 형식으로 규정한다. (……) 훔볼트의
> 언어에로의 길은 인간에로 향하는 방향을 취하며 언어를 통해서
> 어떤 다른 것으로 이끈다. 즉 인류의 정신사적 발전에 대한 근
> 거제시와 기술에로 이끈다(US, 238).

그렇지만 하이데거는 언어를 '인간의 단순한 능력'이 아닌, 그 이상
의 또는 그 이전의 어떤 것으로 파악하고 있다(US, 214참조). 말하자
면 언어는 '인간 정신의 표현'이라는 이름으로서 특징지어진 후부터 그
것의 근본성격이 변질되고 말았으며, 이러한 점은 결국 언어를 '표현'으
로 보는 표상이 모든 시대에 걸쳐 표준적인 것이 되었고, 또한 오늘날
까지도 표준적인 것으로 남게 되었다는 것이다(VA, 228참조). 그러나

언어는 이미 우리가 그것에 관해 말하기에 앞서 이미 스스로 말하고 있는 것이다.

사실 하이데거가 그의 전기사유에서 전회를 시도한 것도 존재를 묻는 과정에서 인간 현존재는 존재물음의 주체가 되고 존재는 물음의 객체가 되는 주관성의 형이상학으로 전락하는 것을 방지하기 위함이었다. 그는 언어가 인간 주관의 산물이 아님을 아주 단호히 말한다. 즉 "우리가 낱말들을 가지고 놀이하는 것이 아니라 언어의 본질이 우리를 가지고 놀이하고 있는 것이다. 그것도 지금의 경우에서만 그러한 것이 아니고 비로소 오늘날 그러한 것도 아니며 오래전부터 꾸준히 우리를 가지고 놀이해 오고 있는 것이다(WD, 83)." 또한 "본래적으로 말하는 것은 인간이 아니라 언어이며, 인간은 그때마다 이 언어에 응답하고 있는 한에서만 비로소 말하는 것이다(ED, 148)." 이처럼 원래 말하는 것은 언어이지 인간이 아니다. 이것을 하이데거는 하나의 주도적인 명제, 즉 '언어가 말한다'라는 것으로 표현하였던 것이다. 그에 있어서 언어개념은 우리 주관이 마음대로 처리할 수 있는 소유물이 아니다. 이러한 사실은 곧 그가 시인들의 '詩作'을 강조하는 데서 극명하게 드러난다. 이를테면 시인은 하이데거에 있어서 언어에 대한 탁월한 관계를 맺고 있는, 소위 언어의 조탁자(彫琢者)이다. 그렇지만 이것은, 시인이 주관주의적 관점 하에서처럼, 예민한 감성의 표출자이거나 주관적 체험의 전수자이기에 그러한 것이 아니다. 언어와 인간의 관계는 역전된다. 즉 시인이란 표현하는 자가 아니라 오히려 들을 수 있는 자, 귀 기울일 수 있는 자, 보다 정확히 말하자면 존재가 말 걸어오는 것에 청종하는 자라고 해야 한다. 시의 본질은 언어화된 사태이자 사태의 언어이며, 따라서 언어는 결국 사태 자체의 '말'을 언어화하는 것이다. 예를 들어 우리가 '저 소나무는 푸르다'고 말했을 경우, 사실 이 말을 통해 전달되는 것은 화자의 주관이 아니라 나무라는 사태(존재) 그 자체이다. 다시 말해 우리의 말에서 전달되는 것은 화자의 주관성이나 진술의 형식이 아니라 나무라는 사태의 드러남이다. 그러므로 우리가 숲을 통과할 때, '숲'이라는 언어의 의미를 생각하지 않는다고 할지라도 '숲'이라는 낱말(언어)을 경험할 수 있는 것이다(HW, 310참조). 숲이라는 것은 그것을 말하는 화자의 주관성을 드러내는 것이 아니라 숲이라는 사태(존재)를 낱말(언어)을 통해 드러내는 것이기 때문이다.

이와 같은 언어이해의 입장에서는 말하는 자, 즉 인간은 뒤로 물러나게 되며, '언어가 말한다'라는 사실이 그 자리를 차지하게 된다. 하이데거가 강조하듯이, 훔볼트와 같은 근대 주관적 형이상학의 입장에서는 언어가 그것의 본질로부터 이탈해 있다. 즉 '언어는 존재의 집'이라는 것이 언어의 본질이지만, 인간은 아직도 이러한 언어의 본질을 거부하고 있다. 따라서 언어는 존재자를 지배하는 도구로서 우리의 단순한 의욕이나 영위에만 내맡겨져 있다(BH, 318참조). 하이데거에 있어서 (존재)언어는 인간 언어의 근원이기에, 결코 주관의 산물일 수 없다. 마치 우리의 인식이 존재의 빛 아래서 이루어지듯이, 인간의 언어는 언제나 존재의 언어를 통해서 드러나는 것이다. 요컨대 언어는 인간 주관의 산물이 아니라 존재의 집이며, 또한 그것이 아니고서는 어떤 것도 개시될 수 없는 존재개시의 원천인 것이다.

나. 언어의 비도구적 성격

일반적으로 우리가 말을 한다는 것은 무엇을 알리거나 경청하는 것과 같은 도구적인 의미로 간주되거나 아니면 인간의 감정을 표현하고 의사소통을 하기 위한 수단으로 간주된다. 물론 이렇게 생각하는 것은 다음과 같은 세 가지 사실들을 당연한 것으로 받아들이기 때문이다. 즉 먼저, 말함(언어)이란 소리로 자신의 생각을 밖으로 표현하는 것이다. 둘째, 말함이란 인간 정신의 활동이다. 셋째, 말함이란 실재하는 것과 실재하지 않는 것의 표상이나 묘사이다(US, 11-12참조). 말함에 대한 이러한 세 가지 견해를 종합해 보면, 결국 말함(언어)이란 인간 주관의 산물로, 인간의 감정을 표현하고 의사소통을 하기 위한 수단이나 도구로 전락한다. 그렇지만 이러한 입장에서는 언어의 본질, 곧 존재의 언어에 별로 주목하지 않는다. 하이데거는 이러한 입장을 강하게 비판한다. 그에 있어서 언어는 결코 우리 인간에 의해 창조되는 것도, 그리고 인간이 의도하는 바에 따라 마음대로 사용할 수 있는 것도 아니다. 즉 그것은 우리의 의사소통을 위한 수단이나 도구가 아니라 존재를 개시하는 지평으로 이해된다. 하이데거는 이러한 사실을 다음과 같이 단언한다.

> 통상적으로 언어는 전달의 한 양식으로서 간주되고 있다. 그것은 담화와 협의를 할 때처럼, 일반적으로 의사소통을 위해 사용된다. 그러나 언어는 꼭 전달해야 할 것에 대한 음성적이고 문자화된 표현에 그치는 것이 아니며, 일차적으로 그럴 수도 없다(HW, 61).

> 언어는 인간이 다른 모든 것과 함께, 그것도 또한 소유하고 있는 한갓된 도구가 아니다. 오히려 인간이 존재자의 한가운데에 설 수 있는 가능성을 언어가 비로소 열어주는 것이다. 언어가 있는 곳에만 세계가 있다(HD, 37-38).

이러한 두 인용문에서 드러나듯이, 하이데거는 통상 우리가 언어를 우리의 의사소통 수단이나 혹은 감정을 표현하는 양식으로 간주하는데 동의하지 않는다. 그에 있어서 언어는 인간의 처리 하에 있는 도구가 아니라, 오히려 인간을 포함한 모든 존재자의 가능성을 개시해 주는 生起이다(HD, 35참조).

물론 이러한 견해는 언어를 '의사소통 수단'으로 간주하는 통상적인 생각을 극복했을 때 이해될 수 있는 것이다. 곧 언어가 이처럼 단순히 의사전달을 위한 기호로서의 기능을 떠맡게 되면, 말함과 사유의 관계는 도구적 관계로 전락하고 만다. 가다머도 지적하듯이, 기호란 그 자신을 위해서 있는 것이 아니라, 어떤 다른 것에 대해 있는 것이다.[224] 따라서 만일 언어가 의사전달의 기호로 간주된다면, 이 기호체계는 사유된 것을 객관화하는데 봉사하는 매개체로서 이해되며, 결국 인간의 내면을 외면화하는 수단이 되고 말 것이다. 그러므로 하이데거의 언어개념을 이해하기 위해서는 우선적으로 이러한 생각을 지녀야 한다. 즉 "언어는 도구(Werkzeug)가 아니다. 언어는 언어 이외에 그 어떤 것도 아니기 때문에, 언어는 결코 이러한 것도 저러한 것도 아니다. 언어는 언어일 뿐이다(WD, 99)."

하이데거의 이러한 언어관을 옹호하면서 베일(L. M. Vail)은 '도구적 언어관'에 대해 다음과 같이 비판한다.

　　만약 언어가 의미를 전달하는 도구라면, 우리는 어떤 점에 있어서는 언어 없이도 직관적으로 파악할 수 있는 어떤 의미들이 있다는 사실에 주목해야 한다. 그렇지 않을 경우, 우리가 말하기도 전에 우리가 말하고자 했던 사실을 어떻게 알 수 있는가 하는

---

224) H.-G. Gadamer, *Wahrheit und Methode* (Tübingen: J. C. B. Mohr, 1972), S.418 참조. 또한 가다머는 "말이 단순한 기호의 기능을 인수하는 곳에서는 어디서나 (……) 언어와 사유의 기원적 연관은 도구적 관계로 변형된다"고 강조한다. 같은 책, S.437.

문제가 대두된다. 이러한 해석에서는, 언어가 경우에 따라서 어떤 의미를 전제하는 것처럼 보인다. 따라서 이 문제는 언어와 이런 앞서 있는 의미 사이의 관계문제가 될 수 있다. 이런 의미들이 비언어적이고, 언어 없이도 직관적으로 파악될 수 있는 것이라면, 언어는 단지 잡담을 위한 하나의 도구가 될 것이다. 왜냐하면 이것은 비추론적이고 직관적인 사고가 가장 고상하고 가장 근본적인 차원에서 발생할 수 있다는 점을 넌지시 암시하고 있기 때문이다. 따라서 그때는 언어가 불필요할 것이다. 그러나 오늘날 대부분의 철학자들은 이러한 견해에 동조하지 않는다.[225]

이러한 베일의 적절한 지적에서도 드러나듯이, 언어는 인간이 마음대로 처리할 수 있는 소유물이나 도구가 아니다. 오히려 인간이 언어 속에서 사는 것이다. 말하자면 하이데거에 있어서 인간과 언어의 지배관계는 顚倒된다. 인간은 더 이상 언어의 지배자가 아니며 언어가 오히려 인간의 주인인 것이다(VA, 184참조). 이러한 하이데거의 비도구적인 언어개념은 해석학에서의 '이해'개념을 통해서도 분명히 드러날 수 있다.

먼저 해석학에 있어서의 '이해'는 가장 중요하고도 핵심적인 개념이다. 예컨대 현대 해석학에서 슐라이어마허(F. E. D. Schleiermacher)의 심리적 해석으로서의 '이해'는, 딜타이(W. Dilthey)에 이르러 삶의 체험으로서의 '이해'가 된다. 그리고 하이데거는 이들이 추구했던 해석학의 보편적 방법이었던 '이해'를 현존재의 존재양식이라고 천명한다. 물론 이때의 이해는 단순한 방법개념이 아니라 존재론적 의미의 '존재이해'를 말한다. 그것은 내가 존재자를 표상함으로써 존재자가 존재하게 되는 것이 아니라, 존재자가 존재한다는 것이 곧 내가 존재이해의 방식으로 존재한다는

---

225) L. M. Vail, op. cit., pp.161-162.

것과 동일한 것이다.226) 예를 들어 '망치는 무겁다'라는 진술(Aussage)
은 논리적 방식, 곧 주어, 계사, 술어라는 문장구조로 구성되어, 이미 망
치를 다른 것들과 구별해 주는 여하한 속성을 지닌 대상으로 규정하고
있다. 그렇지만 진술은 해석의 근본적인 형태가 아닐 뿐만 아니라, 이해
와 해석 없이는 아무런 의미도 가질 수 없다. 말하자면 하이데거에 있어
서 '이해'는 소유될 수 있는 것이 아니라 세계-내-존재의 한 양식이며, 세
계 속에 있는 실재가 아니라 경험적 수준에서 현실적인 이해작용이 일어
날 수 있게 해 주는 하나의 존재구조이다.227) 이러한 이해는 존재와 동
근원적이기 때문에, 이해 없이는 곧 존재가 있을 수 없고, 존재가 없이는
곧 이해가 이해할 것이 없어지게 되는 이른바 '해석학적 순환' 속에 있게
된다. 이러한 존재와 이해의 상관성은 곧 존재와 언어의 공속성과 근원적
으로 동일하다. 말하자면 존재와 이해의 동근원적 상관성 속에서 언어를
바라보지 않는 한, 언어는 한낱 도구에 불과한 것이 된다. 팔머(Richard.
E. Palmer)는 이러한 언어관이 의미하는 바를 게하르트 에벨링의 말을
빌려, "언어에 '**대한**' 이해(understanding of language)가 아니라, 언어
를 '**통한**' 이해(understanding **through** language)"라고 간명하게 표현
한다.228) 요컨대 "언어의 신비는 (……) 무엇보다도 언어가 인간의 작품
이 아니라 '언어가 말한다'는 통찰이 일깨워진 다음에야 가장 사유할 가
치가 있고 가장 질문할 가치가 있는 현상으로 남게 된다"229)는 하이데거
의 말대로, 이른바 '언어가 말한다'는 존재이해의 지평을 도외시한 언어

---

226) 신오현, 『절대의 철학』(서울: 문학과 지성사, 1993), 291쪽 참조.
227) Richard E. Palmer, *Hermeneutics* (Evanston: Northwestern
  University Press, 1969), p.131참조.
228) Ibid., p.139참조.
229) M. Heidegger, "Phänomenologie und Theologie" in *Wegmarken*, Bd.
  9(Frankfurt a. M.: Vittorio Klostermann, 1976), S.72.

관은 결국 도구적 언어관과 같은 형이상학적 사변에 빠질 수밖에 없을 것이다.

다. 언어의 비지시적 성격

전통적 진리개념에 따르면 진리의 장소는 '判斷'이며, 진리의 본질은 '지성(사유)과 사물(대상)의 一致'에 있다. 이처럼 진리를 '지성'에 귀속시키고, 지성과 사물의 일치를 진리의 정의로 통용시킨 사람은 바로 아리스토텔레스이다. 즉 '마음의 체험, 즉 표상은 사물에의 同化(Angleichung)이다'라고 한 아리스토텔레스의 말이, 後世에 진리의 본질을 지성(사유)과 사물(대상)의 일치라고 보는 전통적 진리개념을 형성하는 데 중요한 역할을 한 것으로 하이데거는 보고 있다. 그렇지만 그 자신은 이러한 전통적 진리설의 '일치' 개념을 매우 공허한 것으로 이해한다. 그래서 그는 진리의 본질에 관한 전통적 규정인 "진리는 사물(대상)과 지성의 부합이다(veritas est adequatio rei et intellectus)"라는 명제 속에서 그 명제가 가지고 있는 존재론적 의미를 규명해 보고자 한다.

하이데거가 보기에, 우선 하나의 명제가 사태에 부합하여 참일 수 있으려면, 사태 자체가 먼저 드러나야만 한다. 그러나 전통적인 진리대응설의 입장에서는 이러한 드러남(개시)의 문제가 너무나 당연한 것으로 간주되어 전혀 문제로 삼아지지 않았다. 하이데거는 이러한 사실을 다음과 같이 지적한다.

　　진리는 오늘날, 그리고 오래전부터 사태와 인식의 일치를 뜻하고 있다. 그렇지만 인식함과 그리고 인식을 형성해 내면서 발언하는 문장이 사태에 맞출 수 있기 위해서는, 그리고 무엇보다도 사태 자체가 문장에 대해 구속력을 지닐 수 있기 위해서는, 오히려 사태 자체가 그 자체로 드러나야만 한다. 만일 사태 자체가 은폐성에서부터 벗어나 서 있을 수 없다고 한다면, [그리고] 만약 사태 자체가 비은폐된 場 안에 서 있지 않는다고 한다면, 어떻게 사태가 스스로를 보여줄 수 있단 말인가?(HW, 38)

이와 같이 하이데거는, 진리란 발언된 언어와 그에 연관되는 세계의 대응에 의해서 밝혀지는 것이 아니라 발언된 언어를 통한 '존재의 드러남'에 의해서 밝혀지는 것이라고 단언하면서, 지시와 대응(일치)이라는 개념의 불충분함을 지적하고 있다.

다시 말해 언어와 세계의 구성요소는 각 요소가 속해 있는 언어와 세계라는 집합체에 유기적으로 얽혀 있기 때문에, 언어와 세계의 대응은 언어의 구성요소가 세계의 구성요소에 대응하는 이른바 '일 대 일'의 관계일 수는 없다. 특히 낱말이 대상을 지시하도록 설정할 경우에 이러한 사실이 더욱 잘 드러난다. 이를테면 저기 숲 속에 있는 토끼 한 마리를 보면서, 우리가 '가바가이(gavagai)'라고 언표했을 경우, 그 말은 토끼를 지칭하는 것인지, 아니면 토끼의 특정 부분을 지칭하는 것인지, 혹은 토끼가 있는 숲 속의 특정 장소를 지칭하는 것인지가 분명하지 않다. 이는 지시가 의미의 원천일 수 없음을 시사한다고 할 수 있다.

앞서 언급했듯이, 고대 희랍의 진리개념인 '알레테이아(aletheia)'의 의미도 바로 이 '드러남'에 있었다. 하이데거에 있어서 진리는 언어를 통해 존재가 드러나는 사건이다. 흔히 사람들은 인간의 언어를 인간의 발화 행위로 간주하여 인간의 어떤 내면을 발성을 통해 표현하는 것이라고 생각한다. 그러나 이러한 견해는 결코 언어의 본질에 이르지 못한다. 하이데거는 현대인들이 망각하고 있는 바로 이 본래적인 언어의 본질을 상기시키고자 한다. 그리하여 어떤 특별한 언어로서가 아니라 인간의 본래적인 언어로서의 '詩'를 강조한다. 원래 인간의 언어는 항상 '詩的인 언어'이지 않으면 안 된다. 왜냐하면 진정한 詩語에서만이 인간의 말함은 곧 정적의 울림인 존재의 언어에 대한 응답이 되기 때문이다. 이처럼 인간은 '존재의 언어'에 응답하는 한에서만 말한다. 다시 말해 존재의 로고스가 말하는 대로 말하는 것, 이것이 바로 인간 언어의 본질이다. 하이데거가 반복적으로 강조하듯이, 이러한 언어는 '존재의 사유'를 통해 드러나는 것이지, 결코 '존재자의 표상'을 통해서는 파악할 수가 없다. 그리고 언어는 언제나 '존재의 언어'이기에 그 성격은 당연히 존재론적일 수밖에 없다. 그러므로 언어의 존재방식은 곧 존재의 존재방식과 다르지 않다. 그렇다면 존재의 존재방식은 어떠한가? 하이데거의 존재개념은 언어의 존재론적 특성을 잘 보여준다. 이제 우리는 이러한 존재의 존재론적 특성을 통해 언어의 비지시적 성격을 밝혀보고자 한다.

먼저 존재는 존재자가 아니라는 의미에서는 차라리 '무(無)'이고, 내적인 것이 아니라는 뜻에서는 '초월'이다. 존재는 모든 개념·이론·정립·추상 이전에 존재 그 자체이며 현실 그 자체이다.[230] 말하자면,

> 존재는 존재 그 자체이다. (……) '존재'-그것은 신도 아니고 세계 근거도 아니다. 존재는 모든 존재자보다 그 이상이며, 어떠한 존재자보다도 인간에게 더 가깝다. (……) 존재는 어떠한 존재자보다도 더욱 존재적이다. (……) 아마도 '있다(ist)'는 말은 어떤 방식에서는 존재에 대해서만 적용될 수 있기에, 모든 존재자는 존재하지 않고 결코 진정하게 존재하는 것이 아니다(BH, 331).

이러한 하이데거의 말대로, 존재는 어떤 다른 무엇도 아니고 오직 존

---

230) 신오현, 『절대의 철학』(서울: 문학과 지성사, 1993), 293쪽 참조.

재 그 자체이다. '있다'는 어떤 표상이 아니라 그 스스로 있는 것이다. 따라서 존재는 '자기화(Eignung)'이며 또한 '생기사건(Ereignis)'이기도 하다. 그렇다면 이러한 '존재와 언어의 관계'는 어떠한가? 하이데거는 「휴머니즘에 관한 서한」에서 양자의 관계를 이렇게 단적으로 표현한다. 즉 "언어는 존재에 의해 세워지고 증축되는 존재의 집이다. 그러므로 언어의 본질은 존재에 대한 응답으로 생각되어야 하고, 또 인간의 본질에의 응답, 인간의 본질의 거처로 생각되어야 한다(BH, 332)." 이처럼 언어는 존재의 집이며 존재는 언어적이다. 언어가 없다면 우리는 어떠한 방식으로도 존재할 수 없다. 따라서 존재자를 존재자로서 말한다는 것은 이미 존재자를 존재자로서 이해하는 것, 즉 존재를 이해한다는 것이 포함되어 있다. 그러므로 언어는 인간이 만든 것이 아니며 인간은 거기에 참여함으로써만 비로소 인간이 되는 것이므로, 언어는 결코 지시적인 것일 수 없다. 요컨대 하이데거에 있어서 언어는 존재의 언어이기 때문에, 우리가 이야기하고 쓰고 하는 의사전달을 그 언어 속에 싸서 넣을 수 있는 그러한 것이 아니다. 사물들은 낱말 안에서 그리고 언어 안에서 비로소 처음으로 존재하게 되고 또 존재하는 것이다(EM, 16참조). 그러므로 우리는 존재가 나타나는 것, 존재가 말 걸어오는 것을 예의 주시하고 경청함으로써, 존재가 언어의 집 속에 깃들이도록 해야 하며, 바로 이 존재의 집(언어) 속에서 인간은 '사유하는 방식'으로 거처하는 것이다.

V. 결 론

V. 결 론

하이데거 철학의 근본과제는 '존재란 무엇인가' 하는 물음, 곧 존재의 의미를 밝히는 일이다. 그는, 플라톤이 주장했듯이 서양 철학사를 "존재를 둘러싼 거인들의 싸움(SZ, 3)"으로 묘사하면서, 또한 자신의 존재사유를 하나의 '道程(Weg)'으로 표현하기도 한다. 즉 그는 "하나의 기나긴 도정에 있어서 고향이 내게 베풀어주었던 모든 것에 대하여 나는 늘 감사하고 있다(G, 11)"고 하여, 그의 사유를 하나의 도정에 비유하고 있다. 이러한 그의 존재사유의 도정에서 존재와 더불어 가장 핵심적인 문제로 등장하는 것이, 바로 우리가 지금까지 살펴보았던 '언어'개념이다. 앞에서도 언급하였듯이, 하이데거의 언어개념은 전통적인 언어개념들과 그 성격을 달리한다. 이를테면 그에 있어서 언어는, 통상적으로 언어학이나 언어철학에 의해 '이해성(Verständigung)'의 도구, 즉 인간의 의사소통 수단으로 규정될 수 있는 것이 아니며, 또한 훔볼트가 주장하듯이, 인간 정신의 활동으로 파악되는 것도 아니다. 이와 같이 언어를 도구적으로 해석하는 입장이나 혹은 인간 중심적으로 해석하는 입장은, 모두가 하이데거의 언어관에서는 지양되어야 할 입장들이다. 그는 이러한 입장들과는 달리, '언어'를 존재와 인간의 전체 관계에 관한, 그리고 존재 자체에 관한 '어떤 것'으로 파악한다.

그리하여 먼저 『존재와 시간』을 중심으로 하는 그의 전기사유는 '말(Rede)'과 더불어 살아가는 인간 현존재의 말을 통해 언어의 본질을 해명하는 데 집중되어 있다. 즉 여기서의 언어는 존재를 이해연관으로 분절하는 '인간의 언어'이며, 언어의 본질은 존재를 이해하는 존재자인 현존재를 통해 파악되고 있다. 따라서 '언어의 본질'에 대한 그의 탐구는 인간 현존재의 본질(실존)과 근원적 실존범주인 '말(Rede)'을 서로 연관지어 해명하고 있다. 특히 그는 언어의 본질문제를 두 가지 방식에서 해명하고 있는데, 그 하나는 '언어의 개시성'이라는 측면이고, 다른 하나는 '언어의 은폐성'이라는 측면이다. 사실 그가 강조하는 언어 현상은, 원래 "현존재 개시성의 실존론적 틀에 뿌리박고 있기 때문에(SZ, 213)", '현존재의 개시성'을 구성하는 실존범주인, '처해 있음'과 '이해' 그리고 '말'과 깊은 연관이 있다. 여기서 '처해 있음'은 일종의 기분으로 현존재가 세계 내에 처해 있는 기분상태를 말하며, '이해'는 그런 '처해 있음' 속에서 그가 자신을 이해하고 기투하는 방식이다. 물론 이 양자는 현존재가 세계-내-존재임을 전체적으로 개시해 주는 실존범주로서 동근원적이다. 그리고 '말(Rede)'은 세계 내에 던져진 현존재의 처해 있음을 수용하고, 또한 그것을 가능성으로 이해하고 기투하는 현존재의 개시성을 실존론적인 언어적 차원으로 구성해 내는 근원적 존재방식이다. 바로 이런 점에서 '말'은 처해 있음 및 이해와 더불어 현존재의 근원적 실존범주인 것이다.

그렇지만 현존재는 세계-내-존재로서 '처해 있음', '이해', '말'로서 개시되어 있는 반면에, 일상적으로는 퇴락해 있다. 즉 이러한 현존재의 일상적인 존재양식인 '퇴락(Verfallen)'은 기투의 비본래적 양상이다. 현존재의 개시성으로서 말은 대개 언표됨으로써 언어가 된다. 이 언표된 말 속에는 이미 이해된 내용과 해석이 들어 있는데, 이 이해내용에는 세인의 공공성에 의해 이미 해석되어 있다는 '피해석성(Ausgelegtheit)'이 들어 있다. 이 피해석성은 사물 존재적으로 있는 것이 아니라, 그 자체 '현존재적'이다. 즉 현존재는 우선 어느 한계 내에서는 부단히 이 '피해석성'에 맡겨져 있어서, 이것이 평균적 이해와 거기에 속하는 처해 있음의 가능성을 규제한다. 따라서 이를 통해 말이 언급되는 존재자와의 일차적 존재관계를 상실하기 때문에, 말은 그 본래적 의미를 확대하거나 모방해서 전달하게 된다. 이 확대하거나 모방해서 말하는 것이 곧 '잡담(Gerede, 빈말)'을 구성한다. 말하자면 말은 현존재의 본질적인 틀에 속하고 현존재의 개시성을 함께 구성하지만, 또한 그 말은 잡담이 될 수도 있다. 잡담으로서 말은 본래적 의미, 즉 로고스(logos)로서의 의미를 은폐시킬 가능성을 함께 가지고 있는 것이다. 이와 같은 언어의 본질에 대한 현상학적·해석학적 통찰은, 물론 현존재의 실존범주 안에서 비로소 이해되고 해석될 수 있는 것이다. 다시 말해 현존재의 분석론에 근거하여 '말과 언어'의 관계를 해명하고 있는 것이 바로 하이데거 전기사유의 입장이다.

그런데 이러한 하이데거의 존재사유는 '전회(Kehre)'를 경험하게 된다. 현존재의 존재이해를 단서로 하는 '현존재의 언어'에서, 곧바로 존재 자체의 언어에로 그 접근방법을 바꾸게 된다. 즉 그는 기초 존재론의 예비적 도움을 통해 존재의 의미를 해명해 보려고 하였으나, 여기서 드러나는 인간과 존재의 불가분성은 인간의 존재규정성에, 즉 인간의 존재에 대한 선이해에 나타나 있을 뿐이다. 그러나 이러한 선이해는 현존재의 자명한 사실, 즉 현존재의 현사실성일 뿐, 그것이 어떻게 가능한지는 해

명되지 않고 있다. 이렇듯 기초 존재론에서 '언어'개념은 결코 그것의 본
질을 해명할 수 없다. 왜냐하면 여기서의 언어는 단지 말로서 인간의 실
존범주에 묶여 있기 때문이다. 따라서 이러한 언어는 인간의 실존범주라
는 굴레를 벗어나 존재 자체에까지 미치는 데는 한계가 있다. 결국 언어
가 존재 자체에까지 미칠 때, 인간과 존재의 관계는 어떠하며, 또한 그것
이 어떻게 가능한지를 해명할 수 있게 된다. 기초 존재론에서의 언어로
는 그것을 해명할 수 없었기에, 결국 하이데거 존재사유의 道程은 '현존
재의 언어'라는 우회로를 포기하고 원래의 길이었던 '존재의 언어'에로
나아갈 수밖에 없었던 것이다. 그리하여 전회 이후, 하이데거의 후기사
유는 '인간의 언어'를 포기하고 곧바로 '존재의 언어'에로 그 접근을 시도
한다.

특히 그의 후기사유에서 언어의 본질에 대한 하이데거의 논의는 언
어학이나 언어철학에서 접근하는 것과 완전히 다른 지평에서 수행되고
있다. 그래서 그의 관심은 문장들의 문법도 아니고, 또 문장들의 논리
도 아니다. 그는 오직 언어의 본질에 그의 관심을 집중시키고 있으며,
이러한 그의 언어개념에는 독특한 존재론적 성격이 함의되어 있다. 그
의 언어에는 비도구적이고, 비주관적이며, 또한 비지시적인 성격이 있
다. 그는 이러한 존재론적 성격에 잘 부합하는 언어를 횔더린이나 게오
르게와 같은 시인들의 詩語에서 찾는다. 그러므로 이제 그에 있어서
'詩란 무엇인가' 하는 물음은 곧 '언어란 무엇인가' 하는 물음으로 이어
질 수 있다. 즉 "詩는 언어의 영역에서, 언어를 '소재'로 하여 창작되기
때문에(HD, 35)", 詩의 본질에 관한 물음은 곧 언어의 본질에 관한 물
음임을 보여주고 있다. 그래서 그는 "詩의 활동 영역은 언어이며, 詩의
본질은 언어의 본질에서 파악되지 않으면 안 된다(HD, 43)"고 강조하
기도 한다.

이렇게 본다면 우리가 어떠한 詩를 이해한다는 것은, 단순히 그 詩의 의미를 머리로 이해한다는 것이 아니라 그 언어의 의미를 실존적으로 수행하고 경험한다는 것을 의미한다고 할 수 있다. 다시 말해 우리가 휠더린이나 게오르게의 詩를 이해한다고 할 때, 우리는 그것을 단순히 문자 그대로의 의미로 이해하는 것이 아니라 우리의 실존이 그 詩에 의해서 모종의 충격을 입고 변화를 겪는 것을 의미한다. 그가 말하는 존재의 소리에 귀 기울임은 바로 그러한 것을 의미한다고 할 수 있다. 그것은 단순히 귀를 기울이는 것이 아니라 자신의 모든 실존을 기울이고 그것에서 발하는 존재의 힘이 갖는 변용력에 자신을 내맡기는 것을 의미한다.[231] 따라서 시적 언어는 일상적 의미에서 우리가 사용하는 언어와 구별되며, 결코 존재자에 대한 표상을 담고 있는 대상적 언어일 수는 없다. 시인은 언제나 이러한 대상적·일상적 언어에 의해 망각되고 은폐되어 있는 '존재의 진리'에 주목하고 귀 기울이도록 우리를 인도한다. 즉 시인은 언어를 자신의 통제하에 있는 도구로서 생각하는 것이 아니라, 우리를 언어에 聽從하도록 이끈다. 결국 "시인은 언어의 요구, 즉 말 건넴에 자신을 내맡긴다(US, 220)." 하이데거는 이러한 시인의 입장에서 현대인들이 망각하고 있는 언어의 고유한 본질을 회복하고 상기시키고자 한다. 그는 존재의 로고스가 말하는 대로 말하는 것, 곧 이것이 '언어의 본질'이라고 생각한다. 그리고 통상적인 언어와 구별하기 위해 이러한 그의 언어를 '존재의 언어(Die Sprache des Wesens)'라고 표현한다.

이제 하이데거에 있어서 詩作과 언어는 모두 '존재 개시의 방식들'이라는 관점에서 이해될 수 있다. 이를테면 인간이 소리 나는 말로서 사유

---

231) 이수정·박찬국 지음, 『하이데거-그의 생애와 사상』(서울: 서울대 출판부, 1999), 331-332쪽 참조.

한다는 것도 사실상 그 본질을 살펴보면, 인간은 단지 존재의 침묵적 언어를 따라 말하는 것에 불과하다. 즉 인간이 말을 하는 것이 아니라 존재의 언어가 말하는 것이며, 은폐된 존재가 말을 통해 스스로 갖고 있는 의미를 표현하는 것이다. 따라서 여기서 '존재의 언어'라는 것은 본질상 침묵(Verschweigung)으로서, 이것이 바로 존재언어의 참모습이다. 이렇게 본다면 우리가 존재를 이해하기 위해서는 존재 그 자체가 아니라, 항상 그리고 필연적으로 존재의 드러남, 곧 존재언어에로 향할 수밖에 없다. 이것이 존재사유의 적절한 도정일 수 있는 것은, 언어는 존재의 집이며, 존재는 언제나 언어 속에 현존하고 있기 때문이다. 이와 반대로 존재 또한 자신을 언어 속에 은폐시키는 것이 아니라, 언제나 이해되기 위해 끊임없이 스스로를 언어로 드러낸다. 왜냐하면 바로 이 언어 안에 이러한 것을 이해하는 존재자(현존재)가 거주하고 있으며, 이 존재자는 오로지 언어를 통해서만 존재 자체에로 나아갈 수 있기 때문이다. 그러나 존재가 존재자(현존재)에게 '내려오는 길(Weg hinab)'로서의 언어와 존재자가 존재에로 '올라가는 길(Weg hinauf)'로서의 언어는, 사실 하나의 길이요, 하나의 언어일 뿐이다. 따라서 언어가 어디까지나 '존재'에 상관하여 있는 한, '언어의 본질, 곧 본질의 언어'는 언제나 '존재의 언어'를 말하는 것이다.

우리는 이상과 같이 하이데거의 사유도정에서 나타나는 언어개념에 대해 살펴보면서, 그의 언어에 대한 관심은 실존론적-현상학적 해석학의 구도 속에서 그의 사상 전반에 걸쳐서 유지되고 있음을 보았고, 또한 그의 존재사유는 곧 언어의 지평 속에서 완성되고 있음을 확인하였다. 그의 전기사유에서는 주로 기초 존재론적인 '현존재 분석'의 입장에서 현존재의 실존범주로서의 언어를, 다시 말해 인간 언어(말)의 관점에서 언어의 본질을 해명하고 있으며, 후기사유에서는 존재사적 사유의 입장에서 인간 언어의 源語로서의 '존재언어'에 대해서 밝히고 있다. 이와 같은 하이데거의 언어관은 가다머(H. G. Gadamer)와 리꾀르(P. Ricoeur) 등을 비롯한 많은 철학자들에게 지대한 영향을 주었다. 이를테면 가다머는 "인간적 세계경험은 오로지, 그리고 근본적으로 언어적이며, 바로 그렇기 때문에 이해될 수 있다"[232]고 하면서, 하이데거의 해석학적·존재론적 언어관을 많은 부분 수용하고 있으며, 리꾀르(P. Ricoeur) 또한 그의 기초 존재론적으로 정위된 해석학적 사유를 수용하면서 텍스트 해석학을 전개하고 있다. 오늘날 현대철학에서는 실로 "언어를 둘러싼 거인들의 싸움"이 진행되고 있는 상황이다. 이러한 싸움터에 하이데거의 언어사상이 어떻게 수용되고 비판되는가의 문제는 차후에 우리가 계속해서 연구해야할 과제이다.

---

232) H. G. Gadamer, *Wahrheit und Methode*(Tübingen: J. C. B. Mohr, 1972), S.479.

인용문헌

1. 하이데거의 저작

Heidegger Martin, Gesamtausgabe(Frankfurt am Main: Vittorio
   Klostermann)
   Band 1 (1978): *Frühe Schriften*
      "Die Lehre vom Urteil im Psychologismus"
      "Die Kategorien-und Bedeutungslehre des Duns Scotus"
   Band 2 (1977): *Sein und Zeit*
   Band 3 (1973): *Kant und das Problem der Metaphysik*
   Band 4 (1981): *Erläuterungen zu Hölderlins Dichtung*
      "Hölderlin und das Wesen der Dichtung"
   Band 5 (1977): *Holzwege*
      "Der Ursprung des Kunstwerkes"
      "Wozu Dichter?"
   Band 7 (1954): *Vorträge und Aufsätze*(Tübingen: Günther
      Neske)
      "Bauen Wohnen Denken"
      "······Dichterisch Wohnet der Mensch······"
      "Logos"
      "Aletheia"
   Band 8 (1971): *Was heisst Denken?*(Tübingen: Max Niemeyer
      Verlag)
   Band 9 (1976): *Wegmarken*
      "Brief über den Humanismus"
      "Was ist Metaphysik?"
      "Vom Wesen des Grundes"
      "Vom Wesen der Wahrheit"
      "Phänomenologie und Theologie"
      "Einleitung zu ≫Was ist Metaphysik?≪"

Band 11 (1957): *Identität und Differenz*(Tübingen: Günther Neske)

Band 12 (1985): *Unterwegs zur Sprache*

"Die Sprache"

"Die Sprache im Gedicht"

"Aus einem Gespräch von der Sprache"

"Das Wesen der Sprache"

"Das Wort"

"Der Weg zur Sprache"

Band 13 (1977): *Aus der Erfahrung des Denkens*(Tübingen: Günther Neske)

Band 20 (1979): *Prolegomena zur Geschichte des Zeitbegriffs*

Band 24 (1975): *Die Grundprobleme der Phänomenologie*

Band 26 (1978): *Metaphysische Anfangsgründe der Logik im Ausgang von Leibniz*

Band 38 (1998): *Logik als der Frage nach dem Wesen der Sprache*

Band 39 (1980): *Hölderlins Hymnen ≫Germanien≪ und ≫Der Rhein≪*

Band 40 (1983): *Einführung in die Metaphysik*

Band 50 (1971): *Nietzsche*

"Denken und Dichten-Überlegungen zur Vorlesung"

Band 52 (1982): *Hölderlins Hymnen ≫Andenken≪*

Band 53 (1984): *Hölderlins Hymnen ≫Der Ister≪*

Band 55 (1979): *Heraklit*

Band 63 (1988): *Ontologie: Hermeneutik der Faktizität*

Band 65 (1989): *Beiträge zur Philosophie*

Heidegger M. (1956): *Was ist das-die Philosophie*(Tübingen: Neske)

_____, (1959): *Gelassenheit,* Tübingen: Neske

_____, (1974): *Heidegger, Through Phenomenology to Thought* (The Hague: Martinus Nijhoff), W. J. Richardson, Vorwort Ⅷ-ⅩⅩⅢ

_____, (1977): *Vier Seminare*(Frankfurt a. M.: Vittorio Klostermann)

2. 하이데거 저작의 영역본

Heidegger, M., *Being and Time,* Trans., J. Macquarrie & E. Robinson, New York: Harper & Row, 1962.

_____, *Basic Writings,* ed. D. F. Krell, New York: Harper & Row, 1977.

Heidegger, M., *Contributions to Philosophy(From Enowning),* trans. P. Emad & K. Maly, Bloomington & Indiana University Press, 1999.

_____, *Early Greek Thinking,* Trans., D. Farrell Krell & Frank A. Capuzzi, San Francisco: Harper & Row, 1975.

_____, *On the Way to Language,* Trans., Peter D. Hertz, San Francisco: Harper & Row, 1971.

_____, *Poetry, Language, Thought,* Trans., Albert Hofstadter, New York: Harper & Row, 1971.

_____, *The Basic Problems of Phenomenology,* Trans., Albert Hofstadter, Bloomington: Indiana University Press, 1975.

3. 하이데거 저작의 국역본

Heidegger, M., 『존재와 시간』, 이기상 역, 서울: 까치글방, 1998.

_____, 『존재와 시간』, 소광희 역, 서울: 경문사, 1995.

_____, 『사유란 무엇인가』, 권순홍 역, 서울: 고려원, 1993.

_____, 『동일성과 차이』, 신상희 역, 서울: 민음사, 2000.

_____, 『철학이란 무엇인가』, 최동희 역, 서울: 삼성출판사, 1986.

_____, 『형이상학이란 무엇인가』, 최동희 역, 서울: 삼성출판사, 1986.

_____, 『휴머니즘에 관하여』, 황문수 역, 서울: 삼성출판사, 1986.

_____, 『형이상학 입문』, 박휘근 역, 서울: 문예출판사, 1994.

_____, 『현상학의 근본문제』, 이기상 역, 서울: 문예출판사, 1994.

_____, 『시와 철학』, 소광희 역, 서울: 박영문고, 1973.

4. 이차 문헌

1) 단행본

Ackrill J. C., "Language and Reality in Plato's Cratylus" in *Plato (I): Metaphysics and Epistemology*, Edited by Gail Fine, Oxford: Oxford University Press, 1999.

Barnes Jonathan, *The Presocratic philosophers*, Vol.1., London: Routledge & Kegan Paul, 1979.

Bernasconi R., *The Question of Language in Heidegger's History of Being*, Atlantic Highlands: Humanities Press, 1985.

Bleicher J. *Contemporary Hermeneutics*, London: Routledge & Kegan Paul, 1980.

Diels Hermann, *Fragmente der Vorsokratiker*, Berlin-Neukölln: Weidmannsche Verlagsbuchhandlung, 1960.

Gadamer H. G., *Wahrheit und Methode*, Tübingen: J. C. B. Mohr, 1972.

_____, *Heideggers Wege*, Tübingen: J. C. B. Mohr, 1983.

Guignon Charles B(ed)., *The Cambridge Companion to Heidegger*,

Cambridge: Cambridge University Press, 1993.

Guthrie W. K. C., *A History of Greek Philosophy*, Vol. I., London: Cambridge University Press, 1976.

Hartmann N., *Zur Grundlegung der Ontologie*, Berlin: Walter de Gruyter & Co, 1965.

Herder J. G., "Abhandlung über den Ursprung der Sprache", *Frühe Schriften*, Bd. 1., Frankfurt a. M.: Deutscher Klassiker Verlag, 1985.

Husserl E., *Logische Untersuchungen*, Husserliana Bd. XIX/2, The Hague: Martinus Nijhoff, 1984.

Kettering E., *NÄHE: Das Denken Martin Heideggers*, Pfulling: Neske, 1987.

Kirk G. S, *Heraclitus: The Cosmic Fragments*, Cambridge: Cambridge University Press, 1978.

Kockelmans J. J., *On the Truth of Being: Reflections on Heidegger's Later Philosophy*, Bloomington: Indiana University Press, 1984.

_____, *On Heidegger and Language*, Evanston: Northwestern University Press, 1972.

Müller M., *Existenzphilosophie in geistigen Leben der Gegenwart*, Heidelberg: F. H. Kerle Verlag, 1964.

Olafson Frederick A., *Heidegger and The Philosophy of Mind*, New Haven: Yale University Press, 1987.

Osborne Catherine, "*Heraclitus*" in *From the Beginning to Plato*, Routledge History of Philosophy Vol.1(Ed. C. C. W. Taylor), London/New York: Routledge, 1997.

Palmer R. E., *Hermeneutics*, Evanston: Northwestern University Press, 1969.

Parkes G(ed)., *Heidegger and Asian Thought*, Honolulu: University of Hawaii Press, 1987.

Parret H. & Bouveresse J.(ed)., in *The Collected Dialogue of Plato*, Edited by E. Hamilton and H. Cairns, New Jersey: Princeton University Press, 1961.

Pattison G., *The Later Heidegger*, London & New York: Routledge, 2000.

Plato, "Cratylus" in *The Collected Dialogue of Plato*, Edited by E. Hamilton and H. Cairns, New Jersey: Princeton University Press, 1961.

_____, "Republic" in *The Collected Dialogue of Plato*, Edited by E. Hamilton and H. Cairns, New Jersey: Princeton University Press, 1961.

Pöggeler Otto, *Der Denkweg Martin Heideggers*, Tübingen: Günther Neske Pfullingen, 1983.

_____, *Neue Wege mit Heidegger*, Freiburg/München: Verlag Karl Alber, 1992.

Richardson W. J., *Heidegger. Through Phenomenology to Thought*, The Hague: Martinus Nijhoff, 1974.

Robinson T. M., *Heraclitus*, Toronto: University of Toronto Press, 1987.

Rorty R(ed)., *The Linguistic Turn: Recent Essays in Philosophical Method*, Chicago and London: The University of Chicago Press, 1967.

Simon J., *Sprachphilosophie*, Freiburg/München: Verlag Karl Alber, 1981.

Tugendhat Ernst, *Der Wahrheitsbegriff bei Husserl und Heidegger*, Berlin: Walter de Gruyter & Co, 1970.

Vail L. M., *Heidegger and Ontological Difference*, New Jersey: The Pennsylvania State Univ. Press, 1972.

Vietta E., *Die Seinsfrage bei M. Heidegger*, Stuttgart: Reclam, 1950.

Von Herrmann F. W., *Subjekt und Dasein: Interpretation zu "Sein und Zeit"*, Frankfurt am Main: Vittorio Klostermann, 1987.

_____, *Hermeneutische Phänomenologie des Daseins*, Frankfurt am Main: Vittorio Klostermann, 1987.

_____, *Die Selbstinterpretation Martin Heideggers*, Meisenheim am Glan: Verlag Anton Hain, 1964.

_____, *Heideggers Philosophie der Kunst*, Frankfurt am Main: Vittorio Klostermann, 1980.

Von Humboldt W., "Über die Verschiedenheiten des menschlichen Sprachbaues", in *Gesammelte Schriften*, Bd. 6, Berlin: de Gruyter, 1968.

Waterhouse R., *A Heidegger Critique*, New Jersey: Humanities Press, 1981.

강동수 · 배상식, 『일상에서 철학으로』, 부산: 소강, 2001.

김영한, 『하이데거에서 리꾀르까지』, 서울: 박영사, 1988.

미셸 푸코, 이광래 역, 『말과 사물 – 인문과학의 고고학』, 서울: 민음사, 1987.

베르나스코니 R., 송석랑 역, 『하이데거의 존재의 역사와 언어의 변형』, 서울: 자작아카데미, 1995.

비멜 발트, 신상희 역, 『하이데거』, 서울: 한길사, 1997.

비서 리하르트, 강학순 · 김재철 역, 『하이데거 사유의 도상에서』, 서울: 철학과 현실사, 2000.

신오현, 『철학의 철학』, 서울: 문학과 지성사, 1988.

_____, 『절대의 철학』, 서울: 문학과 지성사, 1993.

_____, 『자유와 비극 ─사르트르의 인간 존재론』, 서울: 문학과 지성사, 1979.

오토 H., 김광식 역, 『사유와 존재』, 서울: 연세대 출판부, 1985.

위도우슨 H. G., 유석훈 · 김현진 · 강화진 역, 『언어학』, 서울: 도서출판 박이정, 2001.

이기상, 『하이데거의 실존과 언어』, 서울: 문예출판사, 1991.

이성준, 『훔볼트의 언어철학』, 서울: 고려대 출판부, 1999.

이수정 · 박찬국, 『하이데거 ─그의 생애와 사상』, 서울: 서울대 출판부, 1999.

조두환, 『게오르그 트라클』, 서울: 건국대 출판부, 1996.

페겔러 오토, 이기상 · 이말숙 옮김, 『하이데거 사유의 길』, 서울: 문예출판사, 1993.

폰 헤르만 F. W., 신상희 역, 『하이데거의 존재와 시간을 찾아서』, 서울: 한길사, 1997.

한국하이데거학회편, 『하이데거의 언어사상』, 서울: 철학과 현실사, 1998.

_____, 『하이데거의 존재사유』, 서울: 철학과 현실사, 1995.

한자경, 『자아의 연구』, 서울: 서광사, 1997.

헴 펠, H. P., 이기상 · 추기연 역, 『하이데거와 禪』, 서울: 민음사, 1995.

황윤석, 『횔덜린 연구』, 서울: 삼영사, 1983.

2) 논 문

Macann Christopher(ed.), *Martin Heidegger: Critical Assessments*(Ⅲ), London and New York: Routledge, 1992, in:

Aler Jan, "Heidegger's conception of language in Being and Time"

Biemel Walter, "Poetry and language in Heidegger"

Kisiel Theodore, "The language of the event: the event of language"

Kotoh Tetsuaki, "Language and silence: self-inquiry in Heidegger and Zen"

Macquarrie John, "Heidegger's language and the problems of translation"

Sallis John, "Language and reversal"

Von Herrmann F. W., "'The flower of the mouth': Hölderlin's hint for Heidegger's thinking of the essence of language"

Pöggeler Otto, "West-East Dialogue: Heidegger and Lao-tzu" in *Heidegger and Asian Thought*, ed. Graham Parkes, Honolulu: University of Hawaii Press, 1987

Stambaugh J. "Heidegger, Taoism, and the Question of Metaphysics", in *Heidegger and Asian Thought*, ed. Graham Parkes, Honolulu: University of Hawaii Press, 1987

Wright Kathleen, "Heidegger und die Ermächtigung der Dichtung Hölderlins" in *Martin Heidegger: Kunst-Politik-Technik*, Herausgegeben von C. Jamme & K. Harries, München: Wilhelm Fink Verlag, 1992

권순홍, 「철학적 인간학의 존재론 정초가능성 - 하이데거의 기초 존재론을 중심으로」, 연세대 석사논문, 1986.

배상식, 「하이데거의 존재사유과 詩作의 문제」, 『철학연구』 제72집, 대한철학회, 1999.

_____, 「철학과 예술의 화해: 하이데거의 존재론적 예술론」, 『철학연구』 제76집, 대한철학회, 2000.

_____, 「하이데거의 존재사유에서 나타나는 '표현어법'에 대한 고찰」, 『철학연구』 제95집, 대한철학회, 2005.

_____, 「하이데거 사유에서 '시간성(Zeitlichkeit)'의 의미」, 『동서철학연구
　　　』제40집, 한국동서철학회, 2006.

_____, 「M. 하이데거와 W. v. 훔볼트의 언어개념 비교연구(1) - 언어와
　　　사유의 상관성을 중심으로」, 『철학연구』제 98집, 대한철학회,
　　　2006.

신상희, 「말과 언어-기초 존재론적인 이해의 지평에서」, 『철학』 제55
　　　집, 한국철학회, 1998.

여종현, 「하이데거의 '전회'에서의 언어의 의의」, 『철학연구』 제45집, 철
　　　학연구회, 1999.

염재철, 「하이데거의 존재-언어 경험」, 『후기 하이데거와 자유현상학』,
　　　서울: 지평문화사, 1997.

이기상, 「새로운 보편 문화논리의 모색: 해석학, 화용론, 그리고 사건론
　　　」, 『인문학 연구』 제1집, 한국외국어대 인문과학연구소, 1996.

이순희, 「트라클의 분열 증세와 혼돈의 미학」, 경북대 독문학과 박사학
　　　위논문, 1995.

이성환, 「하이데거의 실존개념」, 경북대 박사학위논문, 1988.

이왕주, 「시의 본질과 존재의 진리」, 『인문논총』 제29집, 부산대, 1986.

최신일, 「이해의 학으로서의 해석학」, 부산대 박사학위논문, 1995.

· 저자 ·

배상식
(裵相植)

· 약 력 ·

경북대학교 인문대학 철학과 졸업
同 대학원 철학과 석사 및 박사과정 졸업(철학박사)
경북대, 대구교대, 대구한의대, 부산대, 신라대, 울산대 강사 역임.
경북대 인문과학연구소 책임연구원 역임
現) 대구교육대학교 윤리교육과 교수

· 주요논저 ·

주요 저서로는 『일상에서 철학으로』, 『하이데거의 후기사유』 등이 있으며, 주요
논문으로는 「하이데거의 '근원'개념에 대한 고찰」, 「니체에 있어서 인식과
언어의 문제」, 「아리스토텔레스 '우정'의 현대철학적 이념」, 「하이데거와 생
명중심 윤리」, 「철학과 예술의 화해: 하이데거의 존재론적 예술론」, 「하이
데거의 존재사유에서 나타나는 '표현어법'에 대한 고찰」 등이 있다.

하이데거와 로고스

− 하이데거의 언어사상에 대한 해명 −

· 초판 인쇄	2007년 2월 28일
· 초판 발행	2007년 2월 28일
· 지 은 이	배상식
· 펴 낸 이	채종준
· 펴 낸 곳	한국학술정보㈜
	경기도 파주시 교하읍 문발리 526-2
	파주출판문화정보산업단지
	전화 031) 908-3181(대표) · 팩스 031) 908-3189
	홈페이지 http://www.kstudy.com
	e-mail(출판사업부) publish@kstudy.com
· 등 록	제일산-115호(2000. 6. 19)
· 가 격	27,000원

ISBN 978-89-534-6254-0 93160 (Paper Book)
      978-89-534-6255-7 98160 (e-Book)